JOSÉ QUERINO TAVARES NETO
CINTHIA OBLADEN DE ALMENDRA FREITAS
ANDRÉA ABRAHÃO COSTA
Organizadores

MÉTODOS DE PESQUISA APLICADOS AO DIREITO:
UM PRESSUPOSTO EPISTEMOLÓGICO NECESSÁRIO

Editora CRV

José Querino Tavares Neto
Cinthia Obladen de Almendra Freitas
Andréa Abrahão Costa
(Organizadores)

MÉTODOS DE PESQUISA APLICADOS AO DIREITO: um pressuposto epistemológico necessário

EDITORA CRV
Curitiba - Brasil
2017

Copyright © da Editora CRV Ltda.
Editor-chefe: Railson Moura
Diagramação e Capa: Editora CRV
Revisão: Os Autores

CIP-BRASIL. CATALOGAÇÃO NA PUBLICAÇÃO
SINDICATO NACIONAL DOS EDITORES DE LIVROS, RJ

T231m

    Métodos de pesquisa aplicados ao direito: um pressuposto epistemológico necessário / José Querino Tavares Neto, Cinthia Obladen de Almendra Freitas, Andréa Abrahão Costa. Curitiba: CRV, 2017.
244 p.

    Bibliografia
    ISBN 978-85-444-1894-9
    DOI 10.24824/978854441894.9

    1. Direito – Estudo e ensino (Superior). 2. Direito – Metodologia. I. Tavares Neto, José Querino. org. II. Freitas, Cinthia Obladen de Almendra. org. III. Costa, Andréa Abrahão. org. IV. Título.

17-44671

CDU: 001.8:378
CDD: 001.4

ESTA OBRA TAMBÉM ENCONTRA-SE DISPONÍVEL EM
FORMATO DIGITAL.
CONHEÇA E BAIXE NOSSO APLICATIVO!

DISPONÍVEL NO Google Play   Baixar na App Store

2017
Foi feito o depósito legal conf. Lei 10.994 de 14/12/2004
Proibida a reprodução parcial ou total desta obra sem autorização da Editora CRV
Todos os direitos desta edição reservados pela: Editora CRV
Tel.: (41) 3039-6418 - E-mail: sac@editoracrv.com.br
Conheça os nossos lançamentos: www.editoracrv.com.br

Conselho Editorial:

Aldira Guimarães Duarte Domínguez (UNB)
Andréia da Silva Quintanilha Sousa (UNIR/UFRN)
Antônio Pereira Gaio Júnior (UFRRJ)
Carlos Alberto Vilar Estêvão (UMINHO – PT)
Carlos Federico Dominguez Avila (UNIEURO)
Carmen Tereza Velanga (UNIR)
Celso Conti (UFSCar)
Cesar Gerónimo Tello (Univer. Nacional Três de Febrero – Argentina)
Elione Maria Nogueira Diogenes (UFAL)
Élsio José Corá (UFFS)
Elizeu Clementino (UNEB)
Francisco Carlos Duarte (PUC-PR)
Gloria Fariñas León (Universidade de La Havana – Cuba)
Guillermo Arias Beatón (Universidade de La Havana – Cuba)
Jailson Alves dos Santos (UFRJ)
João Adalberto Campato Junior (UNESP)
Josania Portela (UFPI)
Leonel Severo Rocha (UNISINOS)
Lídia de Oliveira Xavier (UNIEURO)
Lourdes Helena da Silva (UFV)
Maria de Lourdes Pinto de Almeida (UNICAMP)
Maria Lília Imbiriba Sousa Colares (UFOPA)
Maria Cristina dos Santos Bezerra (UFSCar)
Paulo Romualdo Hernandes (UNICAMP)
Rodrigo Pratte-Santos (UFES)
Sérgio Nunes de Jesus (IFRO)
Simone Rodrigues Pinto (UNB)
Solange Helena Ximenes-Rocha (UFOPA)
Sydione Santos (UEPG)
Tadeu Oliver Gonçalves (UFPA)
Tania Suely Azevedo Brasileiro (UFOPA)

Comitê Científico:

Aloisio Krohling (FDV)
André Pires Gontijo (UniCEUB)
Antônio Pereira Gaio Júnior (UFRRJ)
César Augusto de Castro Fiuza (Ferreira, Kumaira e Fiuza Advogados Associados/UFMG)
Celso Ferreira da Cruz Victoriano (TJ-MT)
Claudine Rodembusch Rocha (FEEVALE)
Cristiane Miziara Mussi (UFRRJ)
Christine Oliveira Peter da Silva (STF)
Daniel Amin Ferraz (Amin, Ferraz, Coelho Advogados/ Universidad de Valencia, UV, Espanha)
Daury Cesar Fabriz (UFES)
Edson Vieira da Silva Filho (FDSM)
Janaína Machado Sturza (UNIJUÍ)
João Bosco Coelho Pasin (UPM)
Manoel Valente Figueiredo Neto (2º Ofício de Camocim/UNIFOR)
Ricarlos Almagro Vitoriano Cunha (UFRJ)
Valéria Furlan (FDSBC)
Vinicius Klein (UFPR)
Vallisney de Souza Oliveira (Justiça Federal - Brasília/DF)
Marcio Renan Hamel (UPF)

Este livro foi avaliado e aprovado por pareceristas *ad hoc.*

SUMÁRIO

APRESENTAÇÃO 9
Dr. José Querino Tavares Neto
Dr.ª Cinthia Obladen de Almendra Freitas
MSc. Andréa Abrahão Costa

PREFÁCIO 11
Prof. Dr. Orides Mezzaroba

CAPÍTULO I
A TECNOLOGIA COMO CAMPO CIENTÍFICO E DOMINAÇÃO SOCIAL SOB A ÓTICA DE PIERRE BOURDIEU 13
Cinthia Obladen de Almendra Freitas
José Querino Tavares Neto

CAPÍTULO II
A DEMOCRATIZAÇÃO DO JUDICIÁRIO SOB A ÓTICA MARXISTA 37
Camila Salgueiro da Purificação Marques
Claudia Maria Barbosa

CAPÍTULO III
O PROBLEMA DA PROPRIEDADE DA INFORMAÇÃO NA ERA DIGITAL SOB A ÓTICA DA DIALÉTICA NEGATIVA DE THEODOR ADORNO 57
Charles Emmanuel Parchen
Cinthia Obladen de Almendra Freitas

CAPÍTULO IV
O PERÍODO PÓS-CONTRATUAL DA CISG: formulação de hipóteses a partir da aplicação do tipo ideal weberiano 75
Lara Bonemer Azevedo da Rocha
Marcia Carla Pereira Ribeiro

CAPÍTULO V
A REGULAÇÃO ESTATAL PELAS LICITAÇÕES E PELOS CONTRATOS ADMINISTRATIVOS DE ACORDO COM A TEORIA DE PIERRE BOURDIEU 93
Luciano Elias Reis

CAPÍTULO VI
COMO COMPREENDER OS DESAFIOS DA ADMINISTRAÇÃO DA JUSTIÇA BRASILEIRA? A IMPORTÂNCIA E A ATUALIDADE DA CONTRIBUIÇÃO DO MÉTODO WEBERIANO 115
Andréa Abrahão Costa
José Querino Tavares Neto

CAPÍTULO VII
EFETIVIDADE DAS DECISÕES DA CORTE INTERAMERICANA DE DIREITOS HUMANOS A PARTIR DAS CATEGORIAS DE PIERRE BOURDIEU 129
Ana Carolina Lopes Olsen
Katya Kozicki

CAPÍTULO VIII
O MÉTODO COMPREENSIVO DE MAX WEBER COMO INSTRUMENTO PARA ANÁLISE DA DIMENSÃO ECONÔMICA E TRANSNACIONAL DA PORNOGRAFIA INFANTIL 157
Flúvio Cardinelle Oliveira Garcia

CAPÍTULO IX
O TIPO IDEAL WEBERIANO APLICADO À PROTEÇÃO DA SAÚDE E DA SEGURANÇA DO TRABALHADOR 183
Antonio Bazilio Floriani Neto
Oksandro Osdival Gonçalves

CAPÍTULO X
A SOLIDARIEDADE SOCIAL E CIDADANIA SOLIDÁRIA COMO VETOR PARA A PRESERVAÇÃO AMBIENTAL 197
Fábia Ribeiro Carvalho de Carvalho
José Querino Tavares Neto

CAPÍTULO XI
DISCURSO DE ÓDIO E AS RELAÇÕES DE PODER EM PIERRE BOURDIEU 209
Danielle Anne Pamplona
Anna Luisa Walter de Santana Daniele

CAPÍTULO XII
DEMARCAÇÃO DE TERRAS INDÍGENAS NO BRASIL: uma análise crítica da administração pública a partir da categoria weberiana de burocracia 229
Carla Vladiane Alves Leite
José Querino Tavares Neto

APRESENTAÇÃO

Muitos são os questionamentos dos alunos, desde a Graduação até o Mestrado e o Doutorado, ao iniciar a proposição de um projeto de pesquisa. É o tema relevante? Qual é o meu objeto de pesquisa? Como proceder para realizar um projeto consistente, inovador e com fundamentação teórica? Como entender os métodos de pesquisa? Uma pergunta frequente dos alunos é: O que é metodologia de pesquisa? Metodologia e Método é a mesma coisa? Como aplicar?

A experiência nos tem mostrado que o caminho da pesquisa é por vezes solitário e revolto de incertezas, mas bastante recompensador. Pesquisar é perseguir uma ideia, é observar a realidade, entender fenômenos, compartilhar dados e construir conhecimentos, enfim, é uma vida.

Nós, pesquisadores, temos ainda outros questionamentos pertinentes: Como integrar o estudo do Direito às demais áreas de produção científica no Brasil? Como implementar nos cursos de pós-graduação em direito a necessidade de um distanciamento científico do pesquisador em relação à sua prática profissional?[1] Qual o Método deve orientar a pesquisa? Qual é o autor referencial da pesquisa? Essas são as principais indagações que justificam a importância deste livro.

De fato, o desfazimento da mistura pura e simples entre a prática profissional jurídica e a pesquisa científica na área do Direito é a um só tempo permanente desafio e medida urgente, que pode propiciar a renovação do estudo dogmático do direito. A capacidade em explicitar uma prática, enunciar os princípios que estão na sua base, esclarecendo seu alcance, implicações e pressupostos, efetivamente, liga-se a escolha de um método científico.

Método quer significar um conjunto de concepções sobre determinadas regras e procedimentos de ação para a construção do tão almejado conhecimento científico. Como tentativa de explicar uma dada realidade, a ciência é caracterizada como uma atividade metódica, que se pauta por ações que possam ser reproduzidas.

Não havendo um método único e ideal para o Direito e considerando que um método de compreensão da realidade é um pressuposto ao fenômeno

---

[1] Sobre a questão pode-se consultar: NOBRE, Marcos. Apontamentos sobre a pesquisa em Direito no Brasil. **Novos Estudos CEBRAP**, p. 145-154, jul. 2003; RODRIGUEZ, José Rodrigo. Para além da separação de poderes: formalismo, dogmática jurídica e democracia. **Artigos Direito GV**: Working Papers, n. 29, FGV Direito SP, set. 2008. Disponível em: <http://bibliotecadigital.fgv.br/dspace/bitstream/handle/10438/2853/WP27.pdf>. Acesso em: 9 ago. 2017.

de pesquisa, este livro apresenta os resultados das experiências, de busca, pesquisa, conhecimento e vida, a partir de diferentes maneiras de conceber e analisar a realidade jurídico-social, apoiadas em autores cujas obras são verdadeiras matrizes epistemológicas. É o caso da dialética marxista, do tipo ideal weberiano, da concepção bourdieusiana.

Este livro nasce do sonho de ensinar "Metodologia de Pesquisa" para além do registro acadêmico restritivo à área do Direito aos cursos de graduação e pós-graduação da Pontifícia Universidade Católica do Paraná (PPGD/PUCPR) e da Universidade Federal de Goiás (UFG) e, também, do pesquisar, visto que para ser pesquisador não basta apenas ter uma ideia clara do problema a ser resolvido. Há que se ter um pressuposto epistemológico.

Goiânia e Curitiba, agosto de 2017.
Dr. José Querino Tavares Neto
Dr.ª Cinthia Obladen de Almendra Freitas
MSc. Andréa Abrahão Costa

PREFÁCIO

Toda iniciativa que propõe apresentar reflexões sobre o método sempre será muito bem-vinda. Para a área do Direito o método ainda se apresenta como um vasto campo a ser explorado. É muito comum encontrar teses, dissertações, monografias e artigos, ditos científicos, sem que o método de abordagem esteja definido de forma clara e objetiva. É muito comum também ouvir o argumento de que no local do método pode ser colocada qualquer coisa, já que ninguém na área do Direito entende disso mesmo. Essa realidade faz com que a área do Direito tenha dificuldades profundas em se consolidar na pesquisa, na construção de novos conhecimentos e, consequentemente, no desenvolvimento de novas teorias. A clareza e compreensão dos métodos são vitais para qualquer área de conhecimento que queira adentrar ao mundo da ciência, caso contrário o senso comum e os dogmas prevaleçam para fundamentar qualquer raciocínio. A aplicação correta do método científico faz com que o problema a ser investigado tenha uma resposta lógica e consistente. Porém, jamais única e imutável. O método possibilita ao investigador ter maior segurança em seus argumentos. Pelo fato de haver uma lógica de premissas para se responder a um problema toda conclusão será o resultado dessa ordem argumentativa. O método pode ser definido como a melhor, porém jamais única estratégia a ser adotada. Vamos usar aqui o exemplo do pescador que quer pescar peixes grandes, porém que não se enquadram no tamanho de uma baleia e nem de um lambari. Pelas informações obtidas aleatoriamente e utilizando o seu bom senso o pescador fará a opção do tamanho do anzol e/ou do tamanho da trama da malha da rede de pescar. Considerada a sua opção estratégica o pescador poderá ou não ter êxito no local escolhido para fazer a sua pesca. Caso não tenha sucesso o pescador poderá tirar várias conclusões. Dentre as quais é que naquele local não tenha peixes do tamanho que ele imaginou que tivesse daí a sua estratégia deve ser mudada. Essa já seria uma boa conclusão. Algum tipo de conhecimento já foi obtido que poderá ser útil para quem esteve diretamente envolvido no fato, como também para outros pescadores que não estiveram diretamente envolvidos, caso a informação seja compartilhada. Como o método entra nessa história? O método pode ser definido a partir desse caso como o tamanho do anzol ou a espessura da trama da malha da rede feita pelo pescador. No local escolhido pelo pescador pode ser que existam peixes, porém não do tamanho que ele imaginou. Isso não quer dizer que a tentativa do pescador e o resultado obtido pelo mesmo não tenha validade. Tudo é válido para novas e futuras experiências. Em regra, o método é a estratégia. No entanto, nem sempre a opção metodológica ou estratégica faz com que se tenha o sucesso esperado ao final da pesquisa. O mais importante é que com o processo investigativo sempre haverá um ganho em termos de conhecimento. E é esse conhecimento que fomentará a busca por novos conhecimentos e a construção de novas teorias. A vida sempre segue a sua história com novos fenômenos e desafios para o homem. A ciência segue o seu caminho sempre buscando explicações para as causas e/ou efeitos dos fatos, da realidade.

Parabéns aos Professores José Querino Tavares Neto, Cinthia Obladen de Almendra Freitas e Andréa Abrahão Costa pela iniciativa na organização desta obra voltada para a aplicação de métodos e teorias especificamente para campo do Direito. Os textos aqui reunidos tratam de temáticas e abordagens metodológicas com diferentes matizes epistemológicas, possibilitando que pesquisadores e estudantes encontrem no conjunto das reflexões ferramentas adequadas para que se possa pensar o Direito a partir de perspectivas lógicas e sistemáticas e não a partir do "achômetro".

Ilha de Santa Catarina, primavera de 2017.

Prof. Dr. Orides Mezzaroba
Professor nos Programas de Graduação e Pós-Graduação (mestrado e doutorado) da Universidade Federal de Santa Catarina. Coordenador do Programa de Mestrado Profissional em Direito da UFSC. Pesquisador de Produtividade do CNPq.

CAPÍTULO I

A TECNOLOGIA COMO CAMPO CIENTÍFICO E DOMINAÇÃO SOCIAL SOB A ÓTICA DE PIERRE BOURDIEU

Cinthia Obladen de Almendra Freitas[2]
José Querino Tavares Neto[3]

1. Introdução

As Tecnologias de Informação e Comunicação (TIC), a Internet, a Realidade Virtual, a Mineração de Dados (*Data Mining*), a Realidade Aumenta, o Reconhecimento Facial, a Computação Ubíqua, a Computação Pervasiva e a Computação Móvel, a Inteligência Artificial (IA) e a Aprendizagem de Máquinas (*Machine Learning*) são realidades na sociedade contemporânea, tecnológica e informacional. Caso estas palavras causem estranheza, não devem gerar preocupação de imediato. Tudo isto existe e está presente desde o aplicativo de celular que permite informar quantos quilômetros já foram percorridos com um par de tênis até sugerir livros para compra sobre temas de interesse dos usuários da Internet.

Questiona-se: Como entender a realidade social das TICs, sua evolução e onipresença? Pode-se utilizar de método científico e de cientificidade para descrever a realidade social advinda das TICs? Há em Pierre Bourdieu contribuições para tal entendimento?

Tem-se como premissas da Teoria Bourdieusiana uma profunda crítica ao saber enquanto fonte de validade e legitimidade do conhecimento, portanto, poderia Bourdieu fazer uma crítica à tecnologia, visto que a mesma pode ser considerada como meio para validação e legitimação do conhecimento? Seria a tecnologia, instrumento de dominação em suas mais variadas dimensões, estratégias, engrenagens, estruturas, seja em uma dimensão macro, como é o caso da Internet, seja numa micro dimensão, como os dados?

---

[2] Doutora em Informática pela Pontifícia Universidade Católica do Paraná – PUCPR. Professora Titular da PUCPR para o curso de Direito (Direito Eletrônico; Perícias e Laudos Técnicos; Fraudes e Crimes por Computador). Professora Permanente do Programa de Pós-Graduação em Direito (PPGD) da mesma instituição. E-mail: cinthia@ppgia.pucpr.br

[3] Professor Associado da Faculdade de Direito e do Programa de Pós-graduação em Direito e Políticas Públicas da UFG. Professor da Pontifícia Universidade Católica de Goiás. Pós-doutor em Direito Constitucional pela Universidade de Coimbra com bolsa da Capes. Doutor em Direito pela Pontifícia Universidade Católica do Paraná, Doutor em Sociologia pela UNESP/Araraquara e Mestre em Sociologia pela UNICAMP. E-mail: josequerinotavares@gmail.com

Ao se considerar o método como um referencial teórico e forma de compreensão da realidade, logo um pressuposto de análise (ARAÚJO, 2003; WEBER, 1991; MARX, 1988), epistemologicamente, a Teoria de Bourdieu, fundada em categorias marxistas, como a análise objetiva dos fatos sociais, e no método supra-histórico weberiano, fornece elementos necessários para auxiliar na compreensão das possibilidades de construção de um entendimento da realidade social das Tecnologias de Informação e Comunicação.

A aplicação da Teoria Bourdieusiana enquanto método comprova-se também pelas incursões do autor em diferentes temáticas, tais como: a arte, cultura e educação (BOURDIEU, 2003), a profissão (BOURDIEU, 2002), as relações sociais de dominação, como a masculina (BOURDIEU, 1999), o poder em suas mais distintas perspectivas (BOURDIEU, 2000, 1998), dentre outros temas. O trabalho ora desenvolvido caracteriza-se como um ensaio da Teoria Bourdieusiana pela tecnologia. Entende-se que a epistemologia geral do mundo social apresentada por Bourdieu cabe ao mundo social constituído pelas relações no mundo digital por meio das TICs, especialmente, a Internet.

Assim, tal qual Tavares Neto e Mezzaroba (2016, p. 123) "tudo serve à dominação enquanto processo de reprodução do poder, havendo ou não, por parte dos dominados, conhecimento e consciência acerca da arbitrariedade desse processo". Os autores buscam em Pinto (2000, p. 169) a principal contribuição de Bourdieu, utilizando-se das palavras: 'mundo social', 'engrenagem', 'capital', 'estratégia' e 'ordem das coisas'; a saber:

> [...] a principal contribuição de Bourdieu é propor interrogar o mundo social em geral e o campo político em particular à luz desse instrumento conceitual que é o modo de dominação, entendido como aquilo que permite a uma ordem social reproduzir-se no reconhecimento e do desconhecimento da arbitrariedade que a institui. Trata-se de compreender não apenas a "engrenagem" de um mecanismo complexo, com seus campos, seus capitais e suas estratégias, mas também as condições de possibilidade da submissão dos dominados à ordem social percebida e modo pré-reflexivo como ordem das coisas.

Tais palavras podem, como desenvolvido neste artigo, serem relacionadas a uma abordagem tecnológica do pensamento de Bourdieu, tomando-se método como sendo uma atividade que se presta a explicar uma realidade. A realidade social das TICs confronta a "conhecida oposição entre as ciências 'duras' – *hard* – e as ciências 'brandas' – *soft*" mencionadas por Bourdieu (1994, p. 32), uma vez que as TICs somente existem por meio da união entre *hardware* e *software*. São as engrenagens duras e brandas que estabelecem o mundo digital, associando-se ainda um terceiro elemento: *peopleware*;

que, simplificadamente, podem ser denominados como usuários, explicitando as pessoas que usam informações processadas por sistemas baseados em computadores, integrando tais informações ora no trabalho ora na vida cotidiana (LAUDON; LAUDON, 1999, p.6).

Tavares Neto e Mezzaroba (2016, p. 118) discutem três elementos importantes quando o tema é tecnologia, a saber: cientificidade, neutralidade e fluidez. Estes elementos são presentes na sociedade tecnológica e, principalmente, no mundo digital, visto que as TICs, em sentido amplo, são o resultado de um conjunto de procedimentos sistemáticos e reacionais, os quais são adotados em modo de retroalimentação para o desenvolvimento de novas tecnologias. Há a formação de um ciclo inventivo de cientificidade tecnológico. Assim, a cientificidade é qualidade de ciência, que qualifica o processo ou método como cientifico. A neutralidade é a capacidade de fazer ciência de modo neutro, sem pretender dominar ou ser dominado. E, a fluidez é a característica de permear espaços. Acredita-se que a Internet agrega em si, como corpo e objeto de estudo, estes três elementos. De tão fluida que são as TICs elas se tornaram pervasivas.

Neste contexto, a ciência tecnológica parte sempre do estado da arte, dos trabalhos já realizados, para conhecer as técnicas já desenvolvidas, validadas e testadas em condições experimentais para, então, passarem de protótipo a produto final, seja este um equipamento digital ou um aplicativo para *smartphone*. Assim, entende-se tecnologia como "explicação dos termos que dizem respeito às artes e ofícios" (BUENO, 2007, p. 746). Isto devido ao fato de que a palavra deriva do grego, sendo que '*tekhne*' significa 'técnica, arte, ofício' e o sufixo '*logia*' significa 'estudo'. Além disto, para a área de Informática, tecnologia é "o meio pelo qual dados são transformados e organizados para uso das pessoas" (LAUDON; LAUDON, 1999, p. 6). Deste modo, a tecnologia envolve aparatos, instrumentos, métodos e técnicas que visam à resolução de problemas. E, considerando-se a comunicação como um problema, o ser humano buscou desenvolver soluções, entre elas pontua-se a Internet.

Para Popper (2007, p. 51), a epistemologia deve ser identificada com a teoria do método não se podendo afastar sua recorrente e necessária identificação com a epistemologia que está fundada na escolha dos métodos como "decisões acerca da maneira de manipular enunciados científicos". A tecnologia informática possibilita manipular dados, entendidos aqui como "fatos brutos, o fluxo infinito de coisas que estão acontecendo agora e que aconteceram no passado" (LAUDON; LAUDON, 1999, p. 10). O processamento e a manipulação de dados deveria alcançar a premissa de Bauman (2009, p. 26) pela qual "numa sociedade de indivíduos, cada um deve ser um indivíduo". Mas as tecnologias móveis, pervasivas e ubíquas vem tornando o ser humano cada vez mais padronizado e não autônomo frente ao uso dos mecanismos de busca na Internet (PARISER, 2012). O processamento de dados gera informação de alto valor, seja econômico, ambiental ou social.

São, portanto, os dados a fluidez da tecnologia, por ter-se como base a eletricidade que opera em circuitos eletrônicos e digitais sob a forma de bit (contração de *binary* e *digit*, ou seja, dígito binário). Algo tão fluido que tem a capacidade de assumir somente dois valores: um e zero. E, por conseguinte, tornar as decisões diretas, ou seja, verdadeiro ou falso; constituindo a denominada lógica binária.

Na epistemologia de Bourdieu são apresentadas algumas categorias centrais a fim de nortear sua interpretação da realidade social, quais sejam: *ortodoxia, hetorodoxia*, campo, *habitus, doxa* e violência simbólica (BOURDIEU, 1994); existe ainda um conceito basilar que é a homologia. Homologia na linguagem bourdieusiana se refere aos processos de estruturação objetiva comuns aos mais diversos campos sociais, ou seja, a possibilidade de observação pela equiparação entre suas formas de funcionamento sem a destruição de suas relativas autonomias no interior do campo social, tais como o campo do direito, do jornalismo, da Ciência Política, da biologia, matemática. O presente artigo inclui, por meio da homologia, a análise das Tecnologias de Informação e Comunicação.

O presente artigo reveste-se de importância frente à confluência do Direito e da Tecnologia, áreas tão distintas, porém tão próximas a ponto de constituir área emergente no que tange à aplicação de métodos para o processo de construção do conhecimento. O artigo parte do pensamento de Pierre Bourdieu, o qual é utilizado como base e, também, como elemento catalisador das características da sociedade tecnológica. Este artigo é resultado de projeto de pesquisa e segue o método dedutivo para relacionar a Teoria Bourdieusiana com as TICs, mais propriamente dito a Internet, como realidade social, e os dados, como objetos fluidos que trafegam e alimentam tal realidade. A pesquisa tem caráter explicativo, passando pelas fases da pesquisa exploratória e descritiva.

2. A informação como bem jurídico

Já foi mencionado que o processamento de dados gera informação de alto valor, seja econômico, ambiental ou social. O dado que descreve o fato bruto não tem valor quando isolado, sem relações ou processamentos. São as relações que podem ser extraídas de volumes incalculáveis de dados que interessam à sociedade contemporânea. Desta forma os dados se transformam em informação à medida que o ser humano dá forma ao conjunto bruto de dados "para torná-los significativos e úteis" (LAUDON; LAUDON, 1999, p. 10).

Em Meirelles (1994, p. 419) encontra-se que o termo Tecnologia de Informação (TI) surgiu pela primeira vez na literatura em 1958 em um artigo intitulado "Administrando nos Anos 80" dos autores Leavitt e Whisler. Assim, apesar de não ser uma novidade, TI tornou-se uma necessidade, pois pode ser entendida como os meios utilizados pelas empresas produtivas para alavancar e potencializar o processo de criação e desenvolvimento de capacitação tecnológica. Ou, ainda, para Meirelles (1994, p. 419) é "o conjunto de recursos não humanos dedicados ao armazenamento, processamento e comunicação de informação, e a maneira pela qual esses recursos são organizados em um sistema capaz de desempenhar um conjunto de tarefas". O autor explica que esta definição trata informação como recurso do processo produtivo e TI como forma de investimento de capital, não fazendo distinção entre modelo e dados (o que na área de Informática são conceitos importantes e diferentes entre si), tão pouco fazendo diferença entre TI e outras tecnologias de processo, exceto pelo fato que essa manipula um tipo de recurso diferente: a informação.

Com a evolução das tecnologias de um modo geral, a área de TI associou-se à área de comunicação e se tornou o que hoje se denomina de TIC. As TICs são formadas por corpos sistêmicos que permitem representações a partir dos dados processados e ditam ou seguem normas, por isso em qualquer que seja a TIC em questão, por exemplo, a Internet, existem diversos protocolos a seguir, recomendações técnicas, normas internacionais, sistemas operacionais e linguagens de programação a serem utilizados durante o desenvolvimento de sistemas e, ainda, para manutenção e operação de tais sistemas computacionais. A tecnologia é ideologia.

Além disto, as TICs permitem simplificar o mundo digital. São presentes no ambiente digital da Internet as páginas web, os perfis, os grupos de interesse. Tudo isto, facilita a coisificação do ser humano, que pode ser representado por um conjunto de dados, mas que ao se com relacionar dados e informações de outros seres humanos pode-se aperfeiçoar desde processos até o entendimento do usuário, seja este consumidor ou cidadão, na Internet. A simplificação permite a racionalização e a otimização, de modo que o mundo digital busca por meio de métodos automáticos a eficiência, o rendimento dos recursos computacionais em termos de tempo de processamento e espaço de armazenamento.

Dessa forma, o método, enquanto instrumento da ciência, também não pode ser concebido como algo acabado, único e indiscutível. Nesse sentido afirma Andery (2007, p. 14) "o método não é único e nem permanece exatamente o mesmo, porque reflete as condições históricas concretas, as necessidades, a organização social para satisfazê-las, o nível de desenvolvimento técnico, as ideias, os conhecimentos já produzidos do momento histórico em que o conhecimento foi elaborado". Assim, relaciona-se a tecnologia e a valoração da informação, como objeto, na sociedade contemporânea, considerando-se tal qual Morin (2005) que a ciência, apesar de sua precisão, é apenas uma dentre outras formas de conhecimento, e não deve ser entendida como definitiva, isenta, muito menos absoluta (WEBER, 1993; RICHARDSON, 2010; FORTIN, 2007; MORIN, 2005; KUHN, 1978). A tecnologia tem esta prerrogativa, nunca está acabada, nunca é única, nunca é definitiva, isenta ou absoluta e, ainda, sempre pode ser discutida a ponto de permitir cada vez mais formas de interação entre humanos e máquinas.

Tavares Neto e Mezzaroba (2016, p.118) consideram pertinente, ao estudo por eles realizado, a proposição feita por Feyerabend (2003, p. 9, 17) uma vez "a ciência deveria ser ensinada como uma concepção e não como o único caminho para a verdade e a realidade. Assim, o que se condiciona, fundamentalmente, é a consciência de que não há soluções gerais". No contexto das TICs esta proposição também é adequada, visto que tais tecnologias não são o único caminho para a verdade e a realidade tecnológica. Há muito mais a ser explorado e desenvolvido. E, também, constata-se que nem a tecnologia pode propor soluções gerais aos problemas da realidade moderna, por exemplo, aos problemas socioambientais. Para implementação de soluções tecnológicas há que se realizar diversas ações para pôr em prática um determinado processo, procedimento ou aplicativo, realizando um conjunto de testes e validações para avaliar os resultados de modo a pontuar problemas, imperfeições, falhas e, também, propor melhoramentos (LAUDON; LAUDON, 1999).

Cabe explicar que a interação humano-máquina é exclusiva do ser humano, de modo que o cibernético se refere ao homem do leme, à aquele que comanda, dirige, guia. A palavra interação ter por base um processo de comunicação entre humanos e máquinas, sendo tal comunicação facilitada por *interface*, a qual se constitui na porção de um sistema com a qual um usuário (humano) mantém contato ao utilizar o sistema como um todo. Para Vieira (2006, p. 1):

> O traço marcante da sociedade contemporânea é a alta tecnologia, introdutora de nova dimensão à comunicação. Não se trata apenas, de uma evolução da realidade física, material, concreta dos objetos, a utilizar os recursos da natureza, mas de uma realidade criada, de impulsos eletrônicos, codificada e simbólica em outra dimensão do tempo-espaço. O físico e o virtual passam a coexistir na cumplicidade e complexidade da configuração cibernética, cujos comandos codificados produzem ondas imateriais.

A comunicação entre humanos e entre humanos e máquinas se tornou codificada, seja por meio de *software* ou mensagens eletrônicas, por exemplo. Complexa e ao mesmo tempo facilitada, a comunicação elevou a informação a outro patamar de uso e interesse, a ponto de uma sociedade se formar em torno da informação. A cibernética, entendida por Vieira (2006, p. 6) como "uma onda que se propaga em movimentos crescentes na dimensão ciberespaço-tempo, ampliando-o como construção de uma nova realidade em evolução permanente", possibilitou a definição de uma nova relação espaço-tempo, denominada pelo autor de "ciberespaço-tempo", relação amplificada pelos sistemas de intercomunicação, as redes ou teias, provocando a "ruptura epistemológica representativa do modelo de racionalidade dominante até os anos 70 do século XX."

E nestes novos espaço e tempo, Tavares Neto e Mezzaroba (2016, p. 121) mostram que "Um simples exercício de observação sobre a vida humana indicaria o grau de excesso das coisas de que dispõem e, grande parte delas, desnecessárias, indicando total destemperança científica, racional e social". Há também que se falar em destemperança tecnológica, vista ser a tecnologia descartável e permeada por imediatismo. A facilidade de processamento de dados, o acesso à informação, a velocidade e mobilidade para disponibilidade da informação, tornam cada vez mais não só a tecnologia descartável, mas também outros bens, por exemplo, sob a ótica da obsolescência programada.

As TICs favorecem a inversão valorativa, a ponto de transformarem a informação, processada computacionalmente, em bem jurídico de alto valor econômico, ambiental ou social. E, ainda, a tecnologia insufla a multidisciplinaridade de modo a não apresentar barreiras físicas, territoriais, geográficas, ambientais, econômicas e sociais para que a informação esteja acessível a partir de qualquer lugar e em qualquer tempo.

O paradigma do século XXI exige mobilidade, versatilidade e facilidade, sendo que os *smartphones* e *tablets* integram a Computação Ubíqua e a Computação Móvel diante do paradigma denominado *everyware* por Greenfield (2006, p. 6) como:

> Ever more pervasive, ever harder to perceive, computing has leapt off desktop and insinuated itself into everyday life. Such ubiquitous information technology – "everyware" – will appear in many different contexts and take a wide variety of forms, but it will affect almost every one of us, whether we're aware of it or not.

Eis a união entre *anytime*, *anywhere* e *anything* que somente sistemas complexos e portadores de dinamismo podem ser capazes de representar. Isto porque a tecnologia tem por base uma abordagem analítica estruturada por sistemas complexos e ao mesmo tempo reducionistas. Ao se considerar a Internet, sabe-se que sua estrutura computacional estabelece uma grande rede, teia, que é ao mesmo tempo uma unidade básica de análise, mas também é um modelo de comportamento dinâmico, sendo possível o estudo das propriedades topológicas de uma rede ou sub-rede a partir da Teoria dos Grafos.

A complexidade está associada à completude tanto do humano quando da comunicação, sendo que a completude do ser humano é biológica e sociocultural, como apresentado por Morin (2005, p. 177):

> De fato, a aspiração à complexidade tende para o conhecimento multidimensional. Ela não quer dar todas as informações sobre um fenômeno estudado, mas respeitar suas diversas dimensões: assim como acabei de dizer, não devemos esquecer que o homem é um ser biológico--sociocultural, e que os fenômenos sociais são, ao mesmo tempo, econômicos, culturais, psicológicos etc. Dito isto, ao aspirar a multidimensionalidade, o pensamento complexo comporta em seu interior um princípio de incompletude e de incerteza.

Cabe aqui a inclusão de mais um elemento de complexidade, a tecnologia, tornando o ser humano um ser biológico-sociotecnocultural. Mas este elemento 'tecno' refere-se à complexidade do humano e não à sua completude, pois nem mesmo a tecnologia pode tornar o homem completo e acabado.

E esta não completude por ser caracterizada pela necessidade do humano viver em sociedade, portanto, em rede. O que não está na rede, não está no mundo. Pode-se então questionar a verdade tecnológica, a ponto de entender-se que a Internet é a camada visível (*surface*), existindo outra parte da verdade tecnológica depositada na *Deep Web*.

Tavares Neto e Mezzaroba (2016, p. 121) afirmam que:

> Até o século XVI o mundo era encantado, fruto direto da intervenção divina em todas as áreas da vida privada e pública – apesar da ausência de hegemonia plena da Igreja Medieval. Com a modernidade houve o desencantamento do mundo e, com isso, acabou a magia e o sagrado, surgindo então uma sociedade racional e orientada aos fins, o que resultou no capitalismo.

A tecnologia impulsiona o capitalismo e aumenta o desencantamento do homem, a ponto de se não se estar atento a todo o tempo ao quanto de tecnologia está presente na vida cotidiana. Do semáforo ao celular, do código de barras no produto ao QR-Code (*Quick Response-Code*) no cartaz no ponto de ônibus, as TICs são pervasivas, móveis e ubíquas.

Novamente, o objeto informação encontra e redimensiona o seu valor à medida que a Internet permite recuperar conteúdos que foram indexados e processados pelos mais variados algoritmos. Entende-se conteúdos qualquer forma de representação de dados: texto, som, imagem, vídeo, música, *software*, jogo, entre outros.

Considerando-se o exposto, toma-se a informação como bem jurídico de alto valor às sociedades, para as quais a informação é o elemento mais relevante, sejam estas sociedades de informação, consumo, tecnologia, risco e muitas outras existentes e que estão por vir.

Deste modo, o que orienta o presente artigo, é a perspectiva proposta por Tavares Neto e Mezzaroba (2016, p. 119) de que: "enquanto tentativa de explicar a realidade, a ciência caracteriza-se como atividade metódica, e ao propor conhecer e explicar a realidade, a mesma busca atingir essa finalidade por meio de ações possíveis de serem reproduzidas". A tecnologia é tão facilmente reproduzida como ciência que até mesmo pode ser utilizada como o *background* de um novo trabalho que por ora se inicie. Além disto, a área de Informática lança mão de um conceito denominado *ground-truth*[4], utilizado em várias áreas do conhecimento humano, por exemplo, a estatística ou a meteorologia, referindo-se à informação obtida por meio de método de observação direta em oposição à informação tida como referência. Ou seja, pode-se ter em um sistema o desejado e o observado de modo a se computar a diferença entre estas duas qualidades de informação como erro.

A partir destas considerações, toma-se o método científico como um conjunto de concepções sobre as regras de ação e procedimentos prescritos para se construir o conhecimento científico, inclusive o conhecimento tecnológico enquanto uma forma de compreensão da realidade e, notadamente a Internet, como importante elemento de sociabilização das relações humanas.

E, portanto, as TICs favorecem a inversão valorativa, a ponto de transformarem a informação em bem jurídico de alto valor. Portanto, o que se depreende é que, diferentemente das outras espécies que sobrevivem e se relacionam com o meio, quase de forma exclusiva pelo código genético (ANDERY et al., 2007, p. 9), o homem, por intermédio da tecnologia, supera as próprias necessidades, cria novas e, sobretudo, reorganiza as próprias prioridades, gerando uma verdadeira inversão valorativa da informação.

3. O método de Pierre Bourdieu e as tecnologias de informação e comunicação

Nessa epistemologia, Bourdieu apresenta algumas categorias centrais a fim de nortear sua interpretação da realidade social, que são: a *ortodoxia*, que representa os dominantes e detentores do capital simbólico autorreferente, fundada na autoridade e altamente provida de capital específico da violência simbólica; a *heterodoxia* ou dominados, que dispõe de pouco capital estruturado e, consequentemente, se aproxima da heresia e da subversão; a *doxa*, como o universo de pressupostos dos agentes e as estratégias dos que lutam

---

4   Disponível em: <http://www.embedded-vision.com/sites/default/files/apress/computervisionmetrics/chapter7/9781430259299_Ch07.pdf>. Acesso em: 11 ago. 2016.

no interior do campo; o campo, estruturado pelas posições sociais derivadas de leis e regras próprias, ou seja, estrutura de relações objetivas derivadas do poder simbólico invisível e proveniente da cumplicidade entre os que o exercem e os que a ele se submetem; o *habitus*, como um conjunto de esquemas de classificação da realidade que se interiorizam pelos mais distintos processos estruturados e estruturantes, relacionados às práticas e às regularidades de conduta; a violência simbólica, que representa a dominação sutil nas mais diversas formas das relações sociais e de uma classe sobre a outra.

Para Bourdieu (1994, p. 145-146):

> O campo de discussão que a *ortodoxia* e a *heterodoxia* desenham, através de suas lutas, se recorta sobre o fundo do campo da *doxa*, conjunto de pressupostos que os antagonistas admitem como sendo evidentes, aquém de qualquer discussão, porque constituem a condição tácita da discussão: a censura que a ortodoxia exerce – e que a heterodoxia denuncia – esconde uma censura ao mesmo tempo mais radical e invisível porque constitutiva do próprio funcionamento do campo, que se refere ao conjunto do que é admitido pelo simples fato de pertencer ao campo, o conjunto do que é colocado fora da discussão pelo fato de aceitar o que está em jogo na discussão, isto é, o consenso sobre os objetos da dissensão, os interesses comuns que estão na base dos conflitos de interesse, todo o não-discutido, o não-pensado, tacitamente mantidos fora dos *limites* da luta.

A violência simbólica, além da dominação de classe que se perpetua pela ausência de emancipação e alienação dos bens de produção da classe trabalhadora, num sentido estritamente marxista (BOURDIEU, 2000), também pode ser definida como violência "suave, insensível, invisível as suas próprias vítimas, que se exerce essencialmente pelas vias puramente simbólicas da comunicação e do conhecimento, ou, mais precisamente do desconhecimento, do reconhecimento ou, em última instância, do sentimento" (BOURDIEU, 1999, p. 7-8).

Para o presente artigo, deve-se pontuar que frente às Tecnologias de Informação e Comunicação (TIC), considera-se cada uma das categorias de Pierre Bourdieu assim representadas:

- Campo = TICs;
- Habitus = Internet;
- Ortodoxia = os fabricantes de equipamentos e desenvolvedores de software e aplicativos;
- Heterodoxia = os usuários;

- Doxa = o universo de protocolos computacionais e premissas tecnológicas frente aos usos e aplicações que os usuários fazem das TICs;
- Violência simbólica = dominação sutil (pervasiva, móvel e ubíqua) nas mais diversas formas das relações sociais.

Observa-se que em pensamento tecnicista as categorias de Bourdieu foram hierarquizadas tomando-se a abordagem *top-down* de sistemas computacionais, ou seja, do geral para o particular.

Destaca-se que o processo de dominação somente tem eficácia se o mesmo for acompanhado de sistemas ideológicos promovidos por especialistas que lutam pelo monopólio da produção ideológica legítima, a fim de estabelecer um discurso dominante estruturado e estruturante (*ortodoxia*) para a domesticação dos dominados (BOURDIEU, 2000, p. 11), que nada mais seria do que a sedimentação do *habitus* na padronização do pensamento.

Entende-se que as TICs favorecem ou até mesmo personificam a violência simbólica por meio de marcas ou tecnologias específicas, por exemplo, o uso de determinado sistema operacional.

Ainda nesse sentido, é importante esclarecer que, ao colocar em destaque a violência simbólica, Bourdieu jamais pretendeu minimizar os efeitos da violência física, mas sim, ao contrário disso, seu principal intuito foi salientar que qualquer tipo de violência subtrai suas verdadeiras motivações e reflexos no momento em que a mesma consegue ser legitimada e naturalizada. Isso se efetiva por meio da violência simbólica, portanto, "se institui por intermédio da adesão que o dominado não pode deixar de conceder ao dominante" (BOURDIEU, 1999, p. 47). No que tange às TICs vê-se que o mercado mundial de *smartphones* cresce ano após ano à medida que surgem mais e mais usuários. Eis os dominantes e dominados.

A violência simbólica é conceito fundamental na presente pesquisa em razão de que as TICs servem-se da violência simbólica com grande eficiência, considerando-se que legitima seus padrões, mecanismos e aplicativos por meio de princípios como o de multiplataformas ou da neutralidade das conexões via Internet, elevados a *Standards* da tecnologia, mas, por outro lado, oferece à sociedade informacional o direito/dever de promover a democracia participativa e ativa por meio da Internet (PAMPLONA; FREITAS, 2015).

Pela categoria de homologia de Boudieu, toma-se o que o autor trata sobre o campo jurídico (BOURDIEU, 2000, p. 229-230) encaminhando sua proposta numa categorização da realidade a partir de tipos ideais determinados, dentre os quais o direito, sendo que, para ele:

> A constituição do campo jurídico é um princípio de constituição da realidade (isto é, verdadeiro em relação a todo o campo). Entrar no jogo, conformar-se como o direito para resolver o conflito, é aceitar

tacitamente a adopção de um modo de expressão e de discussão que implica a renúncia à violência física e às formas elementares da violência simbólica, como a injúria. É também, e, sobretudo, reconhecer as exigências específicas da construção jurídica do objecto: dado que os factos jurídicos são produto da construção jurídica (e não o inverso).

Assim, pode-se entender que a constituição do campo tecnológico é um princípio de constituição da realidade e entrar no jogo, conformar-se como a tecnologia para resolução de conflitos, é aceitar tacitamente a adoção de um modo de expressão e de discussão que implica a renúncia à violência física e as formas elementares de violência simbólica, como a injúria que pode ser praticada por meio das TICs, por exemplo, das redes sociais, sendo categorizada como um crime cibernético. É também e, sobretudo, reconhecer as exigências da construção tecnológica do objeto, aqui tratado como 'informação': dado que os fatos tecnológicos são produtos da construção tecnológica, tendo-se, portanto, um reconhecimento recursivo, visto que fatos são dados brutos que podem ser processados e transformados em informação que por sua vez alimenta este ciclo. Os fatos tecnológicos na são realidades puras, nem resultado exclusivo de uma dimensão cognitiva, mas são formados por conteúdo técnico/instrumental e social, ambos não distinguíveis na dimensão ciberespaço-tempo.

Neste contexto se faz importante destacar do pensamento de Bourdieu as definições de campo e *habitus*. Segundo o autor, o campo seria definido como "um estado da relação de força entre os agentes ou das instituições envolvidas na luta ou, se preferir, da distribuição do capital específico que, acumulado no decorrer das lutas anteriores, orienta as estratégias posteriores" (BOURDIEU, 2003, p. 120). Por sua vez, o *habitus*, estaria relacionado com o "sistema de disposições adquiridas pela aprendizagem implícita ou explícita, que funciona como um sistema de esquemas geradores de estratégias que podem estar, objectivamente em conformidade com os interesses objectivos dos seus autores sem terem sido expressamente concebidos para esse fim" (BOURDIEU, 2003, p. 125). Neste sentido, este artigo toma como campo as Tecnologias de Informação e Comunicação e como *habitus* a Internet, por entender que as TICs constituem um estado da relação de força entre desenvolvedores de tecnologia e usuários (dominantes versus dominados) por meio da validação e reforço do uso constante, pervasivo e ubíquo das TICs.

O campo seria o espaço estruturado por posições em que os dominantes e dominados lutam pela obtenção e manutenção de postos específicos, e onde as posições dos agentes estão fixadas a priori; o *habitus* é o lugar do sujeito em seus mais diversos modos de ações condicionados e orientados a determinados fins. Basta observar as grandes empresas de tecnologia e verificar que o campo gera disputa entre empresas distintas e também disputas que buscam captar e gerir mais e mais usuários, de modo, que a Internet é o lugar, é o *habitus*.

Para Bourdieu (2000) existe uma autonomia entre os campos, mas essa é uma autonomia relativa considerando-se que o fator econômico atravessa de forma imanente todos os campos. Deste modo, a homologia estrutural refere-se a uma noção que permeia toda a compreensão da realidade apreendida e, não apenas nos elementos latentes da sociedade, mas, sobretudo, nos patentes. Entende-se que as TICs, como campo, permeiam a realidade apreendida da sociedade contemporânea, sendo a informação elemento de ambiguidade, visto que ora é patente, pode ser indexada e buscada, ora é latente uma vez que pode ser elemento de dominação.

Assim sendo, considerando-se a sutileza estrutural do campo que estabelece a relação funcional entre os diferentes campos sociais, é possível, a partir das categorias essenciais (campo, *habitus*, violência simbólica), perscrutar que no interior desses campos, mesmo distintos e até contraditórios, sempre haverá associação a determinada posição social — iniciados, profanos, dominação, subordinação, violência simbólica, legitimação. Dessa forma, o método torna-se essencial, na medida em que sua função é a de apreender os conceitos existentes apenas no plano abstrato e sua transformação em categoria de análise, sendo que "a função propriamente ideológica do campo de produção ideológica realiza-se de uma maneira quase automática, na base da homologia de estrutura entre o campo de produção ideológica e o campo de luta de classes". O desenvolvimento de aplicativos, por exemplo, pode criar categorias de análise (perfil dos consumidores, por exemplo), de usuários (com banda larga ou determinado pacote de dados, por exemplo), de dominação (apologia ao ódio, racismo, homofobia, entre outros) e de fragmentação social (info-excluídos, por exemplo). Por sua vez,

> A homologia entre os dois campos faz com que as lutas por aquilo que está especificamente em jogo no campo autônomo produzam automaticamente formas eufemizadas das lutas econômicas e políticas entre as classes: é na correspondência de estrutura e estrutura que se realiza a função propriamente ideológica do discurso dominante, intermediário estruturado e estruturante que tende a impor a apreensão da ordem estabelecida como natural (ortodoxia) por meio da imposição mascarada (logo, ignorada como tal) de sistemas de classificação e de estruturas mentais objetivamente ajustadas às estruturas sociais (BOURDIEU, 2000, p. 13-14).

Mostra-se importante salientar que o conceito de violência simbólica está intimamente vinculado à ideia de homologia, funcionando por sua vez como elemento determinante, sustentador e equalizador na teoria de

Bourdieu. Esse conceito nada mais é do que a própria concepção da realidade e seu funcionamento, haja vista sua subsistência a todas as suas outras concepções e, mesmo prescindindo delas, nunca o contrário. Bourdieu (2000, p. 210) estabelece uma teoria geral das relações sociais e como essa se aparelha e naturaliza sua forma de dominação, tendo o direito, especialmente, condição de espaço privilegiada para a produção e reprodução do poder.

Esse espaço de produção e reprodução do poder é categorizado por Bourdieu como campo. E as TICs tem condições de espaço privilegiadas para a produção e reprodução do poder, visto terem como *habitus* a Internet. No campo acontecem as relações consequentes das estruturas referentes às posições sociais que funcionam com regras estabelecidas e derivadas de um poder simbólico invisível, mas facilmente perceptível nas estruturas sociais por ser proveniente da cumplicidade dos envolvidos nas relações sociais. Por essa razão, Bourdieu constitui uma teoria da formatação e funcionalidade da estrutura do campo, e de forma muito límpida, do campo científico.

O poder invisível das TICs, por meio da Internet, advém do uso constante de mecanismos de busca de modo a especificar cada vez mais o que cada usuário lê, compra, assiste, acompanha, aonde vai e sobre o que conversa, formando o que é tratado por Pariser (2012, p. 14) como bolha informacional. O autor que explica que a bolha informacional surge da junção dos mecanismos de busca e seus filtros com mecanismos de previsão, os quais "criam e refinam constantemente uma teoria sobre quem somos e sobre o que vamos fazer ou desejar a seguir". Estes mecanismos "criam um universo de informações exclusivo para cada um de nós – o que passei a chamar de bolhas dos filtros – que altera constantemente o modo como nos deparamos com ideias e informações".

É no campo científico onde se clarificam as mais diversas intenções e estratégias, visto ser "o universo 'puro' da mais 'pura' ciência é um campo social como outro qualquer, com suas relações de força e monopólios, suas lutas e estratégias, seus interesses e lucros, mas onde todas essas *invariantes* revestem formas específicas" (BOURDIEU, 1994, p. 121). No estudo em questão, tem-se que as TICs são permeadas fortemente por fatores econômicos, tão fortemente que determinadas marcas e produtos disputam a hegemonia do mercado.

O campo científico, assim como qualquer outro espaço determinado ou indeterminado, é resultado de lutas anteriores em que acontece a luta concorrencial pela determinação do monopólio da *autoridade científica* concebida como capacidade técnica e poder social, denominada de competência científica. Pergunta-se: Há que se pensar em competência tecnológica? Quem tem ou detém a competência tecnológica na realidade social contemporânea?

Nota-se que a capacidade técnica e o poder social são inseparáveis no mundo tecnológico e, pode-se por homologia inferir que deriva do domínio específico de um *corpus tecnológico* relativamente independente dos constrangimentos externos, tal qual Bourdieu considera o domínio de um *corpus jurídico* facilmente identificável como lento, autoritário, elitista e pouco transparente, mas, sobretudo, naturalizado na estrutura do campo, pois, "Por seu lado, os juristas, pelo trabalho de racionalização e de formalização a que submetem o corpo de regras, representam a função de assimilação" (BOURDIEU, 2000, p. 210, 221). Por outro lado, o *corpus tecnológico* pode ser facilmente identificável como dinâmico, autoritário, elitista e pouco transparente, mas, sobretudo, naturalizado na estrutura do campo, as TICs. No que tange às TICs a função de assimilação está delegada aos bancos de dados, como estruturas lógica e física de armazenamento e recuperação de dados e informações.

Além das conexões já estabelecidas, Bourdieu (1994, p. 133) evidencia também uma íntima correlação entre o direito e o campo científico por causa de seus objetos similares que podem ser acumulados e, assim, transmitidos como capital simbólico, proporcionando visibilidade e reconhecimento. É a partir da acumulação do capital simbólico — como o reconhecimento acadêmico que, estruturalmente, se define pelo "estado das relações de força entre os protagonistas em luta, agentes ou instituições" — que se processa a distribuição do capital científico.

No campo tecnológico, com *habitus* na Internet, sendo a informação, o objeto e objetivo, estabelece-se uma relação de troca, ou seja, serviços *on-line* personalizados frente ao que os usuários têm a oferecer: seus dados. A confiança nos resultados obtidos e a lealdade em utilizar os serviços e aplicativos, fortalecem esta relação de troca e há que se entender o capital social composto por duas categorias, quando o tema refere-se à Internet e redes sociais, a saber: o capital de "ligação" e o capital de "ponte", de acordo com Pariser (2012).

Pariser (2012, p. 21) explica que o capital de ligação é interno, ou seja, de cada usuário para um interesse ou grupo preexistente. Já o capital de ponte é externo, do usuário com seus contatos. E, portanto, a personalização faz com que as pessoas criem muitas ligações, mas poucas pontes, fazendo com que cada usuário se torne mais semelhante àqueles que lhe são próximo. Neste contexto, a Internet como *habitus* reforça a criação de capital de ligação.

O risco em não formar pontes, está na constatação de Pariser (2012, p. 21) indicando que "[...] são as pontes que criam nosso senso do que é 'público' – o espaço em que resolvemos os problemas que transcendem nosso nicho e nossos restritos interesses pessoais". A troca é possibilitada a partir da existência destes dois tipos de capital: ligação e ponte, trazendo à discussão: como colocar o público acima do pessoal se os usuários da Internet criam mais ligações do que pontes?

Deste modo, Tavares Neto e Mezzaroba (2016, p. 124) observaram que se no campo científico existe uma luta pelo monopólio do saber manifesto pelas mais diversas formas de reconhecimento dos pares (BOURDIEU, 1994, p. 126), no campo jurídico reproduz-se "um sistema fechado e autônomo, cujo desenvolvimento só pode ser compreendido segundo sua dinâmica interna" (BOURDIEU, 2000, p. 209).

Por essa pretensa dinâmica autorreferencial e regulatória do Direito e, por conseguinte, do Judiciário, evidencia-se que

> A estrutura da distribuição do capital científico está na base das transformações do campo científico e se manifesta por intermédio das estratégias de conservação ou de subversão da estrutura que ela mesma produz. Por um lado, a posição que cada agente singular ocupa num dado momento na estrutura do campo científico é a resultante, objetivada nas instituições e incorporada nas disposições, do conjunto de estratégias anteriores desse agente e de seus concorrentes (elas próprias dependentes da estrutura do campo, pois resultam das propriedades estruturais da posição a partir da qual são engendradas). Por outro lado, as transformações da estrutura do campo são o produto de estratégias de conservação ou de subversão que têm seu princípio de orientação e eficácia nas propriedades da posição que ocupam aqueles que as produzem no interior da estrutura do campo (BOURDIEU, 1994, p. 134).

Agora, pode-se evidenciar que no campo das TICs, o sistema é dinâmico, semiaberto, autorreferencial, a partir da premissa que as bolhas informacionais existem e, portanto, cada vez mais são autorreferenciadas, e, ainda, não regulatório visto necessitar de mecanismos externos, por exemplo, o Marco Civil da Internet (BRASIL, 2014) que estabelece princípios, garantias, direitos e deveres para o uso da Internet no Brasil. Além disto, há que se considerar que a Deep Web é o contraponto, subversão da ordem estruturada da Internet.

É por essa dinâmica que se observa em todos os campos das relações sociais o constante confronto entre *ortodoxia* e *heterodoxia* pelo controle e subversão da ordem estruturada que se sustenta e reproduz a partir das mais diversas estratégias de controle do tempo, espaço, saber/poder. As TICs favorecem o confronto entre *ortodoxia* e *heterodoxia* e, também, fazem repensar os conceitos e estratégias de controle de tempo, espaço, saber e poder quando o *habitus* é a Internet e a violência simbólica tem por base a Computação Pervasiva, Móvel e Ubíqua.

4. As tecnologias de informação e comunicação como campo científico e modo de dominação

Toda esta discussão permite chegar ao ponto de avaliar as TICs como campo científico e modo de dominação sob a ótica da Teoria Bourdieusiana. Cabe inicialmente rememorar as três leis que tratam da relação entre o homem e a tecnologia, propostas pelo escritor de ficção científica Arthur C. Clarke (KURZWEIL, 1999, p. 14), a saber:

1) Quando um cientista distinto e experiente diz que algo é possível, é quase certeza que tem razão. Quando ele diz que algo é impossível, ele está muito provavelmente errado.
2) O único caminho para desvendar os limites do possível é aventurar-se um pouco além dele, adentrando o impossível.
3) Qualquer tecnologia suficientemente avançada é indistinguível de magia.

Estas leis colocadas de forma tão direta, tanto representam a importância da evolução da tecnologia no mundo contemporâneo quanto demonstram o medo de que a tecnologia ultrapasse o ser humano, de modo que a tecnologia possa ser confundida com magia e que para evoluir tecnologicamente o homem necessita adentrar ao impossível.

E é com esta qualidade de tecnologia, ou magia, que se estabelece a Computação Ubíqua, a qual descreve a presença direta e constante da informática e da tecnologia na vida das pessoas, em suas casas e ambientes de convívio social, sendo que para Moutinho (2010, p. 10) tem-se que:

> Computação Ubíqua se beneficia dos avanços tecnológicos de ambos os ramos de pesquisa e permite uma nova perspectiva para a Computação Móvel, no sentido em que os dispositivos móveis e os seus serviços tornaram-se disponíveis e ubíquos, permitindo o acesso a redes de informação seguras. Resumidamente, a Computação Ubíqua permite que a computação se desloque para o exterior dos locais de trabalho e dos computadores pessoais e a torne pervasiva no quotidiano, ou seja implica que a computação esteja inserida no ambiente de forma invisível para o utilizador.

O objetivo da Computação Ubíqua é integrar totalmente a relação tecnologia/máquina com os seres humanos, de forma tal que seja invisível, no sentido de automático ou utilizar sem perceber. Os computadores passam a fazer parte da vida das pessoas de tal maneira que se tornam 'humanos', com seus sistemas inteligentes, que os tornam onipresentes (ROLINS, 2001, p. 14).

Para Moutinho (2010, p. 12), o termo 'ubíquo' é usado para explicar que não somente os computadores estarão presentes em qualquer lugar, mas toda a área de computação estará agregada às estruturas básicas e fundamentais da vida do ser humano. Sabe-se também que a ubiquidade é a propriedade daquilo que está presente em todos os lugares ao mesmo tempo, ou seja, algo onipresente (BUENO, 2007, p. 779).

Assim, a Computação Ubíqua não existe sem a Computação Pervasiva, a qual, de acordo com Moutinho (2010, p. 10), define que "os meios de computação estão distribuídos nos diferentes ambientes do utilizador de forma perceptível ou imperceptível". Na língua portuguesa, o termo 'pervasivo' é adjetivo que significa que se espalha, que se infiltra, que penetra; espalhado, difuso; penetrante (DICIONÁRIO ONLINE DE PORTUGUÊS, 2016).

Para que isto aconteça, a Computação Pervasiva lança mão da Computação Móvel, a qual é "centrada na capacidade de um dispositivo computacional ser carregado ou transportado, mantendo uma ligação activa à Web" (MOUTINHO, 2010, p. 10). Ou seja, necessita-se de dispositivos com sistemas embarcados ou embutidos (*Embedded Systems*)[5] para que tudo esteja disponível ou à mão. Desta forma, Araujo (2003, p. 51) explica que a Computação Ubíqua é o resultado da interseção entre Computação Pervasiva e Computação Móvel, considerando-se a combinação entre o alto grau de dispositivos embarcados pervasivos e o alto grau de mobilidade destes dispositivos. Outras palavras de ordem podem, então, ser associadas à realidade atual, quais sejam: interconectividade e interoperabilididade, características que facilitam a troca de informações entre ambientes computacionais e dispositivos.

Weiser (1991, p. 94) afirmou que "o desaparecimento é uma consequência fundamental da psicologia humana e não da tecnologia"[6]. Ele explica que as pessoas absorvem informação sem perceber necessariamente a fonte ou o modo como fazem isto, sendo que ao se aprender bem algo que era 'novo' passa-se a não mais estar atento a isto ou, ainda, não mais estar ciente de que este algo era 'estranho' ao conhecimento próprio de cada um. Ou seja, quanto mais profunda for uma tecnologia mais ela tende a desaparecer e ser assimilada de modo que se torne tão integrada, tão adaptada e natural que seu uso passa desapercebido.

Tudo se coaduna de forma a criar um ambiente confortável, no qual a tecnologia é imperceptível e, ainda, os dispositivos são inteligentes. Por exemplo, ao se entrar em uma sala de reuniões, o ambiente pode reconhecer quem são as pessoas que ali estão chegando e providenciar chá ou café, com açucar ou adoçante, de acordo com o gosto pessoal de cada pessoa. Tudo isto é possível considerando-se os sistemas computacionais de reconhecimento de face dos usuários, indo além, e consultando um conjunto de características

---

5   É um sistema micro processado no qual o computador é totalmente encapsulado ou dedicado ao dispositivo ou sistema que ele controla.

6   Texto original: "Such a disappearance is a fundamental consequence not of technology, but of human psychology".

da personalidade de cada indivíduo em bancos de dados, permitindo desde a melhoria do dia a dia das pessoas até formas de controle e dominação.

Neste ponto, retoma-se Bourdieu e pode-se constatar que a Computação Ubíqua e Internet são formas de violência simbólica, vez que fazem uso de força por meio das TICs e legitimam por meio das redes sociais que possibilitam postagens de conteúdos. Explica-se tal constatação ao visitar Bourdieu (2000, p. 211) entendendo-se que a Computação Ubíqua, a Internet e as redes sociais constituem "um universo social relativamente independente em relação às pressões externas, no inerior do qual se produz e se exerce a autoridade jurídica", sendo possível aqui se aplicar a autoridade tecnológica. Assim, a autoridade tecnológica se torna uma "forma por excelência da violência simbólica legítima...", continuando o autor a mencionar que esta violência simbólica é monopólio que "... pertence ao Estado, e que se pode combinar com o exercício da força física". Quando o tema é tecnologia, o monopólio não é do Estado, mas de poucas e grandes empresas que trabalham com o objeto 'informação'.

Cabe, portanto, questionar: Quem interpreta as TICs? Que *corpus* é a base da Internet? Pela interpretação de Bourdieu (2000) feita sob a ótica do Direito, observa-se que no ambiente digital, as TICs encontram agentes investidos de competência, técnica e social, para interpretar a si próprias, utilizando-se de um *corpus* que legitima o ambiente digital como acessível, democrático e inclusivo. Ao se mencionar um *corpus* tecnológico, toma-se como exemplo as normas, os protocolos, as siglas, a codificação em linguágem binária. Ou seja, as Tecnologias da Informação e Cmunicação fazem uso de linguagem de representação impessoal e neutra, a ponto de serem entendidas por qualquer aparato tecnológico mesmo que sejam necessárias conversões, decodificações e simulações. Estas caracteríticas de impessoalidade e neutralidade foram atribuídas, também ao Direito por Bourdieu (2000).

Ao olhar leigo, pode parecer que as TICs apresentam "autonomia absoluta em relação às pressões externas" (BOURDIEU, 2000, p. 212). Mas o monopólio da informação é muito mais presente do que se possa perceber, é ubíquo.

Neste trabalho, toma-se como campo as TICs e como *habitus* a Internet, de modo a demonstrar que a Internet possibilita o estabelecimento de um conjunto de esquemas de classificação da realidade que se interiorizam pelos mais distintos processos estruturados e estruturantes, relacionados às práticas e às regularidades de conduta. Explica-se assim, visto que a Internet é estrutura física e lógica que permite a prática da comunicação do objeto informação, reforçando o conceito de tecnologia da comunicação associado ao conceito de tecnologia de informação, visto que as tecnologias de comunicação são utilizadas para conectar partes diferentes de *hardware* (elemento físico) a para transferir dados (elemento lógico do ponto de vista do significado) de um ponto a outro via redes. A internet é a grande rede.

A internet modificou e modificará a fisionomia da computação por meio da criação de novos tipos de produtos (*tablet*, *smartphone*), novos serviços (*e--commerce*, *m-commerce*, *f-commerce*, *t-commerce*, *s-commerce*) e, ainda, novas relações entre pessoas e organizações. Este é o lado positivo deste campo e *habitus*.

É a tecnologia fazendo o mundo social, tal qual mencionado por Bourdieu em relação ao Direito: "o direito é a forma por excelência do discurso atuante, capaz, por sua própria força, de produzir efeitos. Não é demais dizer que ele *faz* o mundo social, mas com a condição de se não esquecer que ele é feito por este" (BOURDIEU, 2000, p. 238).

E neste mesmo campo e *habitus* pode-se encontrar um lado negativo. O lado das *darknets*, da *Deep Web*, do *cyberbullying*, dos crimes cibernéticos, da guerra cibernética (*cyberwar*), da discriminação, do ódio e da não democracia. São estes apenas alguns exemplos ocultados parcial ou integralmente dos dominados e que reforçam a violência simbólica.

As TICs como campo de dominação e violência simbólica podem ser também analisadas sob o ponto de vista da bolha informacional tratada por Pariser (2102). A bolha informacional apresenta aos usuários da Internet três dinâmicas, pontuadas por Pariser (2012, p. 14-15). A primeira dinâmica aponta que "estamos sozinhos na bolha", ou seja, mesmo compartilhando de interesses comuns, os usuários sofrem a ação de uma força centrífuga, de dentro para fora, de modo que as bolhas se afastam uma das outras quando analisadas em modelo global. Ou seja, cada qual somente reforça a sua própria bolha de modo que a dominação e a violência simbólica são assim caracterizadas.

A segunda dinâmica implica que "a bolha é invisível". Pariser explica que não se pode escolher os critérios utilizados pelos mecanismos de busca e pelos filtros existentes na Internet, sendo que o usuário intui que as informações a ele apresentadas são "imparciais, objetivas e verdadeiras". O autor afirma "que não são", sendo que "quando vemos de dentro da bolha, é quase impossível conhecer seu grau de imparcialidade" (PARISER, 2012, p. 15). Este grau de parcialidade é não definido, não conhecido, nem percebido pelo usuário. Novamente, é ubíquo.

E, a terceira dinâmica apresenta que "não optamos por entrar na bolha" e sim, na verdade, cada usuário é uma bolha. Os filtros personalizados são colocados a serviço do usuário sem que ele esteja atento para isto e, "por serem a base dos lucros dos sites que os utilizam, será cada vez mais difícil evitá-los" (PARISER, 2012, p. 15). Eis o monopólio do objeto informação.

Há que se questionar e compreender significados, bem como contextualizar a discussão. Bourdieu (2000b, p. 31) afiram que "Penso, pois, que, para compreender uma obra cultural, devemos compreender o campo de produção e a posição de seu autor nesse espaço. Há uma correspondência entre o espaço das obras em determinado momento e o espaço dos autores e das instituições que as produzem". As TICS estabelecem este espaço tecnológico e a Internet forma o espaço cultural, de modo a possibilitar o entendimento de novos significados para 'navegar', 'conversar', 'telefonar', 'comprar', 'ir ao banco', 'estudar', 'buscar' ou 'pesquisar'. Pensar nestas ações no contexto do século 19 ou no contexto do século 21 leva a entendimentos diametralmente opostos. De acordo com Bourdieu (2005, p. 40), "compreender é primeiro compreender o campo com o qual e contra o qual cada um se fez". Para Bourdieu, o campo social é um espaço multidimensional de posições, e os sentidos só podem ser entendidos por meio das relações que ocorrem no jogo de oposições e distinções (BOURDIEU, 2000). Neste sentido, o campo com o qual cada um se faz é possibilitado pelas TICs, sendo a Internet o *habitus*.

Sendo assim, as TICS e a Internet fazem parte das "coisas que se tornaram tão comuns, logo, tão evidentes que ninguém lhes presta atenção" (BOURDIEU, 2000, p. 37). Confirma-se a ubiquidade.

5. Considerações Finais

O que se quer argumentar é que a tecnologia não é necessariamente uma realidade ameaçadora e restritiva. Questiona-se se as TICs podem ser emancipatórias para a humanidade e para a vida no planeta. Por outro lado, tem-se que a Internet não é espaço social totalmente inclusivo, visto existirem os info-excluídos, aqueles que desconhecem ou não tem acesso às tecnologias de comunicação e informação, como a Internet. Estas pessoas não somente não têm acesso, mas não operam a conversão de todo o espaço mental que permeia a linguagem simbólica da Internet, facilitando o estabelecimento das bolhas informacionais, do campo de dominação e da violência simbólica.

Aplicar um método como instrumento de análise das TICs não é simples e muito menos direto. Portanto, utilizou-se da Teoria Bourdieusiana, mas poder-se-ia aplicar outros autores. Mas o que trouxe o estudo até Bourdieu foi a constatação de que as TICS e a Internet possibilitam ser evidenciadas como forma de dominação, por diferentes aspectos analisados, por exemplo, a linguagem, o uso que se faz do objeto 'informação' e, ainda, na facilidade de acesso aos usuários por meio de cada aparato tecnológico inserido na vida cotidiana de maneira ubíqua.

REFERÊNCIAS

ARAUJO, Regina Borges. Computação Ubíqua: princípios, tecnologias e desafios. In: **Anais do XXI Simpósio Brasileiro de Redes de Computadores**, Natal, RN, 2003.

BOURDIEU, Pierre. **Esboço de auto-análise**. Introdução, cronologia e notas Sergio Miceli. São Paulo: Companhia das Letras, 2005.

_____. **Questões de sociologia**. Lisboa: Fim de Século, 2003.

_____. **O poder simbólico**. Rio de Janeiro: Bertrand Brasil, 2000.

_____. **O campo econômico**: a dimensão simbólica da dominação. Tradução Roberto Leal Ferreira; revisão técnica Daniel Lins. Campinas, SP: Papirus, 2000b.

_____. **A dominação masculina**. Rio de Janeiro: Bertrand Brasil, 1999.

_____. **Economia das trocas lingüísticas**. 2. ed. São Paulo: USP, 1998b.

_____. O campo científico. In: ORTIZ, Renato (Org.). **Pierre Bourdieu. Sociologia**. São Paulo: Editora Ática, 1994.

BUENO, Francisco Silveira. **Minidicionário da língua portuguesa**. 2. ed. São Paulo: FTD, 2007.

DICIONÁRIO ONLINE DE PORTUGUÊS. **Pervasivo**. 2016. Disponível em: <http://www.dicio.com.br/pervasivo/>. Acesso em: 7 out. 2016.

FEYERABEND, Paul. **Contra o método**. São Paulo: Editora da UNESP, 2003.

FORTIN, Robin. **Compreender a complexidade**: introdução ao método de Edgar Morin. Lisboa: Piaget, 2007.

GREENFIELD, Adam. **Everyware**: The dawning age of ubiquitous computing. AIGA: New Riders, 2006.

KUHN, Thomas. **A estrutura das revoluções científicas**. São Paulo: Perspectiva, 1978.

KURZWEIL, R. **The age of spiritual machines**. [S.l.]: Viking Penguin, 1999.

LAUDON, Kenneth C.; LAUDON, Jane P. **Sistemas de informação**. Rio de Janeiro: Livros Técnicos e Científicos S.A., 1999.

MARX, Karl. **O capital**: crítica da economia política. São Paulo: Nova Cultural, 1988.

MEIRELLES, Fernando de Souza. **Informática**: Novas aplicações com microcomputadores. 2. ed., São Paulo: Makron Books, 1994.

MORIN, Edgar. **Ciência com consciência**. 8. ed., Rio de Janeiro: Bertrand, 2005.

MOUTINHO, Ana Maria. **Inteligência ambiente**: contributo para a conceptualização de parede inteligente. Dissertação (Mestrado) – Universidade de Lisboa, 2010. Disponível em: <http://repositorio.ul.pt/bitstream/10451/7277/2/ULFBA_tes%20392.pdf>. Acesso em: 7 out. 2016.

PAMPLONA, Danielle Anne; FREITAS, Cinthia Obladen de Almendra. **Exercício democrático**: a tecnologia e o surgimento de um novo sujeito. Pensar (UNIFOR), v. 20, p. 82-105, 2015.

PARISER, Eli. **O filtro invisível**: o que a internet está escondendo de você. Trad. Diego Alfaro. Rio de Janeiro: Zahar, 2012.

PINTO, Louis. **Pierre Bourdieu e a teoria do mundo social**. Rio de Janeiro: Editora FGV, 2000.

POPPER, Karl Raimund. **A lógica da pesquisa científica**. 13. ed. São Paulo: Cultrix, 2007.

RICHARDSON, Roberto Jarry. **Pesquisa social**: métodos e técnicas. 3. ed. São Paulo: Atlas, 2010.

ROLINS, Claudia Silva Villa Alvarez de Noronha. **Aplicações para Computação Ubíqua**. Programa de Mestrado, Departamento de Informática, PUC-Rio, 2001.

TAVARES NETO, José Querino; MEZZAROBA, Orides. O método enquanto pressuposto de pesquisa para o Direito: a contribuição de Pierre Bourdieu. In: **Revista de Direito Brasileira**, São Paulo, v. 15. n. 6, p. 116-132, set./dez. 2016.

WEBER. Max. **Economia e sociedade**. Brasília: Editora da Universidade de Brasília. 1991.

_____. **Metodologia das ciências sociais**. 2. ed. São Paulo: Cortez; Campinas, SP: EdCamp, 1993.

WEISER, Mark. The Computer for the 21st Century. **Scientific American**, set. 1991.

CAPÍTULO II
A DEMOCRATIZAÇÃO DO JUDICIÁRIO SOB A ÓTICA MARXISTA

Camila Salgueiro da Purificação Marques[7]
Claudia Maria Barbosa[8]

1. Introdução

A temática enfrentada neste artigo tem como foco questões relacionadas ao Poder Judiciário, que personifica o poder e perpetua relações de dominação, mormente no que diz respeito à sua democratização, inclusive, com vistas à participação de grupos minoritários.

Para tanto, busca-se, primeiramente, descrever o "materialismo histórico dialético" enquanto método utilizado por Karl Marx para tratar da sociedade pré-capitalista de seu tempo, assim como, ainda que de forma breve, traçar o histórico de sua vida e obra, com foco na análise do Direito, enquadrado no conceito de "superestrutura". Desse modo, toma-se o método dialético proposto por Marx, essencialmente conflitante e em permanente transformação da realidade social. Isso porque, Marx estava diante do fenômeno de alienação promovida pelo trabalho mediante salário, especialmente numa conjuntura em que o próprio conflito das classes sociais e a divisão social do trabalho não eram devidamente apropriadas pelos instrumentos científicos de observação da sociedade.

Em seguida, analisa-se a questão da democratização do Judiciário de forma ampla, tendo em vista que este personifica e institucionaliza o poder, de modo a perpetuar as relações de dominação. Sob os pressupostos da teoria de Marx, argumenta-se que o Judiciário reflete o conflito de classes presente na sociedade, com a exclusão e/ou dificuldade dos grupos minoritários para efetivação de seus direitos, assim como por restrições de acesso à máquina judiciária brasileira.

Também se analisa mecanismos de democratização do Judiciário, que poderiam superar essa relação de dominação, como a figura do *amicus curiae* e da audiência pública, sob a ótica da dialética, considerando o diálogo e oposição entre diversos setores da sociedade representados.

Nos estreitos limites deste trabalho, seu objetivo é analisar alguns elementos da do Judiciário sob a ótica do método dialético, para despertar o interesse e a consciência do leitor em torno da questão.

---

[7] Professora. Doutoranda em Direito na Pontifícia Universidade Católica do Paraná. Mestre em Direito pela Pontifícia Universidade Católica de São Paulo. Barachel em Direito pela Universidade Estadual de Ponta Grossa. E-mail: camila_purificacao@yahoo.com.br
[8] Professora titular de direito constitucional da Pontifícia Universidade Católica do Paraná. Pesquisadora na área de Política Judiciária e Administração da Justiça. E-mail: claudia.mr.barbosa@gmail.com

2. O "materialismo histórico dialético" de Karl Marx

Segundo José Querino Tavares Neto (2016, p. 2), o método é um

> referencial ou quadro teórico conceitual de linha filosófica, religiosa, política, ideológica, sobre um autor, pesquisador e/ou estudioso, ou categoria que sirva para diferenciar ou comparar o modo de compreensão do sujeito sobre o objeto de estudo.

Nesse contexto, o modo de "ver" o mundo pelas lentes da teoria marxista demandou a construção do materialismo histórico dialético como instrumento de observação. Inclusive, o método não foi uma preocupação na vida de Karl Marx, que não escreveu uma obra para tratar apenas de seu método especificamente (NETTO, 2011, p. 2011), sendo este tratado ao longo de diversas obras.

Além disso, o método de Karl Marx está intimamente relacionado com a sua história de vida e o contexto da sociedade burguesa na qual vivia.

Por isso, anota-se que Karl Marx nasceu em uma família de origem judaica de classe média em Trier, na Renânia prussiana, antigo Reino da Prússia, que compunha a Confederação Germânica – atual República Federal da Alemanha. A sua formação foi em filosofia, em Berlim, onde não teve a oportunidade de atuar como professor, por questões políticas. Assim, volta para a Renânia e começa a trabalhar como jornalista na Gazeta Renana. Nesse momento, ao se deparar com questões práticas e com a necessidade de se posicionar politicamente, principalmente diante da aprovação da Lei da Repressão ao Roubo de Lenha (que criminalizou um costume muito antigo dos camponeses que podiam apanhar lenha para se proteger do inverno), é que Marx também se interessou por outros estudos de política e economia de modo mais profundo.

Posteriormente, também por motivos políticos, exilou-se na França, onde começou sua ação política em defesa da classe operária. Em razão dessa atuação política foi expulso da França e foi viver em Londres, onde irá escrever a obra de sua vida *O capital*. Piketty descreve o cenário social vivido à época de Marx nos termos seguintes:

> Quando Marx publicou, em 1867, o primeiro tomo de O capital, exato meio século após a publicação dos Princípios de Ricardo, as realidades econômicas e sociais haviam mudado profundamente: não se tratava mais de saber se a agricultura poderia alimentar uma população crescente ou se o preço da terra aumentaria até chegar ao céu, mas sobretudo entender a dinâmica de um capitalismo industrial a pleno vapor.
> O fato mais marcante da época era a miséria do proletariado industrial. A despeito do crescimento, ou talvez em parte devido a ele, e em razão do massivo êxodo rural provocado pelo aumento da população e da

produtividade agrícola, os operários se amontoaram em cortiços. As jornadas de trabalho eram longas e os salários muito baixos. Uma nova miséria urbana se desenvolveu, mais visível, chocante e, sob certo aspecto, extrema do que a miséria rural do Antigo Regime. Germinal, Oliver Twist e Os Miseráveis não brotaram apenas da imaginação de seus autores, bem como as leis que proibiram o trabalho de crianças menores de oito anos nas fábricas – como na França – em 1841 – ou menores de dez anos nas minas – como no Reino Unido em 1842. O *Tableau de l'état physique et moral des ouvries employés dans les manufactures* [quadro do estado físico e moral dos operários nas fábricas], publicado em 1840 na França pelo Dr. Louis René Villerm e que inspirou a tímida legislação de 1841, descreve a mesma realidade sórdida que A situação da classe trabalhadora na Inglaterra, publicado em 1845 por Engels" (PIKETTY, 2013, p. 17).

Durante toda a vida, Marx destinou seus estudos para compreensão do seu objeto de pesquisa: a sociedade burguesa, surgida a partir da ordem feudal e que se estabelece na Europa Ocidental na transição do século XVIII e XIX. O que é especificado no prefácio à primeira edição de O capital: "o que tenho de pesquisar é o modo de produção capitalista e as correspondentes relações de produção e de circulação" (MARX, 1998, p. 16). Isto é, o objeto de pesquisa tem existência objetiva (independe da consciência do pesquisador para existir), diferindo de Hegel, para quem a existência do objeto dependia da consciência do observador. Na teoria marxista, o sujeito pesquisador não seria meramente passivo, mas possui uma postura essencialmente ativa, na medida em que não deve apreender apenas a aparência ou a forma dada do objeto, mas a sua estrutura e dinâmica. Ou seja, resta excluída a pretensão de "neutralidade" na análise do objeto ("objetividade").

Quanto ao método, especificamente a dialética materialista e o materialismo histórico, ao contrário do posicionamento metafísico da dialética hegeliana, Marx promove a dialética como modo de pensar as reais contradições da realidade, ou seja, a forma essencialmente conflitante e em permanente transformação da realidade social (KONDER, 1998, p. 8). Isso porque Marx estava diante de uma alienação promovida pelo trabalho assalariado, especialmente numa conjuntura em que o próprio conflito das classes sociais, assim como e a divisão social do trabalho não eram devidamente apropriadas pelos instrumentos científicos de observação da sociedade.

E para essa compreensão materialista da realidade, afastada da intelecção puramente abstrata dos fatos sociais, o materialismo dialético se apresenta como o único método capaz de iniciar um processo de emancipação do trabalho, para se compreender os mecanismos da luta de classes. Desse modo, redireciona-se a análise científica para os movimentos de contradição inerentes à relação das classes em conflito, inseridas no processo histórico. E de forma a superar a suposta imparcialidade científica acima mencionada, toma o sujeito (proletariado) o elemento principal da teoria, diretamente implicado no próprio objeto de análise, a sociedade burguesa. Ou seja, a objetividade do materialismo histórico dialético não é separada da prática histórica (NETTO, 2011, p. 23). Nesse contexto, o materialismo histórico dialético é útil para analisar a formação do Judiciário, tendo em vista que toma em conta a divisão de classes e os excluídos da sociedade atual, que não possuem acesso ao Judiciário, considerando este conflito inerente ao processo histórico.

Observa-se, ainda, que o materialismo histórico se associa à explicação das sociedades a partir de condições econômicas materiais (modo de produção), pois Marx entendia que as relações sociais estão ligadas ao modo de produção, afirmando que "na produção social da própria vida, os homens contraem relações determinadas, necessárias e independentes de sua vontade" Assim, a totalidade destas relações de produção forma a estrutura econômica da sociedade, a base real sobre a qual se levanta uma superestrutura jurídica e política, à qual correspondem formas sociais determinadas de consciência. Ou seja, o modo de produção da vida material condiciona o processo em geral de vida social, política e espiritual. "Não é a consciência dos homens que determina o seu ser, mas, ao contrário, é o seu ser social que determina a sua consciência" (MARX, 2008, p. 130).

Já Engels explica que:

> Segundo a concepção materialista da história, o fator que em última instância determina a história é a produção e reprodução da vida real. Marx e eu nunca afirmamos mais do que isto. Se alguém tergiversa dizendo que o fator econômico é o único determinante, converterá aquela tese em uma frase vazia, abstrata, absurda.
> A situação econômica é a base, mas os diversos fatores de superestrutura que sobre ele se levantam – as formas políticas e a luta de classes e seus resultados, as Constituições que, depois de ganha uma batalha, a classe triunfante redige etc., as formas jurídicas, e inclusive os reflexos de todas essas lutas reais no cérebro dos participantes, as teorias políticas, jurídicas, filosóficas, as idéias religiosas e o desenvolvimento ulterior destas até convertê-las em um sistemas de dogmas – exercem também sua influência sobre o curso das lutas históricas e determinam, predominantemente em muitos casos, sua forma...
> Somos nós mesmos que fazemos nossa história, mas o fazemos em primeiro lugar, com base em premissas e condições muito concretas. Entre estas, são as econômicas as que decidem em última instância (apud ANTUNES, 2012, p. 1).

Ocorre que, em determinado momento da história das sociedades, há um conflito nas forças de produção, que geram um movimento de revolução social. Isto é, em uma certa etapa de seu desenvolvimento, as forças produtivas materiais da sociedade entram em contradição com as relações de produção existentes, "ou, o que não é mais do que sua expressão jurídica, com as relações de propriedade no seio das quais se haviam desenvolvido até então". Desse modo, de formas evolutivas das forças produtivas que eram, essas relações convertem-se em entraves e se abre uma época de revolução social [...] (MARX, 2008, p. 47).

Portanto, verifica-se que a teoria social construída por meio da aplicação do materialismo dialético constitui-se, também, nas vias de ação e transformação dessa mesma realidade que busca, com a ação orientada (práxis), a superação da relação expropriatória do capital em prejuízo do trabalhador.

Outrossim, para Marx, a sociedade burguesa é uma totalidade concreta e inclusiva, que é constituída por totalidades de menor complexidade, sendo o caráter contraditório destas totalidades que dinamiza aquela. (NETTO, 2011, p. 55-59). É neste contexto que Marx analisa dialeticamente o capitalismo, fundado na mercantilização das relações, das pessoas e das coisas, e na produção de mais-valia, identificando a exploração deste regime econômico. E, a partir destas contradições, na perspectiva da revolução, preceitua que a luta de classes necessariamente conduz à ditadura do proletariado, e que nesta ditadura constituiria a transição no sentido da abolição da divisão da sociedade em classes:

> Pouco a pouco, Marx delineia a sua visão do capitalismo como uma sociedade na qual a burguesia e o proletariado são classes sociais revolucionárias e antagônicas. Revolucionárias e antagônicas porque enquanto uma instaura o capitalismo, a outra começa a lutar pela destruição do regime no próprio instante em que aparece. Porque aparece alienado no produto do seu trabalho, ao produzir mais-valia, a burguesia começa a deixar de ser revolucionária na ocasião em que se constitui. Nesse instante, passa a preocupar-se principalmente com a preservação e o aperfeiçoamento do *status quo*. Por dentro da revolução burguesa começa a formar-se a revolução proletária (MARX, 1980, p. 17).

Além disso, as estruturas jurídicas e políticas que expressam as relações de produção, refletindo as condições materiais de existência da sociedade burguesa, compõem uma "superestrutura", ou seja, um poder estatal.

Isto é, ao se dedicar a estudar a sociedade burguesa, Marx identificou que as relações de produção formam a base, na qual se ergue a superestrutura. Assim, a base se constitui nas relações de produção, que forma a base econômica da sociedade, na qual se encontra a relação de trabalho, marcada pela exploração da força de trabalho. Já a superestrutura decorre das estratégias dos grupos dominantes para a perpetuação de seu domínio, por meio da estrutura jurídico-política, onde se encontra o Judiciário, e da estrutura ideológica. Por meio do Judiciário as classes dominantes se utilizam de estratégias que demandam o uso da força ou da ideologia para disseminar ideias que legitimem as ações do Estado em prol de seus interesses.

Diz o autor no prefácio da *Contribuição à crítica da economia política*, que o conjunto dessas relações de produção forma a estrutura econômica da sociedade, "a base real sobre a qual se levanta a superestrutura jurídica e política e à qual correspondem determinadas formas de consciência social". Assim, o modo de produção da vida material condiciona o processo da vida social, política e espiritual em geral (MARX, 2008).

Estas relações de produção que formam a estrutura econômica da sociedade burguesa são formadas pelas contradições impostas pela cisão em classes antagônicas. Tem-se nestas relações de produção a classe dos que possuem a propriedade privada e os meios de produção, e a classe dos expropriados, que precisam vender a sua força de trabalho para retirar sua subsistência. Percebe-se, com isso, que há um embate dessas forças: uma ao querer se manter no domínio hegemônico e a outra ao querer modificar essas relações de forças. Essas contradições irão se desenvolver na estrutura econômica e, assim, iniciar o tempo da revolução, ou seja, a modificação das relações de produção. Por isso, Marx anota que de formas de desenvolvimento das forças produtivas, estas relações se convertem em obstáculos a elas. E abre-se, dessa forma, uma época de revolução social. "Ao mudar a base econômica, revoluciona-se, mais ou menos rapidamente, toda a imensa superestrutura erigida sobre ela" (MARX, 2008).

No entanto, diante de tais revoluções, Marx distingue que as mudanças somente serão revolucionárias se efetivamente mudarem as condições da produção da vida material, ou seja, alterarem a estrutura:

> Quando se estudam essas revoluções, é preciso distinguir sempre entre as mudanças materiais ocorridas nas condições econômicas de produção e que podem ser apreciadas com a exatidão própria das ciências naturais, e as formas jurídicas, políticas, religiosas, artísticas ou filosóficas, numa palavra, as formas ideológicas em que os homens adquirem consciência desse conflito e lutam para resolvê-lo. E do mesmo modo que não podemos julgar um indivíduo pelo que ele pensa de si mesmo, não podemos tampouco julgar estas épocas de revolução pela sua consciência, mas, pelo contrário, é necessário explicar esta consciência pelas contradições da vida material, pelo conflito existente entre as forças produtivas sociais e as relações de produção. Nenhuma formação social desaparece antes que se desenvolvam todas as forças

produtivas que ela contém, e jamais aparecem relações de produção novas e mais altas antes de amadurecerem no seio da própria sociedade antiga as condições materiais para a sua existência (MARX, 2008).

A estrutura jurídica, composta pelo Estado e suas leis, é determinada pelas relações materiais de produção que estão na base da sociedade burguesa, pois é parte que constitui a superestrutura. Desta forma, para Marx, o direito não é um elemento que pode ser revolucionário, até mesmo porque o elemento revolucionário é a ação da classe trabalhadora ao tomar os meios de produção e transformar as relações de produção. E, na verdade, o direito é também um fenômeno que mascara essas relações baseadas na exploração e nas desigualdades sociais, ou seja, é um elemento de manutenção da hegemonia da classe dominante. Nas palavras de Wender Charles A. Silva sobre a crítica do direito em Marx, Direito e o Estado aparecem como "um aroma artificial escondendo o miasma que sobe da base real em que se fundam e da qual as desigualdades sociais exalam seu maior odor" (WENDER, 2010, p. 13).

Esclarecedora é também a análise de Eugeny Bronislanovich Pasukanis, sobre a obra de Marx e sua relação com o direito, que aduz que toda relação jurídica é uma relação entre sujeitos, e ainda, a propriedade somente se torna fundamento da forma jurídica enquanto livre disposição de bens no mercado. E a categoria sujeito serve então como expressão geral dessa liberdade. Desse modo, segundo o autor, para a dogmática jurídica, o sujeito não é nada mais do que um meio de qualificação jurídica dos fenômenos, "do ponto de vista de sua capacidade ou incapacidade de participar das relações jurídicas". Mas a teoria marxista, ao contrário, considera historicamente toda forma social, propondo-se a explicar as condições materiais historicamente determinadas, que tenham feito desta ou daquela categoria uma realidade (PASUKANIS, 1989, p. 83).

Ressalta Pasukanis que a sociedade capitalista é antes de tudo uma sociedade de proprietários de mercadorias, sendo que as relações sociais dos homens no processo de produção possuem uma forma coisificada nos produtos do trabalho que se apresentam, uns em relação aos outros como valores (PASUKANIS, 1989, p. 84).

Segundo Pasukanis, os bens econômicos contêm trabalho (propriedade que lhes é inerente), podem ser trocados (propriedade que depende apenas de seus proprietários), com a única condição de que esses bens sejam apropriáveis e alienáveis. Eis porque, ao mesmo tempo em que o produto do trabalho reveste as propriedades da mercadoria e se torna portador de valor, o homem se torna sujeito de direito e portador de direitos. O vínculo social enraizado na produção, portanto, apresenta-se simultaneamente de duas formas: como valor mercantil e como capacidade do homem de ser sujeito de direito (PASUKANIS, 1989, p. 85).

Assim, a propriedade burguesa capitalista deixa, consequentemente, de ser uma posse flutuante e instável, uma posse puramente de fato, que pode ser contestada a todo instante e que deve ser defendida de armas na mão. "Ela se transforma em um direito absoluto, estável, que segue a coisa em todos os lugares a que o acaso a atire e que, desde que a civilização burguesa estendeu a sua dominação sobre todo o globo, é protegida no mundo inteiro pelas leis, pela polícia e pelos tribunais". Portanto, a teoria dos direitos subjetivos, torna-se inadequada à realidade, pois não se considera a capacidade de querer e de agir dessa pessoa (PASUKANIS, 1989, p. 89).

No direito, especificamente, estas características e a referida divisão de classes são refletidas na estrutura do Judiciário, enquanto espaço que perpetua as relações de desigualdade, conforme adiante se verá com maior vagar.

3. A democratização do judiciário brasileiro

Primeiramente, insta destacar que no contexto histórico após a Segunda Grande Guerra Mundial, na Europa, houve a transição de regimes autoritários para regimes democráticos, com um maior reconhecimento de direitos, mormente dos denominados direitos sociais. E como preceitua Juan Ramón Capella, *"el calificativo de sociales se aplica a ciertos derechos de una razón de historia cultural: con su reconocimiento se ha pretendido aplazar o dar por zanjada – y neutralizar en cualquier caso –, la cuestión social"*. E, segundo o mesmo autor, os direitos que todos adjetivam como sociais foram reconhecidos pela confluência dos jogos de forças diferentes sobre os objetivos que podiam ser coincidentes com determinadas políticas reformistas (CAPELLA, 2001).

No Brasil, a primeira Constituição que apresenta os direitos sociais como questão fundamental do Estado é a de 1934. Esta foi fruto do processo de reconstitucionalização, resultado de um paradigma de modernização conservadora imposto pelas emergentes condições da Revolução de 1930. No entanto, as diretrizes liberal-reformistas não acompanhavam o grau de conquistas como as que poderiam ser representadas pelos direitos sociais, uma vez que ainda se resguardava princípios do velho federalismo republicano e do regionalismo liberal elitista. As massas trabalhadoras, por exemplo, não tinham garantias e instrumentos para colocar em prática tais direitos (WOLKMER, 1989, p. 137-141). Dessa forma, Antônio Carlos Wolkmer alerta para a maneira que esses direitos apareceram em nosso ordenamento jurídico:

> Os direitos sociais não apareceram de forma espontânea e acabada mediante processos democráticos, lutas populares e avanços da sociedade civil, sendo, portanto, muito mais resultante de oposições e resistências, concessões e favores no jogo estratégico das velhas elites oligárquicas. Comprova-se, assim, a inexistência em nossa evolução político-jurídica de uma tradição participativa de base popular-burguesa, pois o constitu-

cionalismo brasileiro, quer seja o político, quer seja o social, tem sido, até hoje, o permanente produto da "conciliação-compromisso" entre o autoritarismo social modernizante e o liberalismo burguês conservador (WOLKMER, 1989, p. 142).

Desse modo, é no início do século XX – Constitucionalismo Social – que se percebe a democracia social, o intervencionismo estatal e a crescente proletarização das massas (WOLKMER, 1989, p. 53). O Estado Social, protetor desses direitos, de acordo com Paulo Bonavides, "aí está para produzir as condições e os pressupostos reais e fáticos indispensáveis ao exercício dos direitos fundamentais", destacando que não há para tanto outro caminho senão "reconhecer o estado atual de dependência do indivíduo em relação às prestações do Estado e fazer com que este último cumpra a tarefa igualitária e distributivista sem a qual não haverá democracia nem liberdade" (BONAVIDES, 2007, p. 378 e 379). E somente com a Constituição de 1988 é que alguns avanços relativos a conquistas democráticas da legalidade e ao acesso à justiça passaram a assumir posição central na pauta de organização destas instituições estatais, apesar de algumas persistências históricas nelas ainda estarem ativas.

Os direitos sociais, também denominados de direitos humanos de segunda dimensão, exigem atuação positiva do Poder Público e objetivam implementar a igualdade social, a igualdade material. E há várias espécies de direitos sociais que são agrupados em algumas categorias: os direitos sociais dos trabalhadores; os direitos sociais da seguridade social; os direitos sociais de natureza econômica; os direitos sociais da cultura; os de segurança. Os beneficiários destes são todos os indivíduos, mas em especial aqueles que necessitam de um amparo maior do Estado (TAVARES, 2008, p. 770). No entanto, como se sabe, apesar do arcabouço jurídico de proteção dos direitos sociais, ainda existem milhões de pessoas excluídas de um sistema estatal de proteção social, inclusive no Brasil, embora os números no país tenham sido sensivelmente reduzidos nos 10 últimos anos.

Inclusive, destaca-se que com este reconhecimento de direitos por meio de documentos abertos e principiológicos reconheceu-se a primazia da dignidade humana e se assegurou a "justiciabilidade de um amplo rol de direitos fundamentais, cuja proteção e alcance depende, em maior ou menor grau, da intervenção do intérprete, o que ressalta o papel do discurso e da linguagem no processo de legitimação do Judiciário atualmente" (BARBOSA, 2013, p. 147-148). Assim, disputas que ocorriam na esfera política e políticas públicas concebidas e implementadas pelos poderes Executivo e Legislativo sofrem interferência do Poder Judiciário, o que ocorre também pela descrença nos dois primeiros, ou seja, nas instituições majoritárias. O Judiciário assume certo papel político, devendo-se, por isso, analisar a sua legitimação, tornar este espaço cada vez mais democrático, e, principalmente, lutar para que também seja um espaço das minorias e das pessoas que vivem em condições socioeconômicas que afrontam a dignidade humana.

O reconhecimento e a proteção de direitos sociais fez emergir um novo constitucionalismo de traços sociais. Nesse contexto, a juridicidade das normas que eram tidas por programáticas, a previsão constitucional dos direitos sociais e o rol de direitos fundamentais, "são traços desse constitucionalismo que clama pela ampliação de espaços decisórios visando dar vazão a novas demandas que dele decorrem". A teoria das normas que amplia a juridicidade dos princípios amplia a atuação do intérprete, e embora, segundo a concepção de Haberle (2002), sejamos todos intérpretes da Constituição, os magistrados são hermeneutas privilegiados, fazendo com que "o debate e a deliberação que preferencialmente ocorriam na esfera política vêm hoje se deslocando para a Justiça, exigindo o redimensionamento do papel político do magistrado que tradicionalmente lhe era negado". Dessa forma, a definição e a condução de políticas públicas, a realização de um ou outro direito social, protegidos nos chamados "casos difíceis" são escolhas políticas típicas da esfera legislativa e executiva que o fenômeno da "judicialização" vem transferindo para o Judiciário (BARBOSA, 2013, p. 148).

A Constituição principiológica amplia o espaço de decisão do Judiciário, fazendo com que a população procure a via da justiça para ter garantidos os direitos sociais previstos na Constituição da República.

O Judiciário, ante tal responsabilidade, acaba por institucionalizar o poder, o qual alcança diferentes perspectivas, entre as quais as explicitadas nos processos de dominação tão bem explicados pelo materialismo histórico marxiano. O processo de dominação, como compreendido por Marx, dá-se fortemente no Estado, considerado "a instituição em virtude da qual uma classe dominante e exploradora impõe e defende seu poder e privilégios contra a classe ou classe que domina ou explora (TAVARES NETO; BARBOSA, 2012, p. 62-63).

Observa-se então que o Poder Judiciário, segundo a compreensão de Bourdieu, exerce uma dupla função: é estruturado, pois determinado pelas relações de poder, e, ao mesmo tempo estruturante, tendo em vista que reproduz interesses relacionados ao processo de dominação (TAVARES NETO; BARBOSA, 2012, p. 63-64).

De fato, conforme destaca Bourdieu (2000), o Estado, a Igreja, a escola, o mercado e o direito garantem a perpetuação das relações de dominação, sendo que o direito, as classes e a família, inclusive, servem-se de tais processos de dominação, explicado por Bourdieu em termos do que denomina violência simbólica.

> A violência simbólica, além da dominação de classe que se perpetua pela ausência de emancipação e alienação dos bens de produção da classe trabalhadora, num sentido estritamente marxista se define como:

[...] violência suave, insensível, invisível a sus próprias vítimas, que se exerce essencialmente pelas vias puramente simbólicas da comunicação e do conhecimento, ou, mais precisamente do desconhecimento, do reconhecimento ou, em última instância, do sentimento.
[...] Destaca-se que esse processo de dominação somente tem eficácia se o mesmo for acompanhado de sistemas ideológicos promovidos por especialistas que lutam pelo monopólio da produção ideológica legítima, a fim de estabelecer um discurso dominante estruturado e estruturante (ortodoxia) para a domesticação dos dominados, que nada mais seria do que a sedimentação do habitus na padronização do pensamento (TAVARES NETO; BARBOSA, 2012, p. 65).

O Judiciário se serve da violência simbólica com eficiência, legitimando os seus atos por meio de princípios como o da legalidade e do Estado de Direito, ao mesmo tempo que acaba por subtrair da sociedade os movimentos sociais, comunidades tradicionais, indígenas, quilombolas, redes sociais etc., cujos atos são neutralizados em nome daqueles princípios. Como isso, dificulta "o direito/dever de promover a democracia participativa e ativa". Isto é, personifica e institucionaliza o poder, afasta-se de grupos dominados. Ao mesmo tempo, é apropriado pela elite dominante, o que lhe causa um déficit de legitimidade, que deveria ser suprido por condições melhores de promoção da democratização da justiça (TAVARES NETO; BARBOSA, 2012, p. 65-66).

Ou seja, o Judiciário, enquanto institucionalizador do poder, ligado ao Estado e ao Direito, que se enquadram na "superestrutura", acaba por perpetuar e legitimar as relações de dominação que ocorrem diante do antagonismo de classes, dificultando aos atores mais frágeis a igual participação no acesso à justiça. A democratização da justiça com a inclusão desses grupos é portanto condição para tornar o Judiciário mais democrático e mais legítimo. [9]

---

9   E, ainda se questiona, que democracia se trata? A questão é importante porque, conforme observa SARTORI (1994, p. 10), a "democracia capitalista" é um sistema político-econômico, e, para os marxistas, "é um sistema econômico projetado numa superestrutura política", que em sua "dimensão vertical", com a qual a política está relacionada ("subordinação, supra-ordenação e coordenação" – "estruturação hierárquica das coletividades"), coloca em cheque a articulação entre a regra da maioria se articula, afinal com a regra da minoria" (SARTORI, 1994, p. 181-183).
Giovanni Sartori (1994, p. 7), que escreveu a obra "a teoria da democracia revisitada" para "descobrir como a força das circunstâncias leva a repensar a teoria da democracia", assim afirmou sobre a época na qual escreveu o livro, o que nos faz pensar e refletir a respeito do Brasil de hoje, pós Impeachment da Presidente Dima Roussef:
"Voltando à minha questão inicial, a saber, de que forma o ano decisivo de 1989 e o colapso dos regimes comunistas afetam as teorias da democracia, tenho o pressentimento de que será preciso tempo para dizer. Por enquanto, o certo é que a teoria da democracia liberal foi justificada e, inversamente, que a teorização sobre uma democracia comunista recebeu um golpe mortal. Será que isso significa que há pouca utilidade, na medida em que nos aproximamos do ano 2000, em ainda tratar extensamente do marxismo? A essa questão, minha resposta é que o fim da ideologia (do marxismo) tem dois níveis. Uma ideologia pode muito bem entrar oficialmente em colapso – a bandeira é baixada, e os tambores se calam – e ainda persistir incólume em sua *Gelstalt*, ódios e amores. Na verdade, a derrota pode intensificar as fobias reprimidas. Em segundo lugar, sempre há uma posição de defesa, isto é, a de que a falha encontrava-se na prática, não nas idéias e nos ideais. Neste caso, continua sendo importante mostrar

Inclusive, no âmbito do Judiciário brasileiro, no decorrer da história, da colonização até a República, verifica-se que políticas excludentes e sustentadoras da desigualdade social fizeram com que vários grupos ficassem marginalizados do direito e do Estado. E quando as conquistas de direitos legalizados passaram a ocorrer, a partir de meados do século XX, como se verificou acima, a forma de institucionalização do acesso à justiça acabava por entravar muitos de seus efeitos práticos na transformação efetiva da vida destes grupos.

Os obstáculos ao acesso à justiça têm naturezas diversas: entraves econômicos; problemas de inadequação dos sistemas das custas judiciais e extrajudiciais, dos honorários de advogado, de assistentes técnicos e de peritos; das despesas na produção das provas justamente para aqueles que mal conseguem manter sua sobrevivência material e de sua família (apesar da tentativa de resolver este problema com os mecanismos de justiça gratuita)[10]. Também há os entraves relativos a grupos, que se referem às limitações a sua capacidade de ser parte, principalmente face os novos atores sociais contemporâneos que se apresentam como identidades coletivas, mas que não se constituem como um tipo que se enquadre na figura fictícia admitida como pessoa jurídica, como o MST, por exemplo.

E, ainda, uma série de problemas operacionais e estruturais, consolidados no percurso histórico da formação das instituições estatais brasileiras, e que eivavam a jurisdição estatal de ranços da exclusão e da desigualdade, problemas entre os quais se destacavam: 1) a falta de legitimidade da justiça, face sua incapacidade ou despreparo histórico para julgar os grandes problemas sociais; 2) O fato de o poder jurisdicional ainda não ser totalmente independente, estando muito relacionado com o poder político (o clientelismo político ainda é abundante); 3) A configuração da magistratura como uma casta fechada e elitizada; e 4) a burocratização e a lentidão dos processos, que dificultam sua eficiência e afastam de seu acesso aqueles que mais precisam de respostas céleres (GARCIA, 2002, p. 160-161).

Além da questão do acesso à justiça das classes menos favorecidas ao Judiciário em razão dos obstáculos aqui nominados, a questão da legitimidade do Judiciário, vai muito além, quando se analisa: a) a finalidade do exercício dessa jurisdição, ou seja, quais são os direitos protegidos pelo Judiciário; b) o grau de *accountability* institucional, verificando se o

---

que também as idéias foram erroneamente demonstradas, e que aquilo que agora é reconhecido *post factum*, sob a força irresistível dos fatos, foi previsto de forma exata há muito tempo, *ante factum*. Desse modo, ainda penso que a teoria da democracia liberal precisa ser discutida no contexto da forma pela qual foi contestada durante os últimos 150 anos" (SARTORI, 1994, p. 8).

10 Destaca-se a posição de Cappelletti, no sentido de que os sistemas jurídicos sempre foram mais adaptados aos litigantes organizacionais, afetos ao uso habitual do sistema judiciário no provimento de seus interesses, do que aos litigantes individuais, na tutela de suas pequenas causas, ainda possibilita avaliar, criticamente, o visível desequilíbrio nas ações em que indivíduos enfrentam grandes organizações. (CAPPELLETTI, 1988, p. 15-27)

Judiciário é acessível, transparente, fiscalizado, responsável; e, principalmente, c) a legitimidade democrática no processo de tomada de decisão, investigando se há mecanismos de participação social neste processo decisório e quais são os atores que dele participam, com vistas a superação das relações de dominação acima destacadas.

Isto é, parte-se do pressuposto de que devem haver mecanismos de democratização da justiça, para que reste superada essa relação de dominação histórica perpetuada pelo Judiciário, incluindo a participação dos diversos atores sociais, de modo que não restem tutelados apenas os interesses das elites nesse âmbito.

Primeiramente, em relação à finalidade, o Judiciário deve proteger direitos individuais e coletivos; conceder mais e melhores direitos; proteger grupos minoritários; e assegurar os direitos previstos na Constituição de 1988. No entanto, em relação à legitimação pela finalidade, há alguns obstáculos de ordem econômica (BARBOSA, 2013, p. 154). No tocante à legitimação decorrente da *accountability*, destaca-se que o Judiciário responde ao critério da boa governança e terá sua legitimidade aferida "na proporção direta em que se torna mais democrático, acessível, transparente, responsável, fiscalizado". A *accountability* impõe um novo paradigma de atuação da Justiça que contraria alguns pilares sobre os quais se estruturou o Judiciário nos séculos XIX e XX, que pressupõem a superação de obstáculos (BARBOSA, 2013, p. 160-167).[11]

No que diz respeito à legitimidade democrática no processo de tomada de decisão, foca-se na participação da sociedade neste processo, inclusive das classes menos favorecidas. "Tal critério favorece concepções procedimentais do processo deliberativo e está condicionado, sobretudo, à eficácia de mecanismos que o tornem efetivos" (BARBOSA, 2013, p. 154).[12] Para

---

11 E como bem preceitua Ilton Norberto Robl Filho, a *accountability* judicial pode ser considerada em três aspectos: a) a decisional seria a possibilidade de requerer informações e justificações dos magistrados pelas decisões judiciais; b) a judicial comportamental diz respeito ao recebimento de informações e justificações sobre o comportamento dos magistrados (honestidade, integridade, produtividade e outros); e c) a judicial institucional, que são as informações e justificações sobre ações institucionais não jurisdicionais (administração, orçamento, relações com outros poderes); todas autorizadoras de sanção. (2013, p. 31-32)

12 Outrossim, quanto à **diálogo** e à importância da cooperação, verifica-se a obra de Luiz Guilherme Marinoni: "[...]. **O juiz de processo civil contemporâneo é paritário no diálogo e assimétrico na decisão da causa. É um juiz que tem a sua atuação pautada pela regra da cooperação**". – g. n. (MARINONI, 2011, p. 176-177).
A postura do juiz deve ser ativa, como bem explica Lucio Grassi: Naquela ocasião defendemos uma postura ativa e assistencial por parte do julgador, não podendo o mesmo, diante da frágil prova colhida nos autos e ainda quando os fatos não lhe parecerem devidamente esclarecidos, adotar o cômodo entendimento de que possui um poder discricionário a ser ou não exercido por ele. Trata-se de poder-dever de esclarecer os fatos, se necessário determinando a produção de provas de ofício, nos termos do art. 10 do CPC (LGL/1973//5), até porque terá o dever de fundamentar sua decisão, conforme previsão constitucional. Ultrapassada esta etapa, só então poderá aplicar o ônus da prova, que, via de regra, em relação aos fatos constitutivos caberá ao autor e aos fatos impeditivos, modificativos ou extintivos, ao réu. Veremos que a decisão judicial legitima-se pela efetiva oportunidade dos agentes processuais participarem ativamente de sua construção. Agentes que interagem, dialogam, participam e cooperam (GRASSI, 2009).

tanto, deve-se ter em mente as teorias como a do *status activus processualis* de Peter Haberle, que, diante da problemática da efetivação dos direitos fundamentais, ampliou a "Teoria do Status" de Georg Jellinek, analisando o status "activus" e propondo o estudo do *status activus processualis*, sendo este a síntese de todas as normas e formas que dizem respeito à participação procedimental, por meio do Estado, daqueles que tiveram seus direitos fundamentais atingidos. A ideia de Peter Häberle é no sentido de que deve haver a participação dos cidadãos na interpretação e na construção constitucional, sendo importante o aspecto cultural, o que se propõe é uma teoria de interpretação aberta da Constituição. Nesta linha, tanto menor for a densidade das normas constitucionais, maior deverá ser o caráter amplo e participativo dos intérpretes para fins de se estabelecer os seus conteúdos. Häberle, em entrevista concedida à Cesar Landa, ressalta que o primeiro passo rumo à efetividade dos direitos fundamentais, inclusive, é o seu ensino nas escolas, no sentido de uma "interpretação pedagógica da Constituição" (VALADÉS, 2009, p. 13). Mônia Clarissa Henning Leal discorre acerca da teoria aberta da Constituição de Peter Häberle e também se reporta ao *status activus processualis* para tratar do instituto do *amicus curiae*.[13]

Nesse contexto, o *status activus processualis* trata de uma democratização da tarefa interpretativa, como consequência da incorporação da realidade à interpretação, pois os intérpretes constituem uma parte desta mesma realidade, mormente quando se reconhece que a norma não é uma decisão prévia, pronta e predeterminada. Assim, a interpretação da Constituição, como um produto cultural e aberto, pressupõe um exercício democrático de participação não no sentido hermenêutico, técnico, propriamente dito, conforme já referido anteriormente, mas como um *locus* de exercício do *status activus processualis* (LEAL, 2008, p. 35-36).

Insta ainda considerar as posições que alargam os direitos procedimentais para defesa da ordem jurídica democrática substantiva, com

---

Inclusive, não só no âmbito do Judiciário, é que se defende uma postura mais ativa, mas da Administração Pública. Nesse sentido, concorda-se com **Daniel Wunder Hachem** (2003, p. 133-168) quando afirma que o Estado tem de ser muito mais que um árbitro de conflitos de interesses individuais, partindo dos postulados da Constituição da República de 1988, "que institui um modelo de bem-estar atribuindo expressamente ao Estado, em diversas áreas, o dever de atuação direta em prol da realização de direitos fundamentais econômicos e sociais".

13 "[...] as noções de Constituição cultural e aberta – e a conseqüente 'sociedade aberta de intérpretes da Constituição' – de Peter Häberle, entendida como fundamento teórico que possibilita e demanda a participação efetiva dos cidadãos na esfera hermenêutica e de aplicação dos conteúdos constitucionais, reforçada pela noção de status activus processualis, assentada na idéia de que, no contexto de um Estado Democrático, a participação constitui- se em status fundamental, sendo essencial à realização das tarefas do Estado e dos direitos fundamentais, notadamente no contexto de uma Constituição tida como um processo permanentemente aberto. E é exatamente nesta perspectiva que se enquadra o amicus curiae, enquanto mecanismo processual apto a viabilizar, institucionalmente, esta participação, ampliando-se, assim, o debate constitucional e, conseqüentemente, a legitimidade das decisões tomadas no âmbito da jurisdição democrática" (LEAL, 2008, p. 28).

intuito de assegurar as manifestações plurais. É dizer, a ordem jurídica não é apenas aquela satisfeita segundo as decisões majoritárias. Urge que os tribunais e operadores jurídicos em geral também considerem as prerrogativas e interesses dos grupos minoritários, sob pena de se construir um pequeno exército de excluídos e reprimidos pelo grupo dominante. Assim, os direitos que toquem alguns grupos específicos também são dignos de tutela e devem ser reconhecidos e defendidos por força de uma Carta Constitucional reconhecidamente democrática.[14-15]

A figura do *amicus curiae*[16], as audiências públicas, a participação dos peritos no processo, a conciliação, a mediação (as partes participam da decisão e assumem responsabilidade diante da decisão tomada) são exemplos que podem contribuir para a maior legitimidade na tomada de decisão do magistrado.

Inclusive, pode-se analisar tais mecanismos sob a ótica da dialética, tendo em vista que é necessária a participação dos mais diversos setores da sociedade. Desse modo, questiona-se para quais atores para os mecanismos descritos estão sendo oportunizados, ou seja, representantes de quais setores da sociedade possuem condições de arcar com os honorários de advogado

---

[14] Essa é a visão do constitucionalista portenho Roberto Gargarella, que a propósito da implementação e concretização dos direitos sociais destaca: "A teoria democrática que parece estar implicada nessa análise se relaciona com o que geralmente se chama de visão madisoniana ou pluralista da democracia (que considerarei como sinônimos), que sustenta que o objetivo da Constituição é impedir opressões de uns sobre os outros, em um mundo caracterizado pela presença de facções.[...]É por isso que, segundo esse ponto de vista, o sistema constitucional se dirige principalmente ao objetivo de reduzir, em lugar de estender o promover, a influência de grupos de interesse, em particular dos grupos majoritários, sobre a política" (GARGARELLA, 2010, p. 209-210).

[15] No sentido do que aqui se aborda: HABERLE, Peter. Entrevista ao Consultor Jurídico. **Constituição como cultura:** Constituição é declaração de amor ao país. Disponível em: <http://www.conjur.com.br/2011--mai-29/entrevista-peter-haberle-constitucionalista-alemao>. Acesso em 17 set. 2015. RICHE, Flávio Elias. **O Método Concretista da "Constituição Aberta" de Peter Häberle.** Disponível em: <http://www.oocities.org/flavioriche/Haberle.htm>. Acesso em 17 set.2015. HÄBERLE, Peter. **Hermenêutica Constitucional** – A sociedade aberta dos intérpretes da constituição: contribuição para a interpretação pluralista e "procedimental" da constituição. Porto Alegre: Sergio Antonio Fabris Editor, 2002.
Gabriel Dolabela Raemy Rangel preceitua que: "O diálogo com o tecido social também pode acarretar na vantagem de a decisão judicial ser mais bem recebida pela sociedade, até mesmo por aqueles que dela discordam. Os que discordam das decisões ao menos poderão sentir o sabor de terem sido ouvidos, de terem sua opiniões aventadas e mencionadas na fundamentação da decisão. O diálogo público pode acarretar em consensos e dissensos saudáveis, para que melhor seja fundamentada a decisão e, com consequência, ser mais bem aceita e ser mais legítima democraticamente [...]" (2014, p. 149-150).

[16] Inclusive, o instituto do *Amicus curiae ("Friend of Court", "Freund des gerichts")* atualmente está previsto no artigo 138 do Código de Processo Civil de 2015, sendo exigido o interesse institucional da pessoa física (um médico, professor, etc.) ou jurídica (como associações, por exemplo). O cabimento da intervenção do *amicus curiae*, nos termos do artigo 138 do Novo Código de Processo Civil, ocorre quando há as seguintes condições: a) relevância da matéria; b) a especificidade do tema objeto da demanda; c) repercussão social da controvérsia. E não obstante o instituto do *amicus curiae* tenha vindo com o artigo 7º, § 2º, da Lei n. 9.868 de 1999, desde de 1994 o Supremo Tribunal Federal vem admitindo tal participação. No entanto, há inúmeras questões pertinentes ao interesse de *amicus curiae*, as quais também se pretende investigar, tendo em vista que este não pode possuir interesse pessoal na causa, mas apenas institucional, podendo o magistrado investigar tal aspecto, devendo-se questionar, inclusive, quem paga os honorários do advogado do "amigo da Corte". Ademais, é necessário privilegiar a participação de *amicus curiae* de ambos os setores envolvidos na lide, para que haja verdadeiro debate democrático sobre a questão.
Sobre o assunto, utiliza-se: Bueno (2012);Neves (2016).

do *amicus curiae*, por exemplo? Assim como se indaga quais são os setores que possuem maiores condições e instrumentos para participar ativamente dos processos que são julgados sob o rito dos recursos repetitivos e que influenciam o destino e deslinde de todos os outros processos idênticos nos casos de demandas de massa? Por isso, também é necessário refletir sobre a efetividade de tais instrumentos de democratização da justiça, assim como a ampliação de tais mecanismos, para que reste superada a relação de dominação e exclusão perpetuada pelo Judiciário.

4. Considerações finais

Consoante o exposto, quanto ao método de Karl Marx, especificamente a dialética materialista e o materialismo histórico, ao contrário do posicionamento metafísico da dialética hegeliana, Marx promove a dialética como modo de pensar as reais contradições da realidade, ou seja, a forma essencialmente conflitante e em permanente transformação da realidade social. Isso porque, Marx estava diante de uma alienação promovida pelo trabalho assalariado, especialmente numa conjuntura em que o próprio conflito das classes sociais e a divisão social do trabalho não eram devidamente apropriadas pelos instrumentos científicos de observação da sociedade.

Além disso, as relações de produção que formam a estrutura econômica da sociedade burguesa são formadas pelas contradições impostas pela cisão em classes antagônicas. Tem-se, nestas relações de produção, a classe dos que possuem a propriedade privada e os meios de produção e a classe dos expropriados, que precisam vender a sua força de trabalho para retirar sua subsistência. Verifica-se, com isso, que há um embate dessas forças, uma ao querer se manter no domínio hegemônico e a outra ao querer modificar essas relações de forças. Essas contradições irão se desenvolver na estrutura econômica e, assim, iniciar o tempo da revolução, ou seja, a modificação das relações de produção.

E transportando o método marxista para a análise da questão do Judiciário e da sua democratização, tem-se que no século XX, houve um maior reconhecimento de direitos, inclusive os direitos denominados sociais, que exigem uma atuação do Estado perante o cidadão, mormente em relação àqueles mais necessitados. Desse modo, com documentos mais abertos, como a Constituição da República de 1988, há a "justiciabilidade" de tais direitos, isto é, passam a ser passíveis de efetivação pelo Judiciário. Assim, para este, transfere-se a responsabilidade de efetivação de tais direitos. No entanto, o Judiciário, enquanto institucionalizador do poder, ligado ao Estado e ao Direito, que se enquadram na "superestrutura", acaba por perpetuar as relações de dominação que ocorrem diante do antagonismo de classes. Assim, o Judiciário integra a superestrutura e legitima o processo de dominação, dificultando aos atores mais frágeis a igual participação no acesso à justiça.

A democratização da justiça com a inclusão desses grupos é, portanto, condição para tornar o Judiciário mais democrático e mais legítimo. Porém, ainda é necessária a ampliação de instrumentos de democratização, assim como se deve efetivar os mecanismos já existentes e disponíveis, para que todos os grupos e atores sociais deles participem (a exemplo das audiências públicas e da figura do *amicus curiae*).

Por fim, mais de cento e cinquenta anos se passaram e o método de Marx continua válido, podendo inspirar os trabalhos atuais. Além das mudanças tecnológicas, geopolíticas e culturais que ocorreram no período, houve também a formação da social-democracia, com foco na representação em órgãos legislativos e executivos. Sendo que o Judiciário tem experimentado um aumento de importância e poder nas últimas décadas, enquanto responsável pela efetivação de direitos. Em que o método dialético contribui para compreender isso? O processo político é dinâmico e com potencial de se tornar conflituoso. Por meio de tal método, retrospectivamente, pode-se entender como o Judiciário perpetuou relações de poder e dominação, tendo em vista principalmente o acesso ao Judiciário com maior facilidade pelas elites. Assim como pode ser útil para entender como as relações econômicas – crise/bonança, ciclos econômicos, conflito distributivo, relações conflituosas entre capital *versus* trabalho impactam nas instituições culturais, políticas e jurídicas.

REFERÊNCIAS

ANTUNES, Marcus Vinicius Martins. **Engels e o Direito**: Parâmetros e apontamentos para uma reflexão sobre a ideologia jurídica no Brasil. Publicado no Juris Síntese, IOB, jul./ago. 2012.

_____. **MARX**: vida e pensamentos. Editora Martin Claret: São Paulo. 1997.

ATTALI, Jaques. **Karl Marx**: o espírito do mundo. Tradução de Clóvis Marques. Rio de Janeiro: Record, 2007.

BARBOSA, Claudia Maria. A legitimidade do exercício da jurisdição constitucional no contexto da judicialização da política. In: BARRETTO, Vicente de Paulo; DUARTE, Francisco Carlos; SCHWARTZ (Orgs.). **Direito da sociedade policontextual**. Curitiba: Appris, 2013. v. 1, p. 146-163.

_____. O Processo de Legitimação do Poder Judiciário Brasileiro. In: Anais do XIV do CONPEDI. Disponível em: <http://www.publicadireito.com.br/conpedi/manaus/arquivos/anais/XIVCongresso/080.pdf>. Acesso em: 15 jul. 2016.

BONAVIDES, Paulo. **Curso de Direito Constitucional**. São Paulo: Malheiros, 2007. p. 378-379.

BOURDIEU, Pierre. **O poder simbólico**. Rio de Janeiro: Bertrand Brasil, 2000.

BUENO, Cassio Scarpinella. *Amicus Curiae* **no processo civil brasileiro**: um terceiro enigmático. São Paulo: Saraiva, 2012.

_____. **Curso Sistematizado de Direito Processual Civil**: Teoria geral do direito processual civil. São Paulo: Saraiva, 2011.

CAPELLA, Juan Ramón. **Fruta prohibida**: una aproximación histórico-teorética al estudio del derechoy del estado. Madrid: Editorial Trotta, 2001.

CAPPELLETTI, M. **Acesso à Justiça**. Tradução de Ellen Gracie Northfleet. Porto Alegre: Fabris, 1988.

CHAGAS, Eduardo. **O Método Dialético de Marx**: Investigação e Exposição Crítica do Objeto. Apresentado junto ao CEMARX, VI Colóquio Internacional Marx e Engels, v. 1, n. 1, 2012. Disponível em <http://www.ifch.unicamp.br/formulario_cemarx/selecao/2012/trabalhos/6520_Chagas_Eduardo.pdf>. ISSN 2238-9156.

GARCIA, R. Aproximación a los mecanismos alternativos de resolución de conflictos en América Latina. **El otro derecho**. Pluralismo jurídico y alternatividad judicial, n. 26-27, p. 162-177, abr. 2002.

GRASSI, Lucio. A função legitimadora do princípio da cooperação intersubjetiva no processo civil brasileiro. **Revista de Processo**, DTR, v. 172, p. 32, jun. 2009.

HACHEM, Daniel Wunder. A noção constitucional de desenvolvimento para além do viés econômico – Reflexos sobre algumas tendências do Direito Público brasileiro. **Revista de Direito Administrativo e Constitucional**, Belo Horizonte: Fórum, ano 3, n. 11, jan./mar. 2003, 2003.

KONDER, Leandro. **O que é Dialética**. Editora Brasiliense. São Paulo: 1998.

KOSIK, Karel. **Dialética do concreto**. Tradução de Célia Neves e Alderico Toríbio. Rio de Janeiro: Editora Paz e Terra, 2002.

LEAL, Mônia Clarissa Henning. Jurisdição Constitucional Aberta: a Abertura Constitucional Como Pressuposto de Intervenção do Amicus Curiae no Direito Brasileiro. **DPU**, n. 21, p. 29, maio/jun. 2008.

MARX, Karl. **Sociologia**. Organizador Octavio Ianni; tradução Maria Elisa Mascarenhas, Ione de Andrade e Fausto N. Pellegrini. São Paulo: Ática, 1980.

_____. **Manuscritos económicos filosóficos**. Lisboa: Edições 70, 1993.

_____. **O capital**: crítica da economia política. Tradução de Reginaldo Sant'Anna. Rio de Janeiro: Civilização Brasileira, 1998. Livro I, v. I.

_____. **Prefácio à "Contribuição à Crítica da Economia Política"**. s/d.

_____. **Contribuição à Crítica da Economia Política**. Tradução e introdução de Florestan Fernandes. 2. ed. São Paulo: Expressão Popular, 2008.

MARX, Karl; ENGELS, Friedrich. **A ideologia alemã**. Tradução Luis Claudio de Castro e Costa. São Paulo: Martins Fontes, 1998.

NEVES, Daniel Amorim Assumpção. **Novo Código de Processo Civil comentado artigo por artigo**. Salvador: JusPodvm, 2016.

NETTO, José Paulo. **Introdução ao estudo do método de Marx**. São Paulo: Expressão Popular, 2011.

ONU. Princípios de Bangalore de Conduta Judicial. Disponível em: <https://pt.scribd.com/doc/29436805/Principios-de-Bangalore-de-Conduta-Judicial>. Acesso em: 1º jul. 2016.

PASUKANIS, Eugeny Bronislanovich. **A teoria geral do direito e o marxismo**. Rio de Janeiro: Renovar, 1989.

RANGEL, Gabriel Dolabela Raemy. **A legitimidade do Poder Judiciário no regime democrático**: uma reflexão no pós-positivismo. São Paulo: Laços, 2014.

ROBL FILHO, Ilton Norberto. **Conselho Nacional de Justiça**: Estado democrático de direito e accountability. São Paulo: Saraiva, 2013.

SILVA, Wender Charles A. Marx e a crítica ao direito: os limites dos direitos do homem na emancipação humana. **Ensaio Jurídico**, Pato de Minas: UNIPAM, v. 1, p. 313-327, 2010.

TAVARES, André Ramos. **Curso de Direito Constitucional**. 6. ed. São Paulo: Saraiva, 2008.

TAVARES NETO, José Querino; BARBOSA, Claudia Maria. Democratização da jurisdição constitucional: uma análise a partir de Pierre Bourdieu. **Revista da Faculdade de Direito da UFG**, v. 36, p. 60-84, 2012.

TAVARES NETO, José Querino; MEZZAROBA, Orides. O método enquanto pressuposto de pesquisa para o Direito: a contribuição de Pierre Bourdieu. **Revista de Direito Brasileira**, São Paulo, v. 15. n. 6, p. 116-132, set./dez. 2016.

VALADÉS, Diego. **Conversas acadêmicas com Peter Häberle**. São Paulo: Saraiva, 2009.

WOLKMER, Antônio Carlos. **Constitucionalismo e Direitos Sociais no Brasil**. São Paulo: Acadêmica, 1989.

CAPÍTULO III
O PROBLEMA DA PROPRIEDADE DA INFORMAÇÃO NA ERA DIGITAL SOB A ÓTICA DA DIALÉTICA NEGATIVA DE THEODOR ADORNO

Charles Emmanuel Parchen[17]
Cinthia Obladen de Almendra Freitas[18]

1. Introdução

As tecnologias da era digital, principalmente aquelas baseadas na rede mundial de computadores, surgiram como formas de resposta aos incentivos e anseios da sociedade pela existência de uma troca irrestrita e imediata de informações ao redor do globo. A Internet, que acabou se tornando o principal meio para tanto, foi desenvolvido por cientistas norte-americanos que aproveitaram seus estudos para atender as exigências de um desenvolvimento bélico, militar e de pesquisa (CASTELLS, 1999, p. 25).

Com a abertura de tal meio de troca de informações e de comunicação para a sociedade civil, houve a popularização e disseminação da produção e do acesso à informação:

> A conexão de computadores em redes fechadas já havia começado em 1969, com a Arpanet, que interligava instituições de pesquisa dos EUA. Mas Tim Berners-Lee deu uma dimensão mundial à tecnologia. Sua proposta mostrava como as informações poderiam ser facilmente transferidas através da internet, utilizando hipertexto, hoje conhecido como sistema de ponto-e-clique de navegação através da informação. No ano seguinte, o engenheiro de sistemas do Cern Robert Cailliau tornou-se o primeiro usuário da web e um de seus defensores. A idéia era ligar hipertexto com a internet e computadores pessoais e, assim, formar uma única rede que ajudasse os físicos do Cern a partilhar todas as informações armazenadas em computador nos laboratórios da instituição (CASTELLS, 1999, p. 25-26).

---

17   Doutorando em Direito Econômico e Socioambiental pela Pontifícia Universidade Católica do Paraná (PUC/PR). Mestre em Direito Econômico e Socioambiental pela Pontifícia Universidade Católica do Paraná (PUC/PR). Advogado. Professor do curso de Direito do Centro Universitário Curitiba-Paraná. Professor do curso de Direito das Faculdades Santa Cruz de Curitiba-Paraná. E-mail: charlesadv@gmail.com
18   Doutora em Informática pela Pontifícia Universidade Católica do Paraná – PUCPR. Professora Titular da PUCPR para o curso de Direito (Direito Eletrônico; Perícias e Laudos Técnicos; Fraudes e Crimes por Computador). Professora Permanente do Programa de Pós-Graduação em Direito (PPGD) da mesma instituição. E-mail: cinthia@ppgia.pucpr.br

A criação do meio adequado – a Internet – para suprir as barreiras geográficas e de distância que separavam as pessoas que desejavam se comunicar de maneira mais rápida, eficiente e segura, veio a possibilitar o barateamento das tecnologias de informação e comunicação (TIC) e o maior controle de envio, acesso, resposta e descarte de dados pessoais. Exemplo deste controle foi a criação do correio eletrônico (*e-mail*), que passou a permitir a criação de uma cópia das informações trocadas, bem como o catálogo, por data e hora, de mensagens enviadas e recebidas.

E com a evolução das TIC's, outros serviços baseados na Internet surgiram, tais como a computação em nuvem, que permitiu a consolidação do conceito de ampla mobilidade da informação digital por meio de dispositivos tecnológicos portáteis como *notebooks*, *tablets*, *smartphones* e celulares. A computação em nuvem é um modelo computacional que serve a criar um acesso irrestrito a serviços baseados em rede de computadores (de preferência a rede mundial – *world wide web*) que servem a possibilitar ao seu usuário, rápido e fácil uso de suas aplicações, que podem ser desde servidores de armazenamento de dados, passando por aplicações (*softwares*) e serviços. (MELL; GRANCE, 2011. p. 2).

Houve com isto, a quebra do antigo paradigma da ausência de acesso instantâneo à informação. E justamente neste movimento de rompimento é que reside o aludido e atual superdimensionamento da informação como fenômeno intrínseco daquilo que costuma se chamar de "hipermodernidade ou pós do pós-moderno" (LIPOVETSKY, 2004, p. 53). O autor questiona esta exacerbação que atualmente domina os mais diversos aspectos da sociedade, dizendo: "Hipercapitalismo, hiperclasse, hiperpotência, hiperterrorismo, hiperindividualismo, hipermercado, hipertexto – o que mais não é hiper? O que mais não expõe uma modernidade elevada à potência superlativa?" (LIPOVETSKY, 2004, p. 53).

E Rifkin (2001, p. 25) identifica com precisão a mudança causada pela quebra do paradigma:

> A economia física está encolhendo. Se a Era Industrial foi caracterizada pelo acumulo de capital e de propriedade, a nova era valoriza as formas intangíveis de poder vinculadas a conjuntos de informações e ativos intelectuais. O fato é que os produtos tangíveis, que durante muito tempo foram uma medida da riqueza no mundo industrial, estão se desmaterializando.

Este processo de evolução acabou por evidenciar a informação na era digital, já que a ela foi possível atribuir vantagem econômica, política e de poder para quem está em seu poder. E atualmente, analisando-se as cláusulas contratuais de produtos e serviços baseados na Internet, se verifica que o direito de propriedade da informação ganha novos ares e contornos, na medida em que o uso, a fruição, o gozo e outras espécies de direitos do qual a propriedade é gênero, passa a pertencer exclusivamente ao fornecedor do produto ou do serviço, que por sua vez fica autorizado (pela expressa concordância que o usuário dá ao aderir aos termos de uso) a livre dispor de tal bem econômico. Conforme asseverado por FREITAS e EFING (2009, p. 93), "a sociedade atual é caracterizada como sendo aquela da informação: esta é o seu elemento preponderante".

Neste sentido, CASTELLS (1999, p. 411) assevera que quem detém a informação, detém o poder. Para o autor, na era da informação, isso significa que "as lutas pelo poder são lutas culturais". Por sua vez, MORIN (1986, p. 43) identifica a importância da informação, ao dizer que "a guerra informacional tornou-se simplesmente parte intrínseca e essencial da guerra no século XX". Desta maneira, evidencia-se a importância da informação na era digital para a atual sociedade tecnológica e contemporânea.

Como a informação é muito valorizada e altamente lucrativa, é constantemente expropriada por meio de técnicas de mineração de dados. Não sendo objetivo do presente artigo abordar a mineração de dados, é necessário dizer que o usuário do produto ou serviço baseado na Internet acaba contratualmente autorizando o fornecedor a espoliar seus gostos e preferências pessoais quando concorda, por exemplo, com os Termos de Uso do serviço, mesmo que não os leia, compreenda ou assimile.

Uma vez que o dado bruto (na proposição do presente artigo, entendido como sendo aquele dado genérico, abstrato, não filtrado, catalogado e categorizado) é obtido, ele é submetido a um processo analítico de filtragem informacional que o tornará prontamente disponibilizado para venda para quem esteja disposto a pagar por ele: desde empresas a Governos, todos podem ter acesso – mediante alta remuneração – a detalhadas e preciosas informações sobre consumo, hábitos, gostos e preferências dos usuários.

Este fenômeno ocasiona um nefasto efeito: há, aos dizeres de Bauman, uma espécie de 'vigilância líquida' (BAUMAN, 2014) na qual a privacidade e a intimidade são vilipendiadas diariamente. Mas também há, sob os auspícios do lucro desenfreado e desmedido, a perda ou mitigação das mais elementares espécies de direito de propriedade da informação, quais sejam, os de posse, fruição, uso e gozo.

O usuário é, portanto, obliterado de seu patrimônio sem que, muitas vezes, consinta com isto. E como a informação é cara e valiosa, ela passa a pertencer a terceiros e não mais ao seu originador, o que é dramático do ponto de vista socioambiental, na medida em que nefastos efeitos são produzidos.

Como há consequências gravosas que são suportadas pela sociedade contemporânea, o mercado capitalista da expropriação da informação é corroborado e fortalecido por um *status quo* extremamente pernicioso e que exacerba as diferenças sociais, culturais e econômicas.

Desta forma, potencializam-se as desigualdades, os preconceitos, as discriminações e assim, atentando contra o pluralismo, a alteridade, a fraternidade e o holismo, todo um monismo informacional é conformado, sendo que este aniquila o desenvolvimento digital e informacional sustentável.

Este desastroso cenário pode ser estudado e analisado sob a ótica da denominada Escola de Frankfurt, mais precisamente, da Teoria Crítica de Max Horkheimer e da Dialética Negativa de Theodor Adorno, dois dos maiores expoentes da citada escola filosófica. Com efeito, seu método de trabalho – a dialética – que por sua vez se une à ontologia, à filosofia e ao transcendental, trazem um necessário e salutar refrigério na compreensão holística dos efeitos nefastos que incidem sobre a atual sociedade da informação.

O presente artigo tem por escopo apresentar o problema da propriedade na era da informação digital, bem como brevemente discorrer sobre a Escola de Frankfurt, a Teoria Critica e a Dialética Negativa para, após, tentar aplicar este método em busca da compreensão do citado fenômeno da perda dos direitos de propriedade da informação digital, oportunizando a necessária compreensão do todo mas sem as amarras da Teoria Tradicional, do cientificismo, da técnica e da razão que tanto obliteram o belo, o fantástico, a arte, a ontologia e o transcendental.

2. A informação como bem econômico de alto valor

Os atuais programas de computador e os dispositivos tecnológicos acompanham, por evidente, a 'inflação' da informação na sociedade tecnológica. Atualmente, não há um *software* que seja disponibilizado ao usuário sem que tenha sido projetado, fabricado e oferecido já contendo de nascença, inúmeras opções predefinidas que não só facilitam a *interface* humano-computador, mas também moldam esta ao 'gosto do freguês', tornando-a uma extensão da personalidade humana.

Neste sentido, coloca EMERSON (2007, p. 79) que: "The human body is the magazine of inventions, the patent-office, where are the models from which every hint was taken. All the tools and engines on Earth are only extensions of its limbs and senses" (Tradução livre: "o corpo humano é um magazine de invenções, o escritório de patentes, onde estão todos os modelos a partir do qual as sugestões foram tomadas. Todas as ferramentas e motores na Terra são apenas extensões de nossos membros e sentidos").

As tecnologias são auxiliares do ser humano em sua jornada evolutiva. Devido ao seu espraiamento na atual sociedade contemporânea, não se pode mais pensar em dignidade da pessoa humana sem acesso e fruição dos aparatos tecnológicos que tornam as tarefas cotidianas mais fáceis, confortáveis e ágeis. O direito ao acesso às tecnologias, portanto, deve ser tratado como Direito Humano Fundamental.

Tecnologias como a da já mencionada computação em nuvem, por exemplo, passaram a possibilitar a mineração de dados em torno da obtenção de uma informação detalhada, aprofundada e que revela detalhes da intimidade, dos hábitos, do modo de agir e de pensar de uma pessoa. E, tal informação 'filtrada' é, para o mercado de produtos e serviços baseados na era digital, diversas vezes mais valiosa do que uma informação genérica, altamente abstrata e que demande um esforço de compilação e interpretação.

Conforme asseverado por Parchen, Freitas e Efing (2013, p. 158): "O processo capitalista enxergou no uso dos computadores e na evolução da informática, uma ampliação do seu modo de acumulação de riquezas e de poder através do domínio da informação". Informações personalizadas sobre as pessoas interessam fortemente a prestadores de serviços e a comerciantes que, para poderem potencializar seus ganhos, precisam conhecer o maior número possível de hábitos e preferências privadas.

Apenas para exemplificar o quão valioso é o mercado da informação estocada em nuvem computacional, insta destacar que para o ano de 2018, é esperado o patamar de 46,8 bilhões de dólares (MARKETS AND MARKETS, 2015).

Portanto, não é de se estranhar que empresas como o Google ou o Facebook tornaram-se valiosas. Isso porque sob os auspícios da gratuidade dos serviços ofertados, o aplicativo de e-mails baseado em tecnologia da computação em nuvem denominado Gmail, por exemplo, obtém dados pessoais que são coletados e vendidos para desenvolvedores de aplicativos, Governos e até mesmo anunciantes, sendo que estes últimos os utilizarão para fazer ofertas de produtos e serviços de forma dirigida, segmentada e extremamente personalizada.

Considerando-se o exposto, o presente estudo recai sobre a propriedade da informação na era digital, uma vez que aquela está inserida no contexto do mercado capitalista da compra e venda dos hábitos dos usuários. Tal questão será apresentada de forma aprofundada a seguir.

2.1. A Propriedade da informação na era digital

Verifica-se que os usuários das tecnologias de informação e comunicação estão sujeitos a cláusulas contratuais que não reconhecem a propriedade, muito menos a formação de um patrimônio digital em favor do seu originador.

É o que se denota da leitura das Políticas de uso do Yahoo (2016): "O Yahoo Brasil garante ao Usuário uma licença pessoal, intransferível e não exclusiva para usar o código objeto do Software em somente um computador pessoal".

Ao aderir a um produto ou serviço da era digital, fica clara a intenção do fornecedor em tomar para si, parcelas da propriedade do conteúdo produzido, mormente o fato de que as cláusulas contratuais são claras em asseverar que à empresa é concedida, pelo usuário, uma licença mundial irrestrita para "usar, hospedar, armazenas, reproduzir, modificar, criar obras derivadas, comunicar, publicar, executar e exibir publicamente e distribuir tal conteúdo" (GOOGLE, 2012, p. 1).

Exemplo disto é a análise dos Termos de Uso de serviços como o Facebook (2015). Isso porque se vê que a captação e venda de informações é a razão da existência do mencionado serviço:

> Usamos as informações que recebemos sobre você em relação aos serviços e recursos que fornecemos a você e a outros usuários, como seus amigos, nossos parceiros, os anunciantes que compram anúncios no site e os desenvolvedores que criam os jogos, aplicativos e sites que você usa. Nós armazenamos dados pelo tempo necessário para fornecer produtos e serviços para você e outras pessoas, inclusive as descritas acima. Normalmente, as informações associadas à sua conta serão mantidas até sua conta ser excluída. Para certas categorias de dados, também podemos lhe contar sobre práticas de retenção de dados específicos.

Portanto, a premissa pela qual se analisa a questão da propriedade da informação na era digital é a de que há que se falar em uma verdadeira crise instalada, haja vista que se entende que a informação produzida na era digital ganha contornos dramáticos: devido a suas características de velocidade, conectividade, acessibilidade e disponibilidade, já não se sabe mais a quem pertence a informação:

> Nem mesmo pode o usuário ter certeza, seja do controle ou da segurança dos dados. Os conceitos de direito de propriedade, de direito intelectual e de direito de autor se esvaem na mesma fluidez e rapidez com que os dados e informações são produzidos e trocados instantaneamente por meio da Internet. A discussão é complexa (PARCHEN; FREITAS, 2016. p. 4).

Isso porque se vive a atual sociedade ávida por informações instantâneas e completas, acerca das mais diversas nuances do cotidiano:

> Ao mesmo tempo, a informação trafega de forma imersa no meio digital que é a Internet e que, por si só, e dadas as suas características de fluidez, instantaneidade e rapidez, tem o condão de exacerbar a informação, galgando-a a um patamar de crucial importância no atual mundo moderno (PARCHEN; FREITAS, 2016. p. 13).

Com a abertura da Internet, houve a popularização e disseminação do acesso à informação de forma instantânea. Isto causou um ganho exagerado da importância sobre aquilo que é produzido e espraiado: "Percebe-se que, na era digital, o que possui valor é a informação decorrente do arquivo produzido pelo usuário da tecnologia. O arquivo em si não tem qualquer valor pecuniário relevante do ponto de vista econômico". (PARCHEN; FREITAS, 2016. p. 13). Isto fica claro da leitura dos termos de serviço do Dropbox (DROPBOX, 2016, p. 1):

Quando usa nossos Serviços, você nos fornece informações, como seus arquivos e conteúdos, mensagens de e-mail, contatos, entre outras ("Seus arquivos"). Seus arquivos são seus. Estes Termos não nos dão qualquer direito sobre Seus arquivos, exceto os direitos limitados que nos permitem oferecer os Serviços.

Denota-se que, contratualmente falando, ao usuário só é garantido o pleno direito de propriedade sobre o arquivo submetido ao serviço digital. Ademais, porque o usuário dos aparatos tecnológicos precisa muitas vezes fazer o *download* de *software* ou aplicações de propriedade de terceiros. Sem estes programas de computador, muito ou quase nada é feito na era digital. (PARCHEN; FREITAS, 2016. p. 14).

E para utilizar de tais meios para produzir, consolidar e espraiar a informação para os meios digitais, o usuário geralmente adere a cláusulas contratuais que não obstante concederem apenas uma licença de uso, reconhecem tão somente ao usuário da tecnologia os direitos de propriedade intelectual sobre o arquivo produzido, mas não garantem expressamente o seu direito de uso, gozo e livre disponibilidade da informação contida no arquivo produzido.

O objetivo desta licença é um só: o fornecedor dos serviços utiliza, ao seu bel prazer, as informações extraídas do arquivo de seu usuário, para venda a terceiros, dos hábitos pessoais de consumo, comportamento, do modo de vestir, pensar e agir. A partir Termo de Serviços do Google (2014, p. 1), tem-se que:

> As Políticas de Privacidade do Google explicam o modo como tratamos seus dados pessoais e protegemos sua privacidade quando você usa nossos Serviços. Ao utilizar nossos Serviços, você concorda que o Google poderá usar esses dados de acordo com nossas políticas de privacidade.

Ademais, os Termos de Serviço sequer esclarecem o que acontece com as informações disponibilizadas quando o usuário falece (por exemplo, se o mesmo será considerado como espólio) muito menos aborda a existência ou não de direitos dos herdeiros sobre o conteúdo digital do falecido (PARCHEN; FREITAS, 2016. p. 14).

Ainda, diante de tal omissão contratual, há que se perguntar: o usuário das novas tecnologias, utilizando produtos e serviços de terceiros (dos quais só obtém a licença para o uso) pode considerar o resultado obtido com o uso destes produtos e serviços, (a informação filtrada e catalogada) sua propriedade exclusiva a ponto de constituir sobre ela, seu efetivo patrimônio, direito adquirido ou propriedade? (PARCHEN; FREITAS, 2016. p. 14).

Se o usuário de um serviço como o Facebook, por exemplo, só tem direito de licença sobre o uso de tal aplicação digital, pode-se afirmar que os conteúdos ali dispostos sejam efetivamente seus e mais, que constituam valor a ingressar em seu patrimônio? Não seriam as informações espoliadas e filtradas, (que são os objetos que possuem valor econômico) de propriedade exclusiva do fornecedor de serviços?

E se o usuário da tecnologia quiser constituir uma fonte de renda a partir das informações que produz utilizando um produto ou serviço de terceiro, tal qual um *blog* de Internet, caberia a seguinte pergunta: é direito do fornecedor do produto ou serviço requisitar uma parcela desta renda por ter concedido o direito de uso sobre o *software* base do qual foi produzida o conteúdo? Em caso de falecimento do usuário, os herdeiros farão jus à integralidade da renda auferida com aquela atividade? Haverá herança neste caso? Se positivo, poderá então, o Estado cobrar o respectivo imposto de transmissão? Como avaliar e aferir o valor da informação digital, para fins de incidência deste imposto?

As questões que se apresentam são intricadas e complexas, tais qual a contemporaneidade. E a questão de fundo sempre será a luta pelo poder que a informação filtrada traz aos *players* do mercado informático na era digital.

É aí, portanto, que reside a necessidade de separação entre a propriedade intelectual e os direitos de propriedade da informação (PARCHEN; FREITAS, 2016, p. 7):

> A partir de então, a sociedade brasileira que está exposta a esta gama enorme de riscos acaba ainda mais vulnerável. Não bastasse a sua parca formação para o correto uso dos aparatos tecnológicos, o que impede que deles se extraiam as máximas potencialidades, ainda por cima o usuário da tecnologia está envolto em uma trama mercadológica que envolve ao mesmo tempo o aspecto econômico, mas também político, na medida em que o controle do uso e gozo da informação é claramente um aspecto constituinte de um discurso hegemônico e monista que traz em si a potencialidade de aniquilar as pluralidades e as diversas nuances da sociedade heterogênea que compõe o *cyberespaço* (PARCHEN; FREITAS, 2016. p. 7).

Infelizmente, o Estado brasileiro está tornando-se inerte no trato deste tipo de problema social e que já produz efeitos nocivos em toda a sociedade. E todas estas importantes inquietações socioambientais haverão de ser enfrentadas pelo cientista do Direito, que não poderá se furtar a corajosamente encará-las, na medida em que deverão ser cotejadas e analisadas para que proposições efetivas de solução sejam apresentadas.

Um bom caminho de enfrentamento às complexas discussões envolvendo a propriedade da informação na era digital pode ser encontrado na Teoria Crítica da denominada Escola de Frankfurt, bem como no uso, como método, da chamada 'Dialética Negativa' que Theodor Adorno traz em suas obras.

3. A teoria crítica e a dialética negativa de Theodor Adorno

A denominada Escola de Frankfurt – termo este, uma abstração para se referir aos trabalhos dos intelectuais Horkheimer, Adorno, Marcuse, Benjamim e Habermas – teve origem em 1924 com a criação do Instituto de Pesquisa Social junto à Universidade de Frankfurt na Alemanha, por Max Horkheimer, Felix Weil e Friedrich Pollock (FREITAG, 1994, p. 10). Desde sua fundação é dividida em três fases intelectuais, chamadas de gerações.

Constitui-se a denominada Escola de Frankfurt, em uma Teoria Crítica à razão da Teoria Tradicional. Sendo plural, trabalha sob a perspectiva da alteridade e da diversidade. E tem por essência, o holismo e a contradição. Assim, propõe, por meio da dialética e da filosofia, a indagação da história do Mundo.

A principal obra da primeira geração da *Escola de Frankfurt foi o artigo escrito, em 1937, por Max Horkheimer com o título de 'Teoria Tradicional e Teoria Crítica'. Tal trabalho, que inaugurou a Teoria Crítica, buscou não apenas descrever o funcionamento da sociedade, mas especialmente compreendê-la à luz de uma emancipação à lógica da organização social vigente à época. Para Horkheimer o paradigma fundado no modelo de ação baseado nas relações de trabalho não seria suficiente para explicar a realidade.*

O que ficou conhecido como Teoria Crítica se consubstancia justamente na contradição ou negação da teoria tradicional (razão instrumental) representada pelos ideais iluministas que viam no processo de esclarecimento, da racionalidade, uma forma do homem se libertar dos mitos, dos elementos transcendentais e assim, tomar as rédeas da condução da sua vida através de seus próprios esforços e vontade, alcançando sua "maioridade" ou "esclarecimento".

Ocorre que para os pensadores da Escola de Frankfurt, o esclarecimento é uma falácia ilusória que só serve a fortalecer as superestruturas, corroborar o mercado e fortalecer a dominação deste sobre os homens. A teoria racional elimina a contradição, através de seus métodos indutivos ou dedutivos. Ela aniquila o encantamento, bem como as diferenças, na medida em que todos são categorizados em "uma relação de subordinação e integração" (FREITAG, 1994, p. 38).

A obra de Adorno e Horkheimer, 'Dialética do Esclarecimento', é um grande exemplo de crítica a esta razão econômica e científica advinda como analise e explicação da sociedade. O diagnóstico que os autores desenvolveram foi o de que teria havido um bloqueio estrutural à possibilidade de emancipação social pela constante capacidade do capitalismo se reinventar e continuar hígido. Em razão dessa constatação seria preciso abandonar alguns elementos decisivos da Teoria Crítica inicial de 1937.

Logo, para os autores, o uso da filosofia é um método a representar um contra movimento ao poder da "sugestão resoluta pela liberdade intelectual e real" (ADORNO, HORKHEIMER, p. 114). A filosofia passa a ser, portanto, método de compreensão que desnuda e revela a verdade da divisão do trabalho:

> A filosofia acredita na divisão do trabalho e que ela exista para os homens, acredita no progresso e que ele leve à liberdade. É por isso que entra facilmente em conflito com a divisão do trabalho e com o progresso. Ela dá expressão à contradição entre a crença e a realidade. (ADORNO, HORKHEIMER, p. 114).

Na 'Dialética do Esclarecimento', asseveram os autores que o mal dos cientistas é desprezar a subsunção da teoria ao pensamento e privilegiar apenas a teoria, menosprezando aquele. Para eles, os cientistas, em face da ideia teórica, não são livres, embora participem dela como sujeitos ativos. Isso porque a verdade é uma questão de percepção e abertura à escuta – pensamento (ADORNO, HORKHEIMER, p. 114).

O processo de compreensão passa, necessariamente, pela adoção, pelo cientista, de uma postura de humildade: é necessário saber que nunca se está pronto e acabado. Isso porque não há como se saber o que é a verdade: esta é o todo ou ela está contida em cada caso como parte do todo? (ADORNO, HORKHEIMER, p. 115).

Assim, verifica-se que a preponderância da *práxis* sobre a teoria, da necessidade de subsunção do pensamento coletivo às ideias da ciência como elemento de validade destas, do uso de elementos transcendentais e subjetivos em detrimento ao rigor metodológico e linguístico, o caráter holístico, plural, fraterno e dialógico, bem com o respeito à diversidade e o trabalho científico sob a perspectiva da alteridade são as marcas dos fragmentos textuais que compõem a citada obra, bem como acompanham todo o pensamento da Teoria Crítica: "Em contrapartida, a estrutura lógica da teoria crítica consegue perfeitamente captar a dimensão histórica dos fenômenos, dos indivíduos e das sociedades. Também nessa lógica se trabalha inicialmente com determinações abstratas" (FREITAG, 1994, p. 38 e 39).

A citada Teoria atenta para o fato de que o mal dos cientistas é desprezar a subsunção da teoria ao pensamento e privilegiar apenas a teoria, menosprezando este. Os cientistas, em face da ideia teórica, não são livres, embora participem dela como sujeitos ativos. Isso porque para Horkheimer e Adorno, a verdade é uma questão de percepção e abertura à escuta (pensamento). Percebe-se, na Teoria Crítica, a importância do empirismo como método de compreensão que possibilitará uma visão holística do dado fenômeno social. Para tanto, a filosofia e a dialética são os instrumentos para o empirismo, na medida em que não se pode separar a ciência dos juízos existenciais sobre o Homem.

Para Theodor Adorno, a dialética tradicional oriunda de Platão sempre está a serviço de um resultado positivo. Na verdade, ela não se constitui em verdadeira dialética, porque esta é sempre negativa.

Com isto – e dentro da Teoria Crítica – citado filósofo, restabelecendo a dialética ao seu papel negativo, vai cunhar o fato de que esta representa a negação da negação, um antissistema (ADORNO, 1991, p. 8; MATOS, 2005, p. 81) ou movimento contra majoritário no processo investigativo. Isso porque a ideia é refutar os conceitos e as determinações trazidas pela ciência positivista.

Trata-se de uma ontologia do estado falso, porque a negatividade da dialética de Adorno representa uma libertação do sistema de catalogação bivalente em proposições do tipo "falsas" e "verdadeiras", "certo" ou "errado", "verdade" ou "mentira" que a teoria cientificista racional traz imanente a si e que eliminam, portanto, qualquer possibilidade de contradição:

> Vemos, então, que a pretensão dialética de que a apresentação já seja crítica exige uma reformulação da noção de imanência num sentido que já não pode ser assimilado sem problemas à dialética hegeliana, pois o "falso" e o "verdadeiro" convivem lado a lado como "realidades" (NOBRE, 1998, p. 54).

E para ASSSOUN (1991, p. 43) "o efeito principal da Teoria Crítica sobre a objetividade sociológica" consiste justamente no fato dela possibilitar a extinção da ambivalência ou dicotomia entre sociologia e filosofia como ciências separadas e estanques que não se interpenetram, já que ambas dialogam e são dinâmicas. Trata-se da união da teoria com a *práxis*.

A ontologia do estado falso, portanto, reconhece que o 'todo' posto e estabilizado pela ciência positivista é uma mentira e que a contradição entre o mundo e o pensamento é algo insolúvel, mas imanente e que, portanto, deve ser aceita e não extirpada como pretende a Teoria Tradicional.

A beleza da dialética negativa é a indicação do que há de falso na identidade, no conceito, na identificação. Sob o *viés* da contradição, reconhece que uma verdadeira dialética só é possível se aquela estiver presente, haja vista que "a contradição é o não idêntico sob o aspecto da identidade" (MATOS, 2005, p. 82).

A dialética negativa dá muita importância ao controverso, ao questionável, porque destes se origina o diálogo, a discussão e o debate. O equívoco, portanto, passa a ser fonte de aprendizado se a ele se unir o método da dialética, pois esta é a autorreflexão daquele (TURCKE, 2008, p. 1).

4. A dialética negativa de Theodor Adorno como método de investigação sobre a propriedade da informação na era digital

Como se pode observar do presente artigo, a informação detém um crucial papel na conformação de poderios políticos e mercadológicos, onde aquele que a detém ou possui, está em vantagem em relação aos demais. O capitalismo liberal faz criar um novo mercado, o da compra e venda de informações, transformando estas em verdadeiras commodities altamente apreciáveis e valorizadas.

Os produtos e serviços tecnológicos baseados na Internet trazem, em suas cláusulas contratuais, disposições que são contumazes em expropriar a informação do usuário, colocando este em uma posição de inexorável desvantagem econômica e financeira, sem falar no vilipêndio aos direitos de privacidade e intimidade.

Afinal, se o uso, o gozo, a fruição e a livre disposição da informação passam a pertencer exclusivamente ao fornecedor, potencializam-se os efeitos nefastos bem como os riscos que assolam a sociedade contemporânea. Deixar que um oligopólio de empresas controle e domine a informação é, a toda evidência, submeter a sociedade contemporânea a um perigoso monismo informacional, bem como é dar em demasia àquelas, poderes que podem servir a subjugar as pessoas ou ainda, a conformar um mercado liberal cada vez mais insidioso e incapaz de operar sob a perspectiva da alteridade, da fraternidade e da pluralidade informacional e cultural.

Exemplo desta afirmação é o que pode ser encontrado no Código de Conduta da Alphabet, *holding* controladora do Google, e seu slogan máximo: "*Don't be evil*" (Tradução livre: "não seja mal") (ALPHABET, 2012, p. 1).

É preocupante saber que uma das maiores companhias de tecnologia é capaz de asseverar que uma de suas condutas é "não ser mal". A aplicação da Dialética Negativa ao caso leva a crer que se é necessária a *Alphabet* fazer constar oficialmente de seus regimentos a conduta "não ser mal", isso se deve, justamente, a duas possibilidades: a) ou o mal já foi praticado, e agora pretendem passar uma boa imagem aos usuários e investidores da empresa, ou; b) ao negar a prática do mal, se está admitindo que ele possa ser praticado a qualquer instante, dependendo do 'humor' ou da vontade dos sócios da companhia, bastando para isso uma mera revisão unilateral e impositiva do Código de Conduta que modifique o slogan ou crie um novo lema às práticas da empresa.

Portanto, o que impede o Google e seus acionistas, de praticar o mal? O que obsta a empresa de obliterar o acesso ao conhecimento, ou ainda, de direcionar a informação conforme os interesses dos anunciantes ou de que lhes pagar pela veiculação? Como garantir, portanto, neutralidade e isenção informacional, justamente quando o Google é uma das maiores companhias expropriadoras da informação? Absolutamente nada, na medida em que todo este estratagema está calcado única e exclusivamente na frágil teoria da confiança que já não serve a conformar as relações jurídicas modernas, na medida em que, na era digital as relações jurídicas são, em sua maioria, despersonalizadas, ou *senza face* (Tradução livre: "sem face") (OLIVEIRA; FREITAS, 2008. p. 1849).

A Teoria Crítica frankfurtiana e a Dialética Negativa servem a trazer a compreensão de que a informação na era digital está inserida em um contexto das culturas de massas e da padronização do mercado pela via da exploração da mão de obra. Com raízes claramente marxistas, o citado método permite observar a lógica mercadológica liberal e capitalista a que o usuário da tecnologia é submetido, em nome do lucro e da mais valia do detentor do capital.

A 'negação da negação' que Theodor Adorno alude em sua Dialética esclarece o fato de que o capitalismo sempre está em constante renovação e, para não perder sua força, precisa se expandir a nos nichos e lugares. Tal mecanismo é corroborado por Bauman:

> Sem meias palavras, o capitalismo é um sistema parasitário. Como todos os parasitas, pode prosperar durante certo período, desde que encontre um organismo ainda não explorado que lhe forneça alimento. Mas não pode fazer isso sem prejudicar o hospedeiro, destruindo assim, cedo ou tarde, as condições de sua prosperidade ou mesmo de sua sobrevivência (BAUMAN, 2012, p. 1).

Para alcançar tal desiderato, acaba mercantilizando todas as relações humanas, inclusive as tecnológicas e digitais, sendo que estas passam a ser vistas como um neo-mercado ou um potencial nicho de lucratividade e expropriação de mão de obra.

No caso, é proposição do presente artigo asseverar que o usuário da tecnologia se torna uma espécie de 'trabalhador' ou subordinado do detentor do capital digital, que é a informação altamente valorada.

Para que a informação possa ser expropriada, ela precisa ser catalogada, filtrada e categorizada. E para que este processo de 'mineração de dados' ocorra, é necessário haver produção de informação que irá se transformar em conteúdo acessível a todos que a queiram comprar. E para ser produzida, precisa haver estímulo ao usuário para que ela não fique adstrita ao particular: a informação precisa ser compartilhada, de preferência, em *chats* e redes sociais.

Logo, a questão da mão de obra ganha contornos ainda mais dramáticos quando o assunto é a sociedade tecnológica. Ao contrário da relação proletário-detentor do capital, onde há ao menos o pagamento de um salário, no ambiente digital da Internet o usuário acaba trabalhando de graça para o empresariado, já que sequer é remunerado e ganha no máximo, como contraprestação pelo serviço prestado, a possibilidade de usufruir de um aplicativo de bate-papo ou fotos, de 'graça'.

Usando do método crítico frankfurtiano e aplicando o mesmo ao problema fático do presente artigo – o da crise de propriedade da informação na sociedade tecnológica e da era digital – alguns questionamentos passam a surgir: "como pode permitir a atual sociedade tecnológica, a atual expropriação da informação?"; ou ainda: "porque o desenvolvimento sustentável na era digital não exista e ainda continue a não existir?"

A análise e perquirição das respostas às indagações anteriormente delineadas passam necessariamente na adoção pelo cientista ou estudioso, do contexto da indústria cultural ou cultura de massas a que Adorno abordou em suas obras:

> A indústria cultural é a integração deliberada, a partir do alto, de seus consumidores. Ela força a união dos domínios, separados há milênios, da arte superior e da arte inferior. Com prejuízo para ambos. A arte superior se vê frustrada de sua seriedade pela especulação sobre o efeito; a inferior, perde, através de sua domesticação civilizadora, o elemento de natureza resistente e rude, que lhe era inerente enquanto o controle social não era total. Na medida em que nesse processo a indústria cultural inegavelmente especula sobre o estado de consciência e inconsciência de milhões de pessoas às quais ela se dirige, as massas não são, então, o fator primeiro, mas um elemento secundário, um elemento de cálculo; acessório de maquinaria. O consumidor não é rei, como a indústria cultural gostaria de fazer crer, ele não é o sujeito dessa indústria, mas seu objeto (ADORNO, 1986. p. 93).

A informação é um produto cultural. E a informação da era digital, ou seja, catalogada, filtrada e espoliada, é um produto cultural hipermoderno, cujo processo de "culturalização" é elevado à nona potência através da massificação, "fetichização" e "reificação".

Logo, no processo de explicação e investigação sobre a quem pertence a propriedade na era da informação, o uso da dialética negativa será salutar, na medida em que nada poderá ser categorizado em um conceito ou "gaveta" determinada. O objeto estudado deve ser explicado por si só. De preferência, usando de elementos empíricos que possam fazer compreender a situação da expropriação da informação em dado grupo social e porque ela ocorre, melhor dizendo, qual o agir humano que é determinante para a ocorrência da confusão ou crise da propriedade da informação na era digital.

A 'negação da negação' urge do cientista a desconfiança, em primeiro lugar, com o próprio conceito jurídico de propriedade. Isso porque é claro que tal instituto, tão arcaico, não pode jamais se colmatar às intricadas relações sociais modernas que liquefazem – ao melhor estilo de BAUMAN (2011, p. 7) – os conceitos até então perenes e que demandam reformulações a fim de adaptar à nova realidade ao 'normativo', devendo este termo ser entendido aqui como sendo aquilo que é compreendido, assimilado, internalizado e replicado pela sociedade.

Sendo a dialética a autocrítica do conceito (ADORNO, 1991.p. 140), a desconstrução do conceito jurídico de propriedade é necessária, haja vista que, sem ela, o resultado da perquirição acerca da aludida crise de propriedade já estaria fadada a um resultado preliminar viciado ou equivocado: o de que as cláusulas contratuais de adesão realmente infringem o direito de propriedade do usuário e, portanto, do ponto de vista legal e protetivo da Lei 8.078/90, são nulas de pleno direito.

Ocorre que tal conclusão pode ser falsa ou equivocada, na medida em que as atuais relações em sociedade são tão dinâmicas, hiperconectadas e efêmeras, a ponto de nenhum conceito estanque ou absoluto de propriedade poder servir a explicá-las.

É necessário, portanto, dentro do preceito da Dialética Negativa, negar o conceito jurídico clássico de propriedade, para que outro – através do salutar diálogo que a Escola de Frankfurt tanto propõe – possa ser ontologicamente formatado e consequentemente, muito mais subsumido à moderna sociedade: "*El pensamiento no necessita aternerse exclusivamente a su própia legalidad, sino que puede pensar contra sí mismo sin renunciar a la própria identidad*" (ADORNO, 1991, p. 144).

Por óbvio, nenhuma pesquisa científica válida pode começar 'pelo fim', ou seja, pela proposição posta, pronta e acabada, para, a partir de então, partir-se para uma tentativa desvairada de indução do texto a justificar aquele resultado já determinado. Isto seria uma falácia, e não propriamente, ciência.

O processo científico posto sob os auspícios da Teoria Crítica e da Dialética Negativa deve trabalhar sempre com a possibilidade da refutação, do equívoco, do erro. O elemento misterioso, obscuro, dialógico e ontológico deve sempre guiar o cientista na perquirição do problema, de modo que este, na intricada via que percorre, pode se ver envolto em aporias ou problemas de difícil solução, o que não significa necessariamente o insucesso da pesquisa, mas que deve chamar a sua atenção para a já citada postura de humildade que irá gravar o estudo com uma salutar flexibilidade para a compreensão do todo, sem conceituações nem ideias finalizadas e acabadas.

E esta proposição dialética de desconstrução do conceito jurídico de propriedade dialogando com o contexto da indústria cultural e sociedade de massas se subsume muito bem à contemporaneidade, onde a fluidez e instantaneidade das relações humanas são a tônica de uma sociedade ávida por informação imediata. Quem sabe a solução não passe pela proposição de um novo conceito para a propriedade na era digital, mais adapto à realidade dessa modernidade tão veloz e hiperconectada.

Desta forma, muito dos fenômenos socioambientais que se verificam atualmente na sociedade contemporânea – tais como mineração de dados, superexposição com a perda da privacidade e intimidade, crimes virtuais e reais oriundos de redes sociais e *chats,* por exemplo – poderiam ser muito melhor compreendidos, analisados e, ao mesmo tempo, internalizados e assimilados pelas pessoas que, poderiam passar a adotar uma postura mais liberta das amarras do positivismo e da ciência que aniquila o diferente e o plural. Desta forma, mais consciente, a sociedade se torna mais reflexiva, menos consumista e voltada ao desiderato do crescimento sustentável.

5. Considerações finais

A informação é o maior expoente da sociedade contemporânea. Este é o elemento eleito para representa-la atualmente, pois vive-se a era da oportunidade de acesso irrestrito à informação.

Contudo, na lógica da Teoria Crítica e da Dialética Negativa, o papel da informação e o direito de propriedade derivado desta precisa ser analisado sob o ponto de vista da cultura de massas e do mercado liberal que a expropria e enxerga nela um produto altamente valorizado e capaz de criar um milionário mercado de compra e venda de gostos e preferências pessoais do usuário.

O método frankfurtiano, portanto, permite enxergar e compreender os nefastos efeitos socioambientais produzidos no âmbito da expropriação da informação. Desde a perda da privacidade e intimidade, passando pelos crimes virtuais, discursos de ódio e radicalismo, episódios de racismo e sectarismo, toda a sociedade contemporânea está sujeita a uma enorme gama de riscos e malefícios que urgem do cientista o olhar holístico, crítico e acurado que só a Teoria Crítica e a "negação de negação" podem proporcionar. A atual conjuntura da informação não pode deixar fazer o cientista cair no engano da Teoria Tradicional positivista, onde os conceitos são absolutos e imutáveis.

Caso isto ocorra, o observador poderá vir a erroneamente concluir que questões afetas aos bens econômicos – em especial a informação – constituídos e conformados sob a égide do capitalismo expropriatório e da indústria cultural podem ser tratadas como algo dissociado da lógica da constituição ou não de um patrimônio em favor do usuário que é, *prima facie* e também em última instância, seu original detentor ou titular.

A Teoria Crítica da Escola de Frankfurt e o método da Dialética Negativa de Adorno são formas salutares de se perquirir respostas aos intricados problemas decorrentes da dinamicidade das relações sociais da sociedade da informação.

Estudar o problema da propriedade da informação na era digital sob os auspícios da Dialética Negativa é reconhecer e privilegiar o Estado pluralista e a heterogênea sociedade contemporânea, que encontra livremente e cada vez mais, novas formas de viver, se adaptar e se organizar. O método frankfurtiano proporciona o salutar *viés* crítico, filosófico e reflexivo à análise e compreensão de tão complexa questão, servindo a romper justamente com o monismo informacional que assola a ciência positivista e tradicional.

Afinal, na liquidez das relações sociais atuais, ater-se a conceitos estanques e a estandartes científicos consolidados é, a toda evidência, dissociar-se dos anseios da sociedade e consequentemente, marginalizar-se da compreensão ontológica, holística, plural e fraterna da complexidade do Mundo.

REFERÊNCIAS

ADORNO, Theodor. **Dialéctica Negativa**. Madrid: Taurus Ediciones S.A, 1991.

_____. In: COHN, Gabriel (Org.); FERNANDES, Florestan (Coord.). **Sociologia**. São Paulo: Editora Ática, 1986.

ADORNO, Theodor W.; HORKHEIMER, Max. **Dialética do Esclarecimento. Fragmentos Filosóficos**. São Paulo: Zahar Editora, 1985.

ALPHABET. **Google Code of Conduct**. Disponível em: <https://abc.xyz/investor/other/google-code-of-conduct.html>. Acesso em: 14 ago. 2016.

ASSOUN, Paul-Laurent. **A Escola de Frankfurt**. São Paulo: Editora Ática, 2001.

BAUMAN, Zygmunt. **44 cartas do mundo líquido moderno**. Rio de Janeiro: Zahar, 2011.

_____. **Capitalismo parasitário e outros temas contemporâneos**. Rio de Janeiro: Zahar, 2012.

_____. **Vigilância Líquida**. Rio de Janeiro: Zahar, 2014.

CASTELLS, Manuel. **A Sociedade em Rede. A Era da Informação**: economia, sociedade e cultura. São Paulo: Paz e Terra, 1999. v. 1.

EMERSON, Ralph Waldo. **The Collected Works of Ralph Waldo Emerson**: Society and solitude. Harvard University Press, 2007. v. 7.

FACEBOOK. **Política de Uso de Dados**. Disponível em: <https://pt-br.facebook.com/about/privacy/your-info>. Acesso em: 25 jul. 2016.

FREITAG, Bárbara. **A teoria crítica ontem e hoje**. 5. ed. São Paulo: Brasiliense, 1994.

FREITAS, Cinthia O. A.; EFING, Antônio Carlos. Sociedade de Informação: O direito à inclusão digital. **Revista de Direito Empresarial**, n. 12, jul./dez. 2009.

GOOGLE. **Termos de Uso. Disponível em**: <https://www.google.com/intl/pt-BR/toolbar/ie/tos_pt-BR.html>. Acesso em: 13 ago. 2016.

LIPOVESTKY, Gilles. **Os Tempos Hipermodernos**. São Paulo: Editora Barcarolla, 2004.

MARKETS AND MARKETS. **Cloud analisys**. Disponível em: <http://www.marketsandmarkets.com/Market-Reports/cloud-storage-market-902.html>. Acesso em: 13 ago. 2016.

MATOS, Olgária C. F. **A escola de Frankfurt. Luzes e sombras do iluminismo**. 2. ed. São Paulo: Moderna, 2005.

MELL, Peter. GRANCE, Timothy. **The NIST Definition of Cloud Computing**. Gaithersburg, 2011. p. 2. Disponível em: <http://csrc.nist.gov/publications/nistpubs/800-145/SP800-145.pdf>. Acesso em: 25 jul. 2016.

MORIN, Edgar. **Para Sair do Século XX**. Rio de Janeiro, Nova Fronteira: 1986

NOBRE, Marcos. **A dialética negativa de Theodor W. Adorno**. São Paulo: Editora Iluminuras Ltda. 1998.

OLIVEIRA, Edson Luciani de; FREITAS, Cinthia Obladen de Almendra. **Relações Jurídicas e o mundo virtual – direitos de 5ª geração**. Artigo publicado nos anais do XVII Congresso Nacional do Conpedi em Brasília, DF, 2008.

PARCHEN, Charles Emmanuel. FREITAS, Cinthia O. A. **Crise da informação**: a quem pertence? Artigo apresentado ao XXV Encontro Nacional do Conpedi em Brasília. 2016. Artigo no prelo.

PARCHEN, Charles Emmanuel. FREITAS, Cinthia O. A.; EFING, Antônio Carlos. Computação em Nuvem e Aspectos Jurídicos da Segurança da Informação. **Revista Jurídica Cesumar – Mestrado**, v. 13, n. 1, jan./jun. 2013.

RIFKIN, Jeremy. **A Era do Acesso**. São Paulo: Makron Books, 2001

TURCKE, Christoph. **Pronto-Socorro para Adorno. Fragmentos Introdutórios à Dialética Negativa**. Disponível em: <https://acoisaforadesi.wordpress.com/2008/11/14/fragmentos-introdutrios-dialtica negativa/#_ftn1_8187>. Acesso em: 28 jul. 2016.

YAHOO. **Termos de serviço**. Disponível em: <https://policies.yahoo.com/br/pt/yahoo/terms/utos/index.htm>. Acesso em: 13 ago. 2016.

CAPÍTULO IV
O PERÍODO PÓS-CONTRATUAL DA CISG: formulação de hipóteses a partir da aplicação do tipo ideal weberiano

Lara Bonemer Azevedo da Rocha[19]
Marcia Carla Pereira Ribeiro[20]

1. Introdução

A Convenção de Viena sobre Compra e Venda de Mercadorias (CISG) entrou em vigor no dia 16 de outubro de 2014 por meio do Decreto n. 8.327, de 16 de outubro de 2014 com nível hierárquico equivalente ao de uma lei ordinária o Brasil.

Seu objetivo principal é uniformizar as regras aplicáveis aos contratos de compra e venda no âmbito internacional, regulamentando o momento *ex ante* e durante a realização da compra e venda.

Pela análise dos dispositivos da CISG, verifica-se uma lacuna quanto ao momento em que as partes se deparam com hipóteses de descumprimento, haja vista que em que pese a solução tenha sido incumbida às câmaras arbitrais internacionais, não há previsão a respeito dos custos e do prazo para que se atinja uma resposta exequível, podendo gerar incerteza às partes contratantes e, a depender do caso concreto, inviabilizar as trocas, não sendo este o objetivo da CISG.

Tecidas estas considerações, o presente estudo pretende o desenvolvimento de hipóteses a respeito de possíveis soluções ao problema apontado, a partir da aplicação do recurso dos tipos ideais, de acordo com o método compreensivo das ciências sociais de Max Weber.

Para tanto, serão construídas as premissas necessárias à realização dos procedimentos empíricos investigativos necessários à solução do problema apresentado.

Em um primeiro momento, serão tecidas considerações a respeito do instrumental da Análise Econômica do Direito, com especial enfoque dado ao papel das instituições e, em especial, do direito e dos contratos como regulador de condutas.

---

19 Doutoranda em Direito Econômico na PUC/PR (Bolsista – CAPES). Mestre em Direito Econômico e Socioambiental pela PUC/PR. Editora-Geral da Revista de Direito Empresarial. Advogada. E-mail: lara@rochaefloriani.com.br

20 Professora Associada de Direito Empresarial UFPR. Pós-doc. pela FGVSP (2006) e pela Faculdade de Direito da Universidade de Lisboa (2012). Pesquisadora Conv. Université de Montréal – CA (2007). Advogada- licenciada e Procuradora do Estado do PR- licenciada. E-mail: mcarlaribeiro@uol.com.br

Na sequência, será analisada a Convenção das Nações Unidas sobre Compra e Venda Internacional de Mercadorias – CISG e seus efeitos no momento pós-contratual, para que se possa então estudar como são reguladas na prática as situações de inadimplemento dos contratos internacionais.

Neste oportuno, será apresentado o problema que se objetiva resolver. A Convenção regulou a confecção do contrato e as hipóteses de inadimplemento, delegando a execução à arbitragem internacional que pode encontrar obstáculos no plano prático.

Ao final, serão tecidas considerações a respeito da necessidade de se pensar em alternativas eficientes aptas a regular o momento pós-contratual das relações reguladas pela CISG, mediante a aplicação dos tipos ideais para a formulação de hipóteses.

A metodologia compreensiva de Max Weber orientará a pesquisa mediante a acentuação exagerada dos aspectos da realidade que se pretende trabalhar e a formulação de possibilidades ideais abstratas, proporcionando um afastamento da realidade e aproximação aos tipos, permitindo análises hipotéticas decorrentes do movimento contínuo de afastamento e aproximação.

2. O instrumental da análise econômica do Direito

O movimento da Análise Econômica do Direito – AED tem origem norte-americana, sendo a corrente que mais influenciou o mundo jurídico dos Estados Unidos da América nos últimos 50 anos (MACKAAY, 2015, p. 7-8).

Trata-se de abordagem vinculada a duas correntes: o *imperialismo econômico,* que desde 1950 usa ferramentas de AED fora do campo da ciência econômica, tais como fenômenos políticos, discriminação, família, relações de mercado etc., e o *realismo jurídico* que se manifestou entre as duas guerras e considerou que a ciência econômica e a sociologia integravam o direito (MACKAAY, 2015, p. 7-8).

Observam-se quatro fases no seu desenvolvimento nos EUA, sendo a primeira de lançamento (1957-1972) cujo principal marco foi a publicação por Ronald Coase do artigo sobre o problema do custo social em 1960. A segunda fase (1972-1980) tratou da aceitação do paradigma. Ao final deste momento, as universidades de direito mais dinâmicas já haviam se atualizado e a leitura de Richard Posner se tornou um manual essencial para a compreensão do tema. A terceira fase (1980-1982) foi marcada por debates sobre os fundamentos, momento em que foi questionada a relação da eficácia e dos direitos fundamentais. Por fim, após 1982 o movimento foi ampliado, com a criação de uma pluralidade de escolas sobre o tema, dentre os quais destacam-se autores como Williamson, Guido Calabresi e Richard Posner (MACKAAY, 2015, p. 7-8).

A partir desta data, o movimento ganhou contornos fora dos EUA, atingindo outros países e, principalmente, a França. No Brasil, salvo algumas exceções, os cursos de graduação em direito não oferecem a disciplina de AED, sendo o tema analisado apenas em sede de pós-graduação.

A AED trabalha com o conceito de eficiência e considera as instituições como variáveis sobre os elementos do sistema econômico. Toma conceitos e métodos da economia e com isso, herda as controvérsias com as quais a economia se envolve.

Tem por base os métodos da teoria microeconômica que analisa decisões tomadas por indivíduos e pequenos grupos. A microeconomia estuda a alocação dos recursos entre fins que são alternativos entre si. Trabalha com conceitos fundamentais de maximização, equilíbrio e eficiência (COOTER; ULLEN, 2010, p. 35-36).

Os agentes comparam benefícios e os custos das diferentes alternativas antes de tomar uma decisão, seja ela de natureza estritamente econômica, seja de natureza social ou cultural. Custos e benefícios são avaliados o que leva à tomada de decisão.

O direito, neste contexto desempenha um papel institucional fundamental para o desenvolvimento econômico, na medida em que orienta a ação humana por meio de incentivos e restrições. A eficiência de uma lei ou contrato está diretamente relacionada aos benefícios recebidos pelo agente ou prejuízos evitados no seguir/cumprir o estabelecido.

Por este motivo a perspectiva econômica vê o direito como uma instituição que deve promover a eficiência, contribuindo para melhorar o bem-estar social, na medida em que trabalha com mecanismos aptos a reduzir os risco e/ou custos, garantindo segurança aos agentes e, via de consequência, propiciando um ambiente favorável à realização das trocas.

3. A importância do Direito como regulador de condutas

Em uma sociedade em que não há a escassez de recursos, as escolhas feitas pelos indivíduos não geram custos de transação. Na sociedade concebida por Ronald Coase na década de 1960, quando escreveu o artigo *"The Problem of Social Cost"*, os custos de transação são nulos e as instituições, dentre elas o direito, não têm importância. Isto porque, sem a incidência de custos nas relações entre os indivíduos, todos os agentes cooperariam espontaneamente, não existindo conflitos. Deste modo, em uma situação de custos zero, a alocação final dos recursos, obtida por meio da barganha entre as partes, será sempre eficiente.

Contudo, em uma sociedade em que os recursos são escassos, os indivíduos devem fazer escolhas para aumentar o seu bem-estar. E cada escolha pressupõe um custo, ou como denomina Ivo Teixeira Gico Junior, um *trade-off* ou um custo de oportunidade (GICO JR., 2011, p. 22). Ao escolher determinada opção, o indivíduo deixa de usufruir das consequências das demais escolhas, pois segundo sua percepção, a primeira opção é aquela que, por ter custos de oportunidade inferiores aos das demais opções, seria apta a aumentar o seu bem-estar.

As implicações das escolhas racionais são essenciais para a compreensão dos efeitos das regras desenvolvidas e aplicadas pelo sistema de justiça. Conhecer os efeitos das regras jurídicas é central tanto para o entendimento destas regras pela sociedade e, neste aspecto, para que possam ser visualizadas as possibilidades de escolha a serem adotadas pelos indivíduos, como também para que se possa decidir quais as regras devem ser adotadas para o bom funcionamento do sistema de justiça (ROCHA, 2014, p. 46). E é exatamente o que Friedman (2000, p. 8) quer dizer quando afirma que *"That is what economics has to do with law"*. Segundo o autor:

> Economia, cujo tema, no nível mais fundamental, não é o dinheiro ou a economia, mas as implicações da escolha racional, é uma ferramenta essencial para descobrir os efeitos das normas legais. Sabendo quais são as regras de efeitos terá é fundamental tanto para a compreensão das regras que temos e para decidir quais as regras que devemos ter.

Desta forma, o indivíduo, conhecedor da estrutura de incentivos fornecida pelo direito, ou de acordo com a terminologia utilizada pela AED (Análise Econômica do Direito), das regras do jogo, realizará uma ponderação entre as escolhas possíveis e os respectivos custos de transação incidentes *ex ante* e *ex post*, para adotar entre uma ou outra escolha, efetuando as trocas necessárias para o aumento do seu bem-estar (GICO JR., 2011, p. 24).

A estrutura fornecida pelo direito deve garantir que os agentes realizem suas trocas até que atinjam um ponto de equilíbrio, ou seja, "até que os custos associados a cada troca se igualem aos benefícios auferidos, momento a partir do qual não mais ocorrerão trocas" (GICO JR., 2011, p. 24). Conforme assinala Ivo Teixeira Gico Junior (2011, p. 24):

> Quando a interação social se dá no âmbito do mercado, o comportamento racional maximizador levará os agentes a realizar trocas até que os custos associados a cada troca se igualem aos benefícios auferidos, momento a partir do qual não mais ocorrerão trocas.

Este ponto de equilíbrio pressupõe que tenham sido eliminados todos os desperdícios, ou seja, que todas as possibilidades de trocas benéficas tenham se esgotado. Trata-se de um ponto eficiente, no sentido Pareto-eficiente, em que nenhuma outra alocação de recursos poderá ocorrer sem que a situação de outrem seja prejudicada.

Armando Castelar Pinheiro (2009, p. 3), em seu estudo sobre o Poder Judiciário e Economia no Brasil afirma que independentemente da qualidade da legislação existente em cada país, um conjunto de leis não possui condições de se sustentar em si mesmo, ou seja, prescinde de um aparato institucional apto a atribuir-lhe eficácia, resolvendo as disputas de forma segura e eficiente. Neste sentido, "os tribunais desempenham um papel central nas economias de mercado, garantindo que o império do Direito de fato vigore".

O Direito, segundo Eros Grau (2011, p. 21), é elemento constitutivo do modo de produção social. No modo de produção capitalista, assim como em qualquer outro modo de produção, o Direito atua também como um mecanismo de mudança social, com interação em relação a todos os níveis, ou estruturas regionais, da estrutura social global.

Para este autor, tamanha é a importância do Direito para a composição e manutenção do modo de produção capitalista, que as relações neste modo "não poderiam existir, nem se reproduzir sem a forma do direito, a instituir as condições que conferem fluência à circulação mercantil" (GRAU, 2011, p. 21). Em outros termos, "a estrutura econômica do capitalismo não existiria se não existisse um direito que supusesse regras gerais e sujeitos abstratos, livres e iguais" (GRAU, 2011, p. 21).

Pondera, ainda, que "o desenvolvimento capitalista exige previsão e calculabilidade e a racionalidade do mercado corresponde a esse direito, como forma de domínio racional viabilizador da circulação mercantil" (GRAU, 2011, p. 21). É exatamente neste sentido que instituições fortes têm o condão de reduzir a incerteza, criando um ambiente favorável à realização de trocas, gerando rendas e movimentando favoravelmente a economia do país.

Atuam no sentido de reduzir a possibilidade de escolha dos indivíduos, trilhando os caminhos para a convivência humana, na medida em que condicionam o agir individual. São, portanto, garantias de segurança e estabilidade das regras do jogo, na medida em que disciplinam as oportunidades que os *players* têm ao adotar suas condutas (NORTH, 1990, p. 34).

David M. Trubek (2009, p. 60) também enfatiza a importância do papel do direito nas economias de mercado, ao considerar que as instituições de mercado, como por exemplo o contrato e o direito de propriedade privada, "são necessárias para o crescimento econômico e considera o direito moderno essencial para a criação e manutenção dos mercados".

Destaca o autor que a ênfase recai sobre o aspecto da previsibilidade do direito, que serve como estímulo para que os indivíduos se empenhem em novas formas de atividade econômica, na medida em que garante que os frutos dessa atividade serão protegidos. Assim, os indivíduos têm a garantia de que "suas decisões terão o apoio da autoridade estatal e que suas aquisições serão protegidas da pilhagem de outros" (TRUBEK, 2009, p. 60).

Ejan Mackaay (2013, p. 413) ao analisar a "*contract law*" traz um exemplo de como os sistemas legal e judicial, como instituições fundamentais ao desenvolvimento econômico, passam a ter importância. Inicia o capítulo a respeito dos contratos, narrando a situação da compra de maçãs em uma banca. Neste caso o autor teve interesse em adquirir as maçãs naquele momento e pagou o preço ofertado em troca das frutas.

Para o vendedor, o dinheiro, na verdade, o que ele poderia comprar com o dinheiro, vale mais do que as frutas e para o autor, o oposto. Trata-se do elemento valorativo que orienta os agentes no processo de suas escolhas (MACKAAY; ROUSSEAU, 2015, p. 31).

Na sequência, afirma que as coisas podem ficar mais complicadas a partir do momento em que as duas partes não executam suas obrigações de forma simultânea, ou seja, quando suas prestações ocorrem em espaços separados pelo tempo. Traz como exemplos a venda de uma safra, a exportação via navios ou aviões, o sistema de franquias, os contratos de prestação de serviços futuros, entre outros. Nestes casos, a lei e as cortes judiciais têm um papel significativo a ser desempenhado.

Isto porque, os custos de transação são maiores, uma vez que os agentes envolvidos estão localizados em países diferentes, com um ordenamento jurídico, práticas culturais e conjunturas política e social próprios, o que afeta a lucratividade da negociação podendo, a depender do caso, inviabilizá-la.

Assim, é fundamental que as regras do jogo existam e sejam claras aos agentes contratantes, permitindo-lhes o mínimo esperado em termos de segurança, previsibilidade e calculabilidade, a fim de promover uma redução dos custos transacionais e, via de consequencia, um ambiente favorável à realização das trocas.

4. Os contratos internacionais de compra e venda de mercadorias

No âmbito internacional, as trocas ocorrem entre Estados contratantes diferentes, que possuem um ordenamento jurídico próprio e até mesmo praxes comerciais específicas. Existe uma considerável assimetria informacional entre os Estados-Contratantes, dadas as peculiaridades de cada economia e ordenamento jurídico. Em virtude disso, incidem altos custos de transação pré, durante e pós a celebração do contrato, que aumentam o preço da mercadoria podendo, se for o caso, inviabilizar a realização da compra e venda.

Neste sentido

Como o contrato de compra e venda é regulado de forma diferente em cada ordenamento jurídico – sendo diversos os deveres e obrigações atribuídos a cada parte surgem inconvenientes quando o contrato transpassa as fronteiras. Quando os contratantes estão localizados em diferentes países os riscos inerentes às compras e vendas internas aumentam devido a distância que existe entre comprador e vendedor, às variações cambiais, às alterações no quadro político e a outros fatores adicionais próprios destas transações (TORRES; RIBEIRO, 2014, p. 276).

Vale dizer, para que as partes conheçam o direito contratual vigente no país contratante, precisam arcar com os custos de informação para atingir este objetivo, como consultas com advogados especialistas e investimento em materiais bibliográficos, por exemplo. Ainda assim, é possível que não tenham condições de captar toda a informação disponível, o que pode repercutir em prejuízos futuros na realização das trocas (MACKAAY; ROUSSEAU, 2015, p. 32-33).

Estes custos incidem sobre os momentos anterior e durante a celebração do contrato. Além disso, na hipótese de descumprimento, qual será o procedimento adotado? Qual será o ordenamento aplicável e qual país será competente para conhecer a demanda? Vencida a demanda, como será executada? Os custos de transação incidem inevitavelmente sobre tais aspectos.

O negócio jurídico realizado entre Estados diferentes encontra as dificuldades citadas por Ejan Mackaay no exemplo das maçãs e, em virtude disso, exigem a presença de instituições aptas a conferir a certeza de que o contrato celebrado entre as partes será efetivamente cumprido.

No âmbito internacional, o papel de buscar uma uniformização das regras internacionais aplicáveis ao comércio internacional tem sido desempenhado pela UNCITRAL (*United Nations Commission on Internacional Trade Law*). Trata-se de um corpo jurídico das Nações Unidas que conta com adesão universal composto por juristas especializados em direito comercial que volta sua atuação para a modernização e harmonização das normas direito comercial internacional (UNCITRAL, 2015).

Tendo em vista que as trocas no âmbito internacional contribuem para o crescimento econômico, para a melhoria dos padrões de vida e para a criação de novas oportunidades no âmbito comercial, a UNCITRAL trabalha para aumentar estas oportunidades em todo o mundo, formulando regras modernas, justas e harmonizadas a respeito das transações comerciais (UNCITRAL, 2015).

Estas regras incluem *i)* convenções, regras e normas-modelo aceitas universalmente; *ii)* guias legais e legislativos, além de recomendações de grande valor prático; *iii)* informações atualizadas sobre julgamentos; *iv)* assistência técnica na reforma de projetos de lei; *v)* e seminários regionais e nacionais a respeito da uniformidade das regras comerciais (UNCITRAL, 2015).

A Comissão desempenha seus trabalhos em sessões anuais, que ocorrem alternadamente nos escritórios de Nova Iorque e Viena. Estabelece suas atividades em seis grupos de trabalho, compostos por representantes de todos os Estados membros. São eles: Grupo de trabalho I – Empresas de Micro, Pequeno e Médio porte; Grupo de trabalho II – Arbitragem e Conciliação; Grupo de trabalho III – Disputa e resolução de conflitos *on-line*; Grupo de trabalho IV – Comércio eletrônico; Grupo de trabalho V – Lei da insolvência; Grupo de trabalho VI – Interesses securitários; (UNCITRAL, 2015)

Em virtude dos trabalhos desenvolvidos em cada um destes grupos, criou textos e estatutos aplicáveis em matéria de comercial internacional. O texto que encontra pertinência com o presente trabalho é a Convenção das Nações Unidas sobre Contratos de Compra e Venda Internacional de Mercadorias – UNCITRAL, denominada CISG, firmada em Viena, em 11 de abril de 1980 e que entrou em vigor em 01 de janeiro de 1988.

A Convenção é o resultado de tentativas de unificação do direito contratual levadas a efeito desde o início do século XX que busca, tanto quanto possível, que: "i) não previsse regras excessivamente pró-comprador (*buyer oriented*), tampouco pró-vendedor (*seller oriented*); e ii) fosse aplicável tanto por sistemas de *civil law* quanto de *common law*" (RIBEIRO; BARROS, 2014).

Hoje, a Convenção conta com 83 Estados-Partes, tendo o Brasil aprovado a Convenção em 18 de outubro de 2012, por meio do Decreto Legislativo n. 538, e depositado em 04 de março de 2013 o instrumento de adesão (UNCITRAL, 2015). A Convenção entrou em vigor no dia 16 de outubro de 2014 por meio do Decreto n. 8.327, de 16 de outubro de 2014 com nível hierárquico equivalente a de uma lei ordinária.

De acordo com a UNCITRAL o propósito da CISG é de prover um regime justo e moderno para os contratos que regulam a compra e venda internacional de mercadorias. Assim, tem-se que a CISG contribui de forma significante para introduzir *certeza* nas trocas comerciais e reduzir os *custos de transação* (UNCITRAL, 2015).

A CISG é o resultado de um esforço legislativo que teve início no início do século XX que provê um cuidadoso balanço entre os interesses do comprador e do vendedor. Fornece uma legislação uniforme para regular a compra e venda de mercadorias, evitando o recurso às regras de direito internacional privado para determinar a lei aplicável ao contrato, aumentando consideravelmente a segurança e previsibilidade dos contratos de vendas internacionais (UNCITRAL, 2015).

Todavia, o que se observa é que desde a sua criação, em 1980 e entrada em vigor em 1988 e apesar o enorme progresso em termos de número de ratificações, muito trabalho deve ser feito para que a Convenção possa, de fato, ser apontada como um instrumento efetivamente aplicado no âmbito internacional e dotado de eficiência, especialmente no que se refere à execução das hipóteses de inadimplemento.

Este é, de acordo com a metodologia compreensiva de Max Weber, o aspecto da realidade estudada que se pretende evidenciar para a aplicação do tipo ideal. Será acentuado o período pós contratual, analisando-se a regulação do inadimplemento pela CISG e sua aplicação no plano prático, considerando principalmente o sistema de homologação das sentenças arbitrais internacionais pelo Superior Tribunal de Justiça.

O tipo ideal, nesta conjuntura, será compreendido pela formulação artificial de um modelo genérico de eficiência na regulação do inadimplemento da compra e venda internacional de mercadorias. Buscar-se-á a pureza conceitual weberiana, passível de ser encontrada apenas na abstração com o único objetivo de proporcionar o ambiente ideal para a formulação de ideias (KUCKARTZ, 1991, p. 2).

5. A regulação do descumprimento dos contratos pela CISG

Na hipótese de descumprimento dos contratos a CISG prevê no Capítulo III, Seção III, a partir do artigo 61, as ações do vendedor em caso de violação do contrato pelo comprador.

Assim, se o comprador não cumprir qualquer das obrigações que lhe incumbirem de acordo com o contrato ou com a própria Convenção, o vendedor poderá (art. 61, CISG) *i)* exigir do comprador o pagamento do preço, o recebimento das mercadorias ou a execução de outras obrigações que a este incumbirem, salvo se houver culpa do vendedor (art. 62, CISG); *ii)* conceder prazo suplementar razoável para cumprimento das obrigações que incumbirem ao comprador (art. 63, CISG); *iii)* declarar rescindido o contrato (art. 64, CISG); *iv)* e exigir a indenização das perdas e danos (art. 61, 1, *b*, da CISG).

As questões afetas ao inadimplemento das disposições contratuais regidas pela CISG são conhecidas mediante conciliação e arbitragem. Assim,

> Em caso de disputas sobre o seu significado e aplicação, as partes, os tribunais nacionais e os tribunais arbitrais devem ter em conta o seu caráter internacional e a necessidade de promover a uniformidade na sua aplicação assim como a observância da boa-fé no comércio internacional.

No Brasil, a Lei n. 9.307, de 23 de setembro de 1996 dispõe sobre a arbitragem e no Capítulo IV trata do procedimento arbitral. Considera instituída a arbitragem quando aceita a nomeação pelo árbitro se for único, ou por todos, se forem vários.

Após os trâmites previstos pela lei, a sentença arbitral será proferida no prazo estipulado pelas partes e, nada sendo convencionado, a apresentação da sentença deverá ocorrer em seis meses contados da instituição da arbitragem ou da substituição do árbitro.

Proferida a sentença arbitral estrangeira, compete ao Superior Tribunal de Justiça a homologação, nos termos do artigo 105, inc. I, alínea *d*, da Constituição Federal. Na homologação, a defesa somente poderá versar sobre a autenticidade dos documentos, inteligência da decisão e observância dos requisitos da Resolução n. 9, de 04 de maio de 2005, que dispõe, em caráter transitório, sobre competência acrescida ao Superior Tribunal de Justiça pela Emenda Constitucional n. 45/2004 (BRASIL, 2005).

As questões afetas à instituição da arbitragem e da homologação da sentença pelo tribunal do Estado-Contratante não foram objeto de análise pela CISG. A Convenção se limitou a tratar do contrato de compra e venda e das garantias em virtude do seu inadimplemento, permanecendo sem garantia de certeza e, portanto, de normas aptas a reduzir os custos transacionais no que se refere ao momento posterior à realização do contrato, compreendido pela fiscalização e sanção.

Assim, a assimetria informacional quanto à instituição da arbitragem e, principalmente, quanto à homologação e execução da sentença estrangeira proferida pelo árbitro permanece. E permanece, também, a incidência dos custos transacionais decorrentes desta falta de previsibilidade e certeza quando aos direitos daquele que teve prejuízos em virtude do inadimplemento do contrato.

As regras instituídas pela CISG resolvem parte do problema, na medida em que garantem certa uniformidade aos momentos anterior e durante a elaboração do contrato internacional. Contudo, no que se refere ao período pós contratual, apesar de prever garantias àquele que sofreu a violação, falha ao deixar de prever o instrumental necessário para garantir, no plano prático, a satisfação do direito violado.

No Brasil a prolação de uma sentença arbitral exige, para que atinja efeitos no plano prático, a homologação pelo Superior Tribunal de Justiça que, muito embora restrinja as matérias que podem ser veiculadas em sede de contestação, é extremamente morosa. Esta previsão pode prolongar consideravelmente a execução da sentença, tendo em vista a notória morosidade do Poder Judiciário brasileiro, principalmente no âmbito dos Tribunais Superiores e a diversidade de recursos previstos pelo Código de Processo Civil.

Verifica-se, deste modo, a necessidade de que se estenda a certeza e a redução dos custos de transação propostos pela CISG ao momento posterior à realização contratual, compreendido pela fiscalização e sanção.

Para tanto, a parte final deste estudo é dedicada a formulação do tipo ideal weberiano como instrumento de orientação e recurso metodológico do método compreensivo para viabilizar a formulação de hipóteses em busca de soluções da problemática apontada.

6. A aplicação do tipo ideal de Max Weber para a formulação de hipóteses

O tipo ideal é apresentado e discutido por Max Weber em seu ensaio sobre a objetividade, como sendo o instrumento de orientação na realidade empírica e meio a elaboração de hipóteses (COHN, 1997, p. 29).

Trata-se do recurso metodológico que orienta o cientista no interior da inesgotável variedade de fenômenos observáveis na vida social e consiste em evidenciar determinados traços da realidade a fim de que sejam concebidos na sua essência, o que não seria verificável em condições naturais (COHN, 1997, p. 8).

O tipo ideal é obtido acentuando-se unilateralmente um ou vários pontos de vista e encadeando uma multidão de fenômenos isolados e difusos que se encontram ora em grande, ora em pequeno número, até o mínimo possível, que ordenam certos pontos de vista para formar um quadro de pensamento homogêneo. O tipo ideal designa o rol de conceitos que o pesquisador constrói unicamente para fins de pesquisa (MORAES; MAESTRO FILHO; DIAS, 2003, p. 63).

Existem, pois, no campo das ideias sobre os fenômenos e não nos próprios fenômenos, representando um quadro de pensamento e não da realidade.

Weber criou a noção de tipo ideal para permitir uma análise sociológica com conceitos rigorosos, de modo que o cientista tenha condições de representar e tornar compreensível pragmaticamente a natureza particular das relações sociais mediante um tipo ideal (TOMAZETTE, 2008, p. 17). Neste momento, o pesquisador atribui a alguns fragmentos da realidade um sentido, destacando aspectos que julga importante baseando-se em seus valores, a fim de que tenha condições de elaborar um instrumento que sirva de orientação na busca pelas conexões causais (MORAES; MAESTRO FILHO; DIAS, 2003, p. 64).

No entendimento de Julien Freund (1987, p. 83), "o tipo ideal é um conceito de grandes recursos, uma vez que alia o vigor da pesquisa ao rigor científico".

No que se refere à investigação, Weber afirma que o conceito do tipo ideal se propõe à formação de um juízo de atribuição. Não se trata de uma hipótese, mas de uma metodologia apropriada para a formação de hipóteses (WEBER, 1997, p. 106). Em outras palavras, interessam, não como fim, mas exclusivamente como meio de conhecimento (WEBER, 1997, p. 108).

Para a obtenção do tipo ideal, exige-se a

> [...] *acentuação* unilateral de *um ou vários* pontos de vista, e mediante o encadeamento de grande quantidade de fenômenos isoladamente dados, difusos e discretos, que se podem dar em maior ou menor número ou mesmo faltar por completo, e que se ordenam segundo os pontos de vista unilateralmente acentuados, a fim de se formar um quadro homogêneo de pensamento (WEBER, 1997, p. 106).

Weber destaca a impossibilidade de encontrar este quadro empiricamente na realidade, pois se trata de uma utopia. Assim, a atividade historiográfica é imbuída da tarefa de determinar, caso a caso, a proximidade ou o afastamento entre aspectos da realidade e do quadro ideal (WEBER, 1997, p. 106). E uma vez destacados esses diferentes pontos de vista e reunidos num quadro ideal não contraditório, tem-se uma tentativa de traçar uma ideia do objeto que se procura investigar.

Assim concebido, esse tipo ideal representa a vocação para o exagero, na medida em que os traços da realidade que interessam ao pesquisador são metodicamente exagerados (WEBER, 1997, p. 106). O tipo ideal depura as propriedades dos fenômenos reais, esmiuçando-os pela análise, para que sejam posteriormente reconstruídos.

Trata-se, segundo o Autor, da "construção de relações que parecem suficientemente motivadas para a nossa *imaginação* e, consequentemente, 'objetivamente possíveis', e que parecem *adequadas* ao nosso saber nomológico". (WEBER, 1997, p. 107).

Neste aspecto, Weber destaca que alguns historiadores rejeitam a formulação do tipo ideal sob o pretexto de que a construção teórica seria algo desnecessário ao fim concreto do conhecimento. Contudo, chama atenção para o fato de que nada pode ser considerado mais perigoso do que a confusão entre a teoria e a história, nascida dos preconceitos naturalistas (WEBER, 1997, p. 110).

É preciso, pois, ter em mente que os tipos ideais representam a acentuação de certos aspectos e não que coincidem com a realidade. E ainda, de que os tipos ideais devem ser objetivamente possíveis, no sentido de que a realidade concreta se aproxima do puro concebido (TOMAZETTE, 2008, p. 19). Nas palavras de Karl Jaspers (2005, p. 113) "é preciso ver os possíveis para captar o real".

Assim, o tipo ideal representa um instrumental metodológico importante para a análise da realidade social e para o estudo das ações sociais, pois com a captação da essência dos traços importantes da realidade o investigador passa a ter condições para a formulação de suas hipóteses.

Assentadas estas premissas, faz-se necessário, por fim, aplicar o recuso do tipo ideal ao presente estudo.

Nos itens precedentes foi apresentado o instrumental da análise econômica do direito, para demonstrar a partir da utilização de recursos da economia, o papel do direito e em especial dos contratos como reguladores de condutas, e sua importância institucional no que se refere à garantia de segurança aos agentes contratantes.

Estabelecido este contexto, foi analisada a realidade da CISG e seus dispositivos, com ênfase no momento pós-contratual, caracterizado pelo inadimplemento. Os traços considerados importantes para a formulação das hipóteses foram, portanto, a forma com que a CISG regula o descumprimento dos contratos e como as controvérsias são resolvidas no Brasil. Vale dizer: o enfoque foi dado ao momento pós-contratual das avenças regidas pela CISG e aos procedimentos existentes no Brasil para fazer valer a sentença arbitral.

Estes fragmentos evidenciados da realidade objeto de análise demonstram que o texto da CISG não provê garantias aptas a reduzir a assimetria informacional e os custos de transação no momento pós-contratual às compras e vendas internacionais de mercadorias e que estas contingências são transferidas às câmaras de arbitragem, constituídas para cada caso concreto, de acordo com as regras dos países contratantes.

Tem-se, pois, dois momentos de incerteza, gerado pela assimetria de informações e da própria imprevisibilidade da forma de resolução dos conflitos pela CISG. O primeiro está relacionado à instituição de arbitragem, em termos de custos e previsão dos termos da sentença arbitral. O segundo, diz respeito ao procedimento existente no país do agente contratante, para que a sentença surta efeitos práticos.

De acordo com o tipo ideal weberiano, estes são os aspectos da realidade que merecem ser isolados e analisados em sua essência. A partir deste isolamento, tem-se o espaço adequado à formulação de hipóteses para a solução dos problemas apresentados, a fim de conferir segurança aos contratantes, reduzindo os custos de transação incidentes *ex post* sobre os contratos de compra e venda internacional de mercadorias.

O objetivo é que a segurança e a previsibilidade estampadas quando da celebração do contrato sejam verificadas, também, na hipótese do inadimplemento, que é justamente quando o agente precisa de garantir executáveis para não sofrer prejuízos.

Ao celebrar um contrato, principalmente em âmbito internacional, em que o outro contratante é de país diverso, via de regra, situado à uma considerável distância e regido por um ordenamento jurídico distinto, em que se verifica a influência de práticas e costumes diferentes, os agentes buscam garantir, ao máximo, que as condições necessárias ao cumprimento da avença sejam satisfeitas.

O contrato é elaborado com um amplo detalhamento da mercadoria objeto da transação e suas especificações, assim como informações a respeito do prazo de entrega, formas de pagamento e garantias a respeito do produto.

Nesta linha, seria interessante que esta previsibilidade que confere, via de consequência, segurança, fosse estendida para o momento pós-contratual, quando ocorressem as hipóteses de inadimplemento. Isto porque, na hipótese de atraso de entrega da mercadoria, ou da entrega em desacordo com o avençado, quais as garantias fornecidas ao comprador? Do mesmo modo, após a entrega da mercadoria, de acordo com as especificações acordadas, se não há o pagamento do estipulado, o que ampara o direito do vendedor?

A CISG, como tratado no item precedente, delega a questão à competência da arbitragem internacional, o que implica em custos frente à morosidade e imprevisibilidade da sentença arbitral e também ao procedimento adotado no âmbito doméstico do país onde têm sede as partes contratantes. Vale dizer: uma vez configurado o inadimplemento, as partes não têm condições de antever os custos da instituição da arbitragem internacional, o posicionamento jurídico a que deverão filiar-se os árbitros e ainda, os custos e a morosidade do procedimento doméstico do Estado-membro, para fazer valer a sentença arbitral.

A título de exemplo, imagine-se um contrato celebrado entre agentes com sede no Brasil e Suíça. Tratam-se de países cujo ordenamento jurídico assenta suas bases no *Civil Law* mas que possuem idiomas e normas processuais diferentes para a implementação das sentenças arbitrais. Na hipótese do Brasil obter êxito na arbitragem internacional, ultrapassando a primeira fase da imprevisão, terá que arcar com os custos necessários para conhecer o sistema jurídico suíço e, por conseguinte, tomar as medidas adequadas a fim de promover o *enforcement* da sentença arbitral. O mesmo na hipótese da Suíça precisar buscar o cumprimento da sentença no âmbito doméstico brasileiro.

Trata-se de um processo complexo, pois composto por uma série de variáveis que não são passíveis de ser conhecidas *ex ante*. Assim, frente à impossibilidade de antever todas as contingências que podem se configurar neste ínterim, é preciso que as partes tenham a garantia de que terão seus direitos protegidos na hipótese do descumprimento pela outra.

Partindo desse modelo, é possível analisar estes fatos reais como desvios do considerado ideal. O ideal, nesta linha, é que se tenha um arranjo institucional apto a desestimular comportamentos desviantes, seja mediante a alteração de dispositivos da própria CISG quanto ao *ex post* contratual, seja mediante a adoção de um procedimento célere preestabelecido e unificado no âmbito interno de todos os Estados-membros da CISG para a atribuição de efeitos da decisão arbitral, ou ainda, mediante a adoção de um novo sistema de resolução de conflitos que, em tese substituiria a arbitragem.

Trata-se de uma forma de garantir, *ex ante*, que na hipótese de descumprimento as partes terão seu direito garantido, e o que se revela mais importante, terão à sua disposição mecanismos de *enforcement* aptos a fazer cumprir o estipulado no plano prático, com custos compatíveis com o objeto da avença e passíveis de previsão quando da celebração do contrato.

Hoje a CISG proporciona uma situação em que se sabe todas as condições de entrada, mas há uma obscuridade quando as soluções existentes para a garantia dos direitos, na hipótese de violação. Os mecanismos existentes para amparar os direitos não permitem uma previsão quando da celebração do contrato, podendo a exigibilidade da avença tornar-se posteriormente inviável. Há, pois, um risco que as partes devem assumir que pode, em muitos casos, inviabilizar o negócio.

O tipo ideal, refere-se a uma construção mental da realidade, onde serão selecionadas as características da realidade delineadas acima, a fim de construir um todo tangível, pautado nos imperativos de certeza e segurança aos agentes. Assim, quando se analisa o momento pós-contratual da CISG, contrasta-se com o modelo ideal, pautado nestes imperativos, para classificá-la como uma Convenção apta a incentivar os indivíduos a negociar no âmbito internacional.

Feita esta comparação, facilmente se percebe o problema e, a partir da exaltação de suas características é possível formular as hipóteses adequadas à solução, mediante a aproximação e afastamento do tipo ideal.

7. Considerações finais

A CISG entrou em vigor no Brasil no mês de outubro de 2014. Completará, em outubro de 2016, dois anos de vigência e até o momento poucos estudos foram desenvolvidos com o objetivo de analisar sua aplicação e refletir a respeito de sua eficiência em atribuir certeza às trocas internacionais e reduzir os custos de transação.

É preciso estudar a Convenção, a fim de que possa ser aplicada pelos Estados signatários, surtindo, na prática, os efeitos almejados. O momento pós-contratual, neste contexto, merece destaque pois a CISG dedicou pouca atenção à regulação do descumprimento.

Ao incumbir à arbitragem internacional a resolução dos conflitos decorrentes do inadimplemento, a CISG deixou de considerar o processo interno de cada Estado, para que as sentenças arbitrais atinjam seus objetivos no plano prático.

No caso do Brasil, por exemplo, a homologação pelo Superior Tribunal de Justiça pode demorar mais de ano, o que compromete, por completo, a eficiência que se busca implementar aos contratos internacionais. O momento pós-contratual permanece sem a devida regulamentação, o que representa um aumento dos custos transacionais e incentiva comportamentos desviantes e oportunistas.

Há, portanto, a necessidade de enfatizar estes fragmentos da realidade pós contratual da CISG, a fim de isolá-los e esmiuçá-los, para que se possa ter condições de formular hipóteses aptas a apresentar soluções possíveis de ser aplicadas no plano prático, garantindo certeza aos agentes contratantes e, via de consequência, estimulando a realização de negócios internacionais, que contribuem em larga medida, para o desenvolvimento econômico e social dos países, gerando empregos, circulação de divisas e estimulando o progresso técnico e científico.

REFERÊNCIAS

BARROS, Guilherme Freire de Melo. **Análise econômica da adesão do Brasil à Convenção das Nações Unidas sobre Contratos de Compra e Venda Internacional de Mercadorias – CISG**. Curitiba, 2014, Dissertação (Mestrado em Direito Econômico e Socioambiental) – Escola de Direito do Programa de Pós-Graduação em Direito da Pontifícia Universidade Católica do Paraná.

BRASIL. Superior Tribunal de Justiça. Resolução nº 9, de 4 de maio de 2005. Disponível em: <http://www.stj.jus.br/webstj/Institucional/Biblioteca/Clipping/2Imprimir2.asp?seq_edicao=844&seq_materia=10529>. Acesso em: 12 ago. 2015.

CASTELAR, Armando. **Judiciário e Economia no Brasil**. Rio de Janeiro: Centro Edlestein de Pesquisas Sociais, 2009.

COHN, Gabriel. Introdução. In: FERNANDES, Florestan. (Coord.); COHN, Gabriel (Org.). **Max Weber**. Sociologia. Tradução: Amélia Cohn e Gabriel Cohn. 6. ed. São Paulo: Ática, 1997.

COOTER, Robert; ULEN Thomas. **Direito & Economia**. Trad. Luis Marcos Sander, Francisco Araújo da Costa. 5. ed. Porto Alegre: Bookman, 2010.

FREUND, Julien. **A sociologia de Max Weber**. Tradução de Luís Cláudio de Castro e Costa. Revisão de Paulo Guimarães do Couto. 4. ed. Rio de Janeiro: Forense Universitária, 1987.

FRIEDMAN, David. D. **Law's Order**: What economics has to do with law and why it matters. Princeton: Princeton University Press, 2000.

GICO JUNIOR, Ivo Teixeira. Introdução à Análise Econômica do Direito. In: RIBEIRO, Marcia Carla Pereira; KLEIN, Vinicius (Coords.). **O que é análise econômica do direito**: uma introdução. Belo Horizonte: Fórum, 2011.

GRAU, Eros Roberto. **Direito Posto e Direito Pressuposto**. 8. ed. São Paulo: Malheiros Editores, 2011.

JASPERS, Karl. Método e visão do mundo em Weber. In: COHN, Gabriel (Org.). **Sociologia**: para ler os clássicos. Rio de Janeiro: Azougue, 2005.

KUCKARTZ, Udo. Ideal types or empirical types: the case of Max Webers empirical research. In: **Bulletin de Methodologie Sociologique**, n. 31, set. 1991. p. 44-53.

MACKAAY, Ejan. **Law and Economics for Civil Law Systems**. Cheltenham: Edward Elgan Publishing Limited, 2013.

MACKAAY, Ejan; ROUSSEAU, Stéphane. **Análise Econômica do Direito**. Trad. Rachel Sztajn. 2. ed. São Paulo: Atlas, 2015.

MORAES, Flávio Renault de; MAESTRO FILHO, Antonio Del; DIAS, Devanir Vieira. O paradigma Weberiano da Ação Social: Um Ensaio sobre a Compreensão do Sentido, a Criação de Tipos Ideais e suas Aplicações na Teoria Organizacional. **RAC.**, v. 7, n. 2, p. 57-71, abr./jun. 2003.

NORTH, Douglass C. **Institutions, Institutional Change and Economic Performance**. New York: Cambridge University Press, 1990.

RIBEIRO, Marcia Carla Pereira; BARROS, G. F. de M. A adesão do Brasil à CISG: uniformização de contratos e facilitação do comércio. PONTES: **Informações e análises sobre comércio e desenvolvimento sustentável**, v. 10, p. 1-15, 2014. Disponível em: <http://www.ictsd.org/bridges-news/pontes/news/a-ades%C3%A3o-do-brasil-%C3%A0-cisg-uniformiza%C3%A7%C3%A3o-de-contratos-e-facilita%C3%A7%C3%A3o-do>. Acesso em: 19 set. 2015.

ROCHA, Lara Bonemer Azevedo. **Eficiência do acesso à justiça como fator de desenvolvimento econômico**. Curitiba, 2014, Dissertação (Mestrado em Direito Econômico e Socioambiental) – Escola de Direito do Programa de Pós-Graduação em Direito da Pontifícia Universidade Católica do Paraná.

TOMAZETTE, Marlon. A contribuição metodológica de Max Weber para a pesquisa em ciências sociais. In: **Revista Universitas Jus**, Brasília, v. 17, jul./dez. 2008.

TORRES, Dennis José Almanza; RIBEIRO, Marcia Carla Pereira. La Convención de Viena sobre Compraventa Internacional de Mercaderías y la función social del contrato en el derecho brasilero. In: **Revista de Derecho Privado**, Bogotá, n. 26, p. 267-293, jan./jul. 2014.

TRUBEK, David. M. Para uma teoria social do direito: um ensaio sobre o estudo de direito e desenvolvimento. In: RODRIGUEZ, José Rodrigo (Org.). **O novo direito e desenvolvimento**: presente, passado e futuro: textos selecionados de David M. Trubek. Tradução Pedro Maia Soares, José Rafael Zullo e José Rodrigo Rodriguez. Revisão José Rodrigo Rodrigues. São Paulo: Saraiva, 2009.

United Nations Comissions on International Trade Law – UNCITRAL. Disponível em: <http://www.uncitral.org/uncitral/en/about_us.html>. Acesso em: 10 ago. 2015.

UNCITRAL Working groups. Disponível em: <http://www.uncitral.org/uncitral/en/about_us.html>. Acesso em: 10 ago. 2015.

WEBER, Max. **Sociologia**. Tradução: Amélia Cohn e Gabriel Cohn. 6. ed. São Paulo: Ática, 1997.

CAPÍTULO V
A REGULAÇÃO ESTATAL PELAS LICITAÇÕES E PELOS CONTRATOS ADMINISTRATIVOS DE ACORDO COM A TEORIA DE PIERRE BOURDIEU

Luciano Elias Reis[21]

1. Introdução

A importância de estudar o método de Pierre Bourdieu, como um modo de compreender o mundo para qualquer ciência, faz com que este estudo examine a intervenção estatal pela regulação usando instrumentos indiretos, quais sejam, as licitações e os contratos administrativos. Considerando que método é "um conjunto de procedimentos sistemáticos e racionais adotados para o desenvolvimento de uma pesquisa, um caminho ordenado para se chegar a um fim, ou seja, alcançar o objetivo definido" e com um caráter essencial para auxiliar a aquisição ou apreensão do conhecimento (TAVARES NETO; MEZZAROBA, 2016, p. 117), o aprofundamento sobre os conceitos bourdieusianos explicará como apreciar a luta pela dominação e a busca pela igualdade, objetivos sempre centrais da sua teoria, na regulação estatal.

O método teórico de classe refinada do filósofo francês permite assimilar a função desempenhada pelo Estado Brasileiro ao entoar uma prática comum em outros países também sobre a regulação econômico-social por meio das licitações e dos contratos administrativos. Em que pese o regular uso de tal prática em outros Estados, os conceitos de *ortodoxia*, *heterodoxia*, *doxa*, *habitus*, campo, capital e poder simbólico permitirão uma perspectiva reflexiva deste comportamento sobre os agentes e grupos envolvidos.

Dessa maneira, a abordagem de assuntos nas ciências sociais, em especial, como é a presente situação não podem se restringir a meras leituras ou interpretações superficiais, da mesma maneira não podem buscar o refinamento da linguagem jurídica para travestir a perpetuação da dominação e do abuso do poder. Nesta linha, a regulação estatal via contratualização merece ser amplamente debatida e refletida, até porque o pensamento de Bourdieu "pretende contribuir para a desnaturalização, desbanalização e desessencialização dessas relações de dominação, desnudadas como arbitrariedades históricas

---

[21] Doutorando e Mestre em Direito Econômico pela Pontifícia Universidade Católica do Paraná. Professor de Direito Administrativo do UNICURITIBA. E-mail: lucianoereis@yahoo.com.br ou luciano@rcl.adv.br

contingentes falsamente travestidas como ordenamentos naturais das coisas para a (in)consciência comum" (PETERS, 2013, p. 57). Por tais razões, clama-se pelo uso da teoria bourdieusiana nas regulações estatais.

2. O método de Pierre Bourdieu[22]

A teoria desenvolvida por Pierre Bourdieu possui um método próprio, dialeticamente informado a partir da superação de outros métodos já elaborados. Segundo José Querino Tavares Neto e Orides Mezzaroba, a teoria de Bourdieu embasa-se em categorias marxistas (como o exame objetivo dos fatos sociais) e no método supra histórico de Marx Weber, sofrendo também influências de Émile Durkheim. De sua teoria também é percebida uma epistemologia geral do mundo social, já que seus conceitos guardam uma extrema envergadura e sutileza, podendo ser comparado a outros grandes clássicos como Weber, Marx e Durkheim (TAVARES NETO; MEZZAROBA, 2016, p. 123). Consoante expõe Hermano Roberto Thiry-Cherques, Bourdieu dedicou-se à filosofia das ciências em razão da sua formação filosófica, da prática etnológica e da sua posterior dedicação à sociologia, sendo que as suas fontes se estendem ao marxismo e ao diálogo intelectual com alguns pensadores contemporâneos como Althusser, Habermas e Foucault (THIRY-CHERQUES, 2006, p. 28) Defende uma ciência social reflexiva que "seja capaz de controlar seus próprios vieses, bem como se de manter independente dos ritos de instituições", sendo que o papel dos cientista é fundamental na sociedade para afastar possíveis pré-noções e senso comum (SCARTEZINI, 2010, 2011, p. 26-27). O zelo pelo conhecimento e como deve ser feito o seu uso são preocupações latentes em seus estudos. Por isso, Tavares Neto e Mezzaroba descrevem que:

> Na teoria bourdieusiana encontra-se uma profunda crítica ao saber enquanto fonte de validade e legitimidade do conhecimento, sobretudo, para que serve e, em que medida se aparelha e se traveste como instrumento de dominação em suas mais variadas dimensões, estratégias, engrenagens, estruturas, seja em uma dimensão macro, como é o caso da economia, seja em uma micro dimensão, como os gestos, a linguagem, dentre outros aspectos (TAVARES NETO; MEZZAROBA, 2016, p. 123).

Várias dificuldades são enfrentadas pelo filósofo para buscar uma construção científicas às ciências sociais, quais sejam: (i) estão assujeitadas à heteronomia, já que a pressão externa sofrida é forte e as condições internas

---

[22] Pierre Bourdieu foi um filósofo francês que se dedicou intensamente aos campos da antropologia e da sociologia, considerado um dos maiores pensadores do século XX e os seus pensamentos foram influenciados pela Escola de Frankfurt. Foi o autor mais citado nos jornais e revistas franceses. Em suas obras, artigos e manifestações sempre teve como mote os efeitos da dominação e a luta pela igualdade.

de autonomias são complicadas de instaurar; (ii) fraca autonomia dos investigadores mais heterônimos e suas verdades; e (iii) a luta científica arbitra-se pela referência real do conteúdo, sendo que no caso social o real é muito exterior e independente do conhecimento. Por isso, Bourdieu defende que:

> é necessário associar uma visão construtivista da ciência a uma visão construtivista do objecto científico: os fatos sociais são socialmente construídos e qualquer agente social, como o cientista, constrói tão bem como mal e pretende impor, com maior ou menor força a sua visão singular da realidade, o seu ponto de vista. [...] A ciência social é, portanto, uma construção social de uma construção social. Existe no próprio objecto, ou seja, na realidade social no seu todo e no microcosmo social no interior do qual se constrói a representação científica desta realidade, o campo científico, uma luta a propósito da (pela) construção do objecto, luta em que a ciência social paraticipa duplamente: envolvida no jogo, a ciência social sofre os seus constrangimentos e produz efeitos decerto limitados (BOURIDEU, 2004, p. 121-123).

Recorrendo à praxiologia, visa fundamentar e ir além das aquisições teóricas do modelo objetivista, para recuperar o papel causal na reprodução do mundo social, dos estoques subjetivos de representações/significados mundanos e de competências ou habilidades práticas que os indivíduos mobilizam na interpretação dos seus universos de atuação e investem na produção de suas condutas. Segundo Michel Pinçon e Monique Pinçon-Charlot "é superar a oposição estéril entre o indivíduo e a sociedade e as formas intelectualizadas desta oposição, o subjetivismo e o estruturalismo (PINÇON; PINÇON-CHARLOT, 1999, p. 12). Compreende que a sociologia deve aproveitar a sua grande herança acadêmica, apoiar-se nas teorias sociais desenvolvidas pelos grandes pensadores das ciências humanas, fazer uso de técnicas estatísticas e etnográficas e utilizar procedimentos metodológicos sérios e vigilantes para se fortalecer como ciência" (SETTON, 2010). Busca uma ciência que trabalhe a serviço da coletividade, razão pela qual as suas pesquisas foram "resultado da junção de um intenso trabalho teórico com extensas pesquisas de campo, forçando-o a muito refletir sobre qual o papel que era destinado a sociologia e como desenvolver, adequadamente, a sua teoria e prática" (KOZICKI; COELHO; ALMEIDA, 2013, p. 66).

Pode-se dizer que é um método que busca superar o objetivismo e o subjetivismo, sendo que as estruturas objetivas representam o fundamento das representações subjetivas e constituem as coações estruturais que pesam nas interações, apesar de também serem determinantes nessas estruturas. Por isso, constata-se uma relação dialética. O estruturalismo proposto por Bourdieu tem uma função crítica e é chamado de estruturalismo construtivista ou estruturalismo genético. Para ele, "a convicção de que as idéias, não só epistemológicas, mas até mesmo as mais abstratas, como as da filosofia, as da ciência e as da criação artística são tributárias da sua condição de produção" (THIRY-CHERQUES, 2006, p. 28). O estruturalismo é calcado em estruturas independentes no mundo social autônomo da vontade e da consciência dos seus agentes e capaz de orientar ou restringir as suas práticas e orientações (LIMA; CAMPOS, 2015, p. 68). Em estudo específico sobre agência e estrutura a partir do conhecimento praxiológico, Péricles Andrade explica que:

> [...] Bourdieu formulou aquilo que se denominaria de "estruturalismo genético", argumentando que o mundo social é constituído por estruturas objetivas, independentes da consciência e vontade dos atores, que em larga medida tendem a orientar as suas práticas e representações. Bourdieu reconhecia a objetivação dos fenômenos sociais, postulada pelo estruturalismo, principalmente devido às suas contribuições quanto ao processo de ruptura com o saber imediato e ao distanciamento das posturas que tendiam a negar a própria validade da ciência para a compreensão da ação humana. No entanto, buscava ressaltar a partir da dimensão construtivista o aspecto social subjacente tanto à gênese dos esquemas de percepção e ação dos atores quanto na constituição dos diversos campos (ANDRADE, 2006, p. 101).

Pela praxiologia, existe um movimento reflexivo dialético circular entre comportamento e estrutura, o qual gera uma tendência de repetição e reprodução de práticas sociais, bem como de relações de poder. Salienta-se que a circularidade imaginada do *habitus* por Bourdieu, gera a compreensão de como o agente pensa e age a partir da estrutura. A ação do agente permite a continuidade e a manutenção da estrutura já solidificada, o que gera uma preservação do poder.

Defende a impossibilidade de um saber definitivo pela ciência, já que o próprio rigor científico demanda o questionamento e a superação, bem como um rigor para a sua elaboração face a sua influência perante a sociedade. Natalia Scartezini é precisa ao dizer que "o objeto analisado não é independente do ato de conhecimento e da ciência que o realiza" e posteriormente relaciona o rigor científico com a práxis, já que para o referido filósofo "o senso comum de hoje é a inovação científica de ontem que caiu no domínio público e que será reformulada pela ciência para novamente cair em domínio público". Portanto, o universo científico está diretamente relacionado com a sociedade, razão pela qual os sociólogos encontram para estudo a ciência social do passado. É muito importante para afastar o senso comum e existir um avanço que se estude a história social dos problemas, dos objetos e dos instrumentos de pensamento. Por isso, a autora ainda enaltece a sociologia reflexiva de Bourdieu como a "constante vigilância em relação ao cientista como ser produtor de conhecimento, em relação ao próprio campo científico e ao objeto de estudo, que deve ser trabalhado em todas as suas nuances até à exaustão" (SCARTEZINI, 2010, 2011, p. 29). Segundo Bourdieu:

> os sociólogos devem converter a reflexividade numa disposição constitutiva dos seus hábitos científicos, ou seja, uma reflexividade reflexa, capaz de agir não ex post, sobre o opus operatum, mas a priori, sobre o modus operandi (disposição que interditará, por exemplo, analisar as aparentes diferenças nos dados estatísticos a propósito de diferentes nações sem questionar as diferenças escondidas entre as categorias de análise ou as condições da recolha dos dados ligadas às diferentes tradições nacionais que podem ser responsáveis por essas diferenças ou pela sua ausência) (BOURIDEU, 2004, p. 124).

A reverberação ou reflexidade que Bourdieu comenta na área científica não se deve restringir à "reflexão sobre si de um eu penso (cogito) pensando um objeto (*cogitatum*) que seria apenas ele próprio", mas sim uma reflexidade generalizada. Segundo o filósofo francês, um de seus objetivos é fornecer meios de conhecimento que se voltem contra o tema de conhecimento, não para qualquer destruição ou para gerar a incredulidade, mas sim para controlar e reforçar. Arremata dizendo que a sociologia "não pode eximir-se a dirigir este olhar sobre si mesma, não com a intenção de destruir a sociologia, mas, pelo contrário, de a servir; de se servir da sociologia da sociologia para fazer uma melhor sociologia" (BOURDIEU, 2001, p. 15).

Como dito anteriormente, o filósofo analisa os efeitos da dominação e luta pela igualdade. A dominação é o processo de reprodução de poder em que o referido autor elabora algumas categorias para o seu estudo: (i) *ortodoxia*, categoria representativa dos dominantes, os detentores do capital simbólico; (ii) *heterodoxia*, categoria representativa dos dominados, com pouco capital; e (iii) *doxa*, como o universo de pressupostos dos agentes e as regras do jogo pela disputa do poder no interior de um campo social (TAVARES NETO; MEZZAROBA, 2016). Outros conceitos utilizados em sua teoria são o habitus e o campo, os quais são usados para explicar a sua teoria prática como instrumento heurístico de orientação à pesquisa de universos sócio-históricos diversificados, visto que existe "uma inter-relação causal entre as matrizes socialmente adquiridas de produção da conduta individual (habitus), de um lado, e as propriedades estruturais dos contextos de socialização, atuação e experiência dos agentes (campos), de outro" (PETER, 2013, p. 52).

O habitus é um sistema de disposições, o modo de perceber, pensar e fazer que leva os agentes a atuarem de uma determinada forma. Bourdieu discorre que os agentes sociais possuem as disposições adquiridas denominadas de *Habitus*, "maneiras de ser permanentes, duráveis que podem, em particular, levá-los a resistir, a opor-se às forças do campo" (BOURDIEU, 2004, p. 28). É integrado pelo *ethos* (valores em estado prático que norteiam a vida diária como não consciente) e pelo *héxis* (princípios interiorizados pelo corpo, como posturas e expressões corporais). Ele "gera uma lógica, uma racionalidade prática, irredutível à razão teórica. É adquirido mediante a interação social e, ao mesmo tempo, é o classificador e o organizador desta interação. É condicionante e é condicionador das nossas ações" (THIRY--CHERQUES, 2006, p. 33). Tem o papel de organizar e gerar as práticas que podem tomar-se híbridas. Pode desencadear práticas individuais e coletivas. Segundo Péricles, o mundo prático constitui-se pelas suas relações com o *habitus* "agindo como um sistema cognitivo e estruturas motivadoras, um mundo com fins já realizados e com objetos dotados com um caráter tecnologicamente permanente" (PERICLES, p. 104).

As condutas dos agentes guardam uma tendência de adaptação estratégica às condições objetivas de suas ações, já que não são conscientes, racionais e deliberadas a partir de regras bem delimitadas ou de uma determinação mecânica e automática por questões coletivas inconscientes. Existem lutas em torno das estruturas objetivas, até porque os agentes sociais não são partículas passivas inertes e conduzidas pelo campo, isto porque eles possuem um *habitus*. Entretanto, "qualquer que seja o campo, ele é objeto de luta tanto em sua representação quanto em sua realidade", sendo que o campo "é um jogo no qual as regras do jogo estão elas próprias postas em jogo" (BOURDIEU, 2004, p. 29).

Campo é o "universo no qual estão inseridos os agentes e as instituições que produzem, reproduzem ou difundem a arte, a literatura ou a ciência" O dito universo é um mundo social que obedece a leis sociais mais ou menos específicas. A finalidade do campo serve para denominar o microcosmo que goza de suas próprias leis, sendo que uma das dificuldades dos campos (ou dos subcampos) científicos é precisar o seu grau de autonomia. Além disso, a função negativa é bastante evidente do campo, pois para entender uma produção cultural (literatura, ciência etc.) não é necessário somente referir-se ao conteúdo textual da produção, nem ao contexto social e intentando gerar uma relação direta entre o texto e o contexto. Caso assim se compreenda estar-se-á diante de um "erro de curto-circuito" que "consiste em relação uma obra musical ou um poema simbolista com as greves de Fourmies ou as manifestações de Anzim, como fazem certos historiadores da arte ou da literatura" (BOURDIEU, 2004, p. 20-21).

Os campos, assim, "resultam de processos de diferenciação social, da forma de ser e do conhecimento do mundo. Como tal, cada campo cria o seu próprio objeto (artístico, educacional, político etc.) e o seu princípio de compreensão". São espaços com estruturas de posições num determinado período de tempo em que todos os agentes se caracterizam por estarem dotados de um mesmo *habitus*. O campo estrutura o *habitus* e este constitui o campo; o *habitus* é a internalização da estrutura social, por sua vez o campo é a externalização ou objetivação do *habitus* (THIRY-CHERQUES, p. 36). Ademais, o campo consubstancia a circulação de um capital simbólico reconhecido pelos concorrentes de modo que a acumulação de capital pode levar um agente a conquistar a autonomia dentro do campo. O polo dominante é dotado das práticas de uma ortodoxia que pretende conservar incólume o capital social acumulado, já o polo dominado espera que as práticas heterodoxas desacreditem os detentores reais de um capital legítimo. Com isso, pode-se "instituir um processo de legitimação dos bens simbólicos, assim como estabelecer um sistema de filtragem que determine aqueles que devem ou não ascender na hierarquia cultural" (PERICLES, p. 112).

Considerando que nos campos existe uma tensão entre os agentes posicionados a partir de uma posição desigual de recursos materiais e simbólicos, geradores de relações de poder, haverá a relação de dominação por aqueles que possuem o capital.

O poder simbólico dos dominantes é o poder invisível que somente "pode ser exercido com a cumplicidade daqueles que não querem saber que lhe estão sujeitos ou mesmo que o exercem". É um poder de construção da realidade que almeja estipular uma ordem *gnoseológica* (o sentido imediato do mundo, o que para Durkheim é o conformismo lógico). Por sua vez, os sistemas simbólicos como instrumentos estruturados e estruturantes de comunicação e de conhecimento cumprem a sua função política de ferramentas de imposição ou de legitimação de dominação de uma classe sobre outra. As lutas nos conflitos simbólicos da vida quotidiana acontecem na sociedade, por isso o autor enfatiza que "o campo de produção simbólica é um microcosmos da luta simbólica entre as classes". Os sistemas ideológicos para a luta pelo monopólio da produção ideológica legítima reproduzem a estrutura do campo das classes sociais, tanto que Bourdieu assevera "a função propriamente ideológica do campo de produção ideológica realiza-se de maneira quase automática na base da homologia de estrutura entre o campo de produção ideológica e o campo da luta das classes". Em síntese, o poder simbólico pode até mudar o mundo e ditar as regras, desde que seja reconhecido para tanto. Por isso, a relevância de compreendê-lo não nos sistemas simbólicos em si, e sim na própria estrutura do campo que se produz e se reproduz a crença por intermédio das palavras (BOURDIEU, 1989, p. 7-15).

Por meio dos conceitos de campo e as suas determinações, *habitus* e seus componentes, poder e capital simbólico, Bourdieu marcou-se como um dos pensadores mais importantes e influentes para a concepção, sempre com enfoque no estudo da teoria da dominação e na luta pela igualdade.

3. O estado regulador pelas licitações e pelos contratos administrativos sob o prisma de Pierre Bourdieu

Desde a última década, a atuação estatal brasileira perpassa pela imperiosidade de revisitar a regulação, inclusive utilizando a contratualização administrativa como instrumento para essa[23]. Não se pode mais estudar a teoria regulatória discorrendo tão somente conceitos clássicos de Direito Administrativo, principalmente o serviço público e o poder de polícia, já que a redução da atividade estatal como agente econômico ensejou a imperiosidade de se construir uma "teoria da regulação estatal em face da ordem econômica" (MARQUES NETO, 2014, p. 3).

Jacques Chevallier defende que a regulação acarreta uma nova concepção do papel do Estado na economia, advogando favoravelmente ao seu papel de árbitro no processo econômico, até porque, segundo o autor, "falar da função regulatória do Estado pressupõe que o sistema econômico não possa atingir por si próprio o equilíbrio, que ela tenha necessidade da mediação do Estado para o alcançar" (CHEVALLIER, 2009, p. 72). Neste prumo, o uso das licitações e dos contratos administrativos precisam ser repensados sobre a sua atual pragmaticidade (sob o viés da necessidade x utilidade), levando em conta o impacto socioeconômico de tais avenças diante do mercado e da sociedade, razão pela qual devem ser aproveitados como instrumentos para a implantação, adaptação mercadológica e persuasão de políticas regulatórias estatais. Contextualizando perante o pensamento de Bourdieu, vislumbra-se que o habitus presente nas compras públicas merece um revisitar atualmente para que os agentes possam mudar a posição, de maneira consciente e inconsciente, bem como em seu *ethos* e pelo *héxis*, para melhorar os resultados para toda a sociedade.

Segundo Jacques Chevallier, o procedimento contratual nas sociedades contemporâneas deflui um grande crescimento a ponto de aparecer como emblemático na pós-modernidade. De acordo com o autor, o fortalecimento do contrato é acompanhando *pari passu* da quebra, de um lado, de uma concepção

---

23 Outros países também estão no mesmo caminho para uma reanálise da regulação estatal, conforme se desprende de obras da Espanha (PUIGPELAT, Oriol Mir. **Globalización, Estado y Derecho**. Las transformaciones del Derecho Administrativo. Madrid: Civitas Ediciones, 2004, p. 95-116), Portugal (MONCADA, Luís S. Cabral de. 6. ed. **Direito Económico**. Lisboa: Coimbra Editora, 2012, p. 425-438; GONÇALVES, Pedro Costa. **Reflexões sobre o Estado Regulador e o Estado Contratante**. Coimbra: Coimbra Editora, 2013), França (CHEVALLIER, Jacques. **O Estado Pós-Moderno**. Trad. Marçal Justen Filho. Belo Horizonte: Fórum, 2009, p. 59-80) e México (VILLANUEVA, Luis F. Aguiar. **Gobernanza y gestión pública**. México: FCE, 2006, p. 137-236).

tradicionalista e autoritária diante das fronteiras entre contrato e ato unilateral; de outro, pelo aparecimento de procedimentos mais flexíveis e informais de cooperação e de regulação sob variadas denominações, razão pela qual a contratualização não ficará adstrita ao domínio econômico, mas também a outras áreas de suma importância para a intervenção estatal como ação social, meio ambiente, cultura etc. (CHEVALLIER, 2009, p. 161-162). Neste sentido, Gustavo Justino de Oliveira também sinaliza que a nova contratualização administrativa é desenvolvida em bases negociais mais amplas se comparadas aos modelos contratuais tradicionais, direcionando-se "(i) para uma maior paridade entre Administração e particular e (ii) uma reforçada interdependência entre as prestações a cargo de ambas as partes" (OLIVEIRA, 2005, p. 567-606). Consequentemente, é inegável dizer que o maior diálogo e a abertura para consenso evitam condutas arbitrárias ou inapropriadas, as quais por vezes tornam inviáveis ou sacrificantes uma parceria ou contrato administrativo.

Sobre esta mudança de parâmetro e a maior consensualização da Administração Pública em seus contratos, Odete Medauar explica que a sua expansão gerou locuções como governo por contratos, direito administrativo pactualista, direito administrativo cooperativo, administração por acordos, contratualização das políticas públicas (MEDAUAR, 2003, p. 212-213). Na mesma ótica, Pedro Gonçalves propugna a importância da contratualização em sentido lato (GONÇALVES, 2008, p. 330-331). Seguindo o raciocínio de Bourdieu, no campo social das contratações públicas, que tem como objeto o capital econômico, social e político, os agentes deverão comportar-se de maneira mais dialógica, com flexibilidade de senso e consenso quanto às posturas de cada parte (Estado, mercado e sociedade) para encontrar a busca de um bem comum. Não é possível que a *doxa*, as regras do jogo, seja utilizada para perdurar o poder da *ortodoxia* sobre os interesses da heterodoxia, representada pelos dominados que seriam a parte mais fraca nesta relação. A dúvida imediata é quem representaria a heterodoxia neste campo, mas será respondida no decorrer deste ensaio.

Além do argumento do consenso para o uso da licitação para a regulação, deve-se também recorrer ao fundamento econômico, qual seja, em países em desenvolvimento as compras governamentais representam um movimento de 15 a 25% do Produto Interno Bruto. Especificamente no Brasil, o Governo movimenta, com a aquisição de compras e contratações de serviços, cerca de 15% do seu Produto Interno Bruto – PIB (BRASIL, 2015).

Diante destas breves colocações, não se pode dissociar a regulação estatal via licitação e contrato administrativo da intervenção do Estado no campo da atividade econômica em sentido estrito. Para tanto, aproveita-se a classificação de Eros Roberto Grau que diferencia esta em três modalidades: (i) intervenção por absorção ou participação[24] quando o Estado intervém diretamente no domínio econômico, mais precisamente na atividade econômica em sentido estrito como agente (sujeito) econômico; (ii) intervenção por direção[25], "o Estado exerce pressão sobre a economia, estabelecendo mecanismos e normas de comportamento compulsório para os sujeitos da atividade econômica em sentido estrito"; e (iii) intervenção por indução[26], "o Estado manipula os instrumentos de intervenção em consonância e na conformidade das leis que regem o funcionamento dos mercados" (GRAU, 2012, p. 143).

A contratação administrativa é considerada um importante objeto de regulação, pois envolve dois aspectos, segundo Pedro Costa Gonçalves: (i) a regulação normativa ou regulamentação dos procedimentos de contratação; e (ii) a regulação jurídica dos operadores econômicos que participam dos certames e integram o mercado dos licitantes (GONÇALVES, 2013, p. 23).

Quanto à constitucionalidade da regulação estatal pela contratualização administrativa a partir da Constituição da República Federativa de 1988, alvitra-se do comando normativo do artigo 174 da Lei Maior ao prescrever que o Estado, como agente normativo e regulador da atividade econômica, exerce, na forma da lei, as funções de fiscalização, incentivo e planejamento, sendo que este será determinante para o setor público e indicativo para o setor privado. Logo, o Estado deverá (e não poderá) atuar na fiscalização, planejamento e incentivo[27].

No tocante à regulação estatal a partir da licitação e do contrato administrativo, tal situação pode ser visualizada a partir de algumas normas editadas nos últimos quinze anos, as quais têm promovido ou induzido a intervenção estatal. Luciano Ferraz enfoca inclusive que as medidas de regulação não precisam ser necessariamente via legislativa, mas também há a plena factibilidade de ocorrer a regulação por meio de medidas administrativas, sendo que o seu uso "atenderá basicamente a duas finalidades: a) garantia de competição no mercado, estímulo, portanto à concorrência legal; b) garantia de qualidade nas contratações da administração pública" (FERRAZ, 2014, p. 13).

Das aludidas normas jurídicas, chama-se atenção para a Lei nº 12.349/2010 que trouxe algumas inovações na Lei Brasileira de Licitações e Contratos Administrativos (Lei nº 8.666/1993), dentre elas, a prescrição normativa da finalidade da "promoção do desenvolvimento nacional sustentável" (artigo 3º, *caput*), critério de desempate das propostas para

---

24 Intervenção na economia.
25 Intervenção sobre a economia.
26 Intervenção sobre a economia.
27 "Mais do que simples instrumento de governo, a nossa Constituição enuncia diretrizes, programas e fins a serem realizados pelo Estado e pela sociedade. Postula um plano de ação global normativo para o Estado e para a sociedade, informado pelos preceitos veiculados pelos seus arts. 1º, 3º e 170" (Supremo Tribunal Federal, **ADI 1.950**, Rel. Min. Eros Grau, julgamento em 3-11-2005, Plenário, *DJ* de 2-6-2006).

empresas que invistam em pesquisa e no desenvolvimento da tecnologia no país (artigo 3º, § 2º, IV) e a possibilidade de estabelecer uma margem de preferência para produtos manufaturados e para serviços nacionais que atendam a normas técnicas brasileiras (artigo 3º, § 5º). A referida margem de preferência poderá ser de até 25% (vinte e cinco por cento) e leva em consideração os seguintes fatores: geração de emprego e renda; efeito na arrecadação de tributos federais, estaduais e municipais; desenvolvimento e inovação tecnológica realizados no País; custo adicional dos produtos e serviços; e em suas revisões, análise retrospectiva de resultados. Tal margem poderá ser estendida aos bens e serviços originários dos Estados Partes do Mercado Comum do Sul- MERCOSUL.

Ademais, foi inserido que, para os produtos manufaturados e serviços nacionais resultantes de desenvolvimento e inovação tecnológica realizados no País, poderá ser estabelecido margem de preferência *adicional* àquela para produtos manufaturados e para serviços nacionais que atendam a normas técnicas brasileiras (artigo 3º, § 7º)[28].

Existe também, dentre outras, a Lei nº 10.973/2004 que dispõe sobre incentivos à inovação e à pesquisa científica e tecnológica no ambiente produtivo brasileiro; a Lei nº 8.248/1991, com as alterações principalmente da Lei nº 10.176/2001, que disciplina sobre o processo produtivo básico no setor de informática e automação; a Lei nº 11.196/2005 que prevê um regime especial tributário para a plataforma de exportação de serviços de tecnologia da informação; e a Lei nº 12.715/2012 que versa sobre a desoneração da folha de pagamento de vários setores.

Recentemente, em janeiro de 2016, foi sancionada a Lei nº 13.243 que trouxe significativas mudanças, tanto que recebeu a alcunha de Marco Legal da Ciência, Tecnologia e Inovação. Dentre as prescrições normativas, houve profundas modificações e inserções, principalmente, nas Leis nº 10.973/2004, 8.666/93, 12.462/11 e 8.958/94. O legislador deixou de maneira cristalina "o poder de compra do Estado" ao elevá-lo como princípio (inciso XIII do parágrafo único do artigo 1º da Lei nº 10.973/2004)[29], replicando posteriormente no inciso VIII do § 2º do artigo 19 como instrumento de estímulo à inovação nas empresas, quando aplicáveis, e no inciso IX do § 6º do artigo 19 ao estatuir que as iniciativas da União, Estados, Distrito Federal, Municípios, ICTs e suas agências de fomento poderão ser estendidas às ações visando à indução de inovação por meio de compras públicas.

---

28   Vários decretos federais regulamentaram a margem de preferência e atualmente estão permitindo um favorecimento legal aos produtos manufaturados e serviços nacionais resultantes de desenvolvimento e inovação tecnológica executada no Brasil como, por exemplo, os Decretos Federais n. 7.756/2012, 8.224/2014, 8.223/2014, 8.194/2014, 8.186/2014, 8.185/2014, dentre outros, que foram prorrogados até dezembro de 2016 por intermédio do Decreto Federal n. 8.626/2015.
29   XIII – a utilização do poder de compra do Estado para fomento à inovação.

Pertinente às compras governamentais "verdes" (licitações visando à proteção ambiental pelo consumo sustentável), no âmbito brasileiro, sem desconhecer a existência de outros atos normativos importantes para o dever de licitações e contratos administrativos sustentáveis (v. g. Lei nº 6.938/1981, Lei nº 12.187/2009 e Lei nº 12.305/2010), a inserção na Lei nº 8.666/93 por meio da Lei nº 12.349/2010 da expressão "promoção do desenvolvimento nacional sustentável", como finalidade da licitação pública no Brasil, foi extremamente significativa[30], bem como a regulamentação no âmbito federal pela Instrução Normativa SLTI/MPOG nº 01, de 19 de janeiro de 2010, e em **2012 pelo Decreto nº 7.746, de 05 de junho de 2012 que** estabeleceu critérios, práticas e diretrizes gerais para a promoção do desenvolvimento nacional sustentável por meio das contratações realizadas pela administração pública federal direta, autárquica e fundacional e pelas empresas estatais dependentes, e para instituir a Comissão Interministerial de Sustentabilidade na Administração Pública – CISAP.

Percebe-se, dessa maneira, que as licitações e os contratos administrativos ultrapassam as fronteiras de uma mera satisfação imediata dos anseios dos órgãos e entidades da Administração Pública Brasileira, trespassando também a ideia de interesse puramente financeiro para os parceiros e colaboradores do Poder Público a fim de acarretar um direcionamento para a melhor atuação econômica deles. Como se verifica, a regulação estatal via licitações e contratos administrativos já tem acontecido por intermédio de diversos e esparsos textos normativos, mormente no aspecto de fomento (indução) e direção de determinadas atividades que sejam de manifesto interesse público. É um caminho incontroverso e que precisa ser muito bem planejado, estruturado normativamente e executado, sob pena de sua completa ineficácia.

Segundo Floriano de Azevedo Marques Neto, a interferência regulatória estatal é imprescindível quando a capacidade dos atores econômicos coloca em risco um valor de natureza coletiva (o meio ambiente, o uso de um bem escasso, um serviço de relevância social) ou for insatisfatória e insuficiente para alcançar um desidério de interesse geral da coletividade (a universalização de um serviço, a acessibilidade de uma comodidade, o

---

[30] Convém observar que existiam diversos decretos e regulamentações estaduais que já disciplinavam ou inseriam algumas ferramentas para colimar a sustentabilidade das contratações públicas no Brasil. Por exemplo, Lei do Estado de São Paulo n. 11.878, de 19 de janeiro de 2005, Decreto Estadual do Paraná n. 6.2.52/2006, etc. Sobre a função social da licitação pública e o desenvolvimento sustentável, vide: FERREIRA, Daniel. Função Social da licitação pública: o desenvolvimento nacional sustentável (no e do Brasil, antes e depois da MP 495/2010). In: **Fórum de contratação e gestão pública – FCGP**. Belo Horizonte: Fórum, 2010, ano 9, n. 107 nov. p. 49-64 e FERREIRA, Daniel. **A licitação pública no Brasil e sua nova finalidade legal**: a promoção do desenvolvimento nacional sustentável. Belo Horizonte: Fórum, 2012; BARKI, Teresa Villac Pinheiro; SANTOS, Murillo Giordan (org.) **Licitações e contratações públicas sustentáveis**. Belo Horizonte: Fórum, 2011; FREITAS, Juarez. Licitações sustentáveis: conceitos e desafios. In: BACELLAR, Romeu Felipe; HACHEM, Daniel Wunder (Coord.). **Direito público no MERCOSUL:** Intervenção estatal, direitos fundamentais e sustentabilidade. Belo Horizonte: Fórum, 2013. p. 373-385.

incremento da competição, a satisfação dos usuários de um bem essencial etc.) (MARQUES NETO, 2014, p. 13). Até porque, Chevallier pontua que a atuação estatal na economia não se reduz a uma simples função regulatória, mas sim numa intervenção ativa no jogo econômico, levando em conta o contexto de interdependência ligado ao processo de globalização (CHEVALLIER, 2009, p. 73). Na mesma linha de encarar a contratação pública como um instrumento com reflexos na macroeconomia, Marçal Justen Filho assevera que as contratações representam meio para "fomentar e assegurar o emprego da mão de obra brasileira e o progresso da indústria nacional, mas preservando o equilíbrio do meio ambiente" (JUSTEN FILHO, 2014, p. 76).

Salienta-se que o desenvolvimento do Estado e a diminuição das desigualdades regionais e sociais é pauta da esfera pública e da esfera privada. Lembra-se que o desenvolvimento não se mede por mero crescimento econômico (PEREIRA, 1977, p. 21). Ademais, o caráter desenvolvimentista é uma premissa de toda atuação estatal e deve ser encarada como um desidério intransponível para o Estado e os cidadãos, até porque a Constituição o prescreve em diversas passagens, inclusive como objetivo fundamental da República – artigo 3º, II.[31] No mesmo rol de objetivos fundamentais, a Lei Maior também prevê a diminuição das desigualdades sociais e regionais – artigo 3º, III.[32]

Marcia Carla Pereira Ribeiro e Marcelle Franco Espíndola Barros exteriorizam de maneira peremptória que a promoção do bem-estar social exige o desenvolvimento econômico e um dos pilares desse desenvolvimento é a tecnologia (RIBEIRO; BARROS, 2014). Joseph Schumpeter explica que o desenvolvimento econômico não é um fenômeno a ser compreendido economicamente, pois a economia "em si mesma sem desenvolvimento, é arrastada pelas mudanças do mundo à sua volta, e que as causas e portanto a explicação do desenvolvimento devem ser procuradas fora do grupo de fatos que são descritos pela teoria econômica" (SCHUMPETER, 1982, p. 47). Amartya Sen, na mesma diretriz, entoa que o grande desafio é fazer o bom uso dos benefícios econômicos e do progresso tecnológico atendendo aos interesses dos destituídos e desfavorecidos (SEN, 2010, p. 15-16). E, nem poderia ser diferente diante da Constituição da República Federativa de 1988, pois qualquer medida ou "eleição de um caminho que atente diretamente contra o objetivo de realizar a justiça social ou que agrida qualquer dos incisos do artigo 170" é flagrantemente inconstitucional (MELLO, 2009, p. 46-47).

Recorda-se de Gelles Lipovetsky ao dizer que a incompetência dos homens públicos (gestores) e a necessidade de resolver ou minorar os problemas

---

31 "Art. 3º Constituem objetivos fundamentais da República Federativa do Brasil: I – construir uma sociedade livre, justa e solidária; II – garantir o desenvolvimento nacional;"
32 "Art. 3º Constituem objetivos fundamentais da República Federativa do Brasil: [...] III – erradicar a pobreza e a marginalização e reduzir as desigualdades sociais e regionais;"

sociais geram a cooperação, a prática da solidariedade pela sociedade civil, a qual assume um papel importante que é de sua responsabilidade, já que o Estado sozinho não consegue suprir todas as necessidades do povo (LIPOVETSKY, 2005, p. 119-120). A relação direta entre a sociedade e o Estado inclusive é indispensável para o alcance de uma democracia democrática, segundo Robert Dahl ao dizer que cinco critérios deverão ser respeitados: participação efetiva; entendimento esclarecido; controle do programa de planejamento; igualdade de voto e inclusão dos adultos (DAHL, 2001. p. 46-50). Infere-se, assim, a interdependência social entre o Estado e a sociedade.

Perquirindo o panorama normativo brasileiro e o papel do Estado regulador pelas licitações e contratos sob o prisma do pensamento de Pierro Bourdieu, são necessários alguns comentários.

Como já dito, os habitus são formas de disposições a determinado comportamento de grupo ou classes. Tanto o Estado quanto os fornecedores possuem uma certa interiorização de estruturas objetivas das suas condições que sejam geradores de estratégias e posições. Ao perceberem a regulação normativa estatal nas licitações e nos contratos existe a mudança de postura dos agentes do mercado. Vide a questão do critério de sustentabilidade ambiental, o critério de sustentabilidade tecnológico ou o critério de favorecimento às microempresas e empresas de pequeno porte. Em qualquer destas situações, há a geração de uma racionalidade prática pelos agentes para que mudem as suas ações, a fim de obter privilégios ou favorecimentos. Quando uma empresa se qualifica como microempresa ou empresa de pequeno porte e percebe que obtém vantagens durante um certame, para ela será normal perdurar sob esta condição. Lembrando que para Bourdieu, a posição social ou o poder que a pessoa tem na sociedade não depende apenas do volume que acumula ou de uma situação de prestígio desfrutado por escolaridade ou por outro motivo, mas sim pela articulação de sentidos que esses aspectos podem assumir em cada momento histórico (SETTON, 2010).

O *habitus* não pode ser dissociado do campo. Este é o "espaço estruturado de posições onde dominantes e dominados lutam pela manutenção e pela obtenção de determinados postos" (ARAÚJO; ALVEZ; CRUZ, 2009, p. 35). Reitera-se que os campos dão o sentido do jogo, "são os lugares de relações de forças que implicam tendências imanentes e probabilidades objetivas. Um campo não se orienta totalmente ao acaso" (BOURDIEU, 2004, p. 27). Como o campo é resultado do processo de diferenciação social, da forma de ser e do conhecimento, logo ele dá guarida para as relações de força, poder e dominação entre as instituições e os agentes. No caso em tela, o objeto do campo é econômico, social e político, porque o Estado influencia diretamente o capital econômico, social e político.

No âmbito social, inexiste qualquer dúvida de que a atuação normativa reguladora enseja uma modificação de postura dos fornecedores do poder público para que se aliem ao que fora prescrito normativamente, a fim de obter vantagem frente os demais a partir da presença de um poder simbólico. Recorrendo à concepção de Bourdieu, por exemplo, nos casos de licitações exclusivas para microempresas e empresas de pequeno porte nos termos do artigo 48, I, da Lei Complementar nº 123/2006, as grandes empresas poderão sentir uma violência simbólica pelo Estado para que modifiquem a sua conduta e constituam um grupo empresarial com sociedades qualificadas como microempresa ou empresa de pequeno porte, evitando a continuidade de suas exclusões.

No que se refere ao capital econômico, as compras governamentais no Brasil representam 15% do Pruduto Interno Bruto e significam um grande atrativo para os fornecedores. Neste ideário, o capital econômico transluz uma superioridade daqueles contratados habituais nas compras públicas para que cresçam cada dia mais e impeçam os pequenos e novatos interessados de lograrem sucesso nas licitações e celebrarem contratos administrativos. Ademais, é imperioso ressaltar que o capital econômico pode ser favorecido pelo comportamento do Estado ao fixar os decretos regulamentares de fixação de tratamento preferencial aos produtos manufaturados nacionais e para os serviços nacionais, com esteio no artigo 3º, § 5º, da Lei nº 8.666/93.

Quanto ao capital político, a intervenção por indução a critérios ambientalmente adequados poderá desencadear uma disputa singular entre os próprios entes (União, Estados, Distrito Federal e Municípios) ao legislarem sobre os critérios ambientais de suas compras públicas em razão da competência legislativa concorrente sobre o meio ambiente. Com isso, a subversão de interesses em jogo no critério político, poderá resultar numa regulação normativa para a permanência da dominação. As situações ora retratadas demonstram as estratégias de reprodução social, as quais são um sistema de práticas conscientes ou inconscientes pelas quais "os agentes procuram conservar ou aumentar o seu patrimônio, tendo por objetivo manter ou melhor a sua posição no espaço social", entretanto tudo isso depende "do volume global de capital familiar (capital econômico, cultural e social) da estrutura desse patrimônio (importância ou peso relativo de cada um dos seus componentes) e do estado do sistema dos instrumentos de reprodução (MENDES; SEIXAS, 2003, p. 105).

Atrelar o *habitus* e o campo neste ensaio é demonstrar que o habitus é a internalização da estrutura social atual, já o campo a externalização ou objetivação do habitus na função estatal de regulação a partir das licitações e contratos.

Apesar de aludir anteriormente aos fornecedores, é crível que o Estado no seu papel de regulação esteja numa atribuição de dominação para com os agentes da área das compras governamentais e para com os demais grupos sociais. Inclusive, utilizando o conceito de Bourdieu para explicar o papel dominador do Estado, Joel S. Midgal explana:

> Al describir al Estado como un campo de poder quiero subrayar ló que Bourdieu llama el 'espacio multidimensional de posiciones', usando la palabra 'poder' a fin de denotar las luchas para definir quién domina. En resumen, el Estado es una entidad contradictoria que actúa contra sí misma. Entender la dominación, entonces, requiere dos niveles de análisis, uno que reconoce la dimensión corporativa y unificada del Estado – su totalidad – expresada en su imagen, y uno que desmantela esta totalidad para examinar las prácticas y alianzas reforzadoras y contradictorias de sus distintas partes. El modelo 'el Estado en la sociedad' se centra en esta cualidad paradójica del Estado: requiere que los estudiosos de la dominación y el cambio vean al Estado en términos duales (MIDGAL, 2011, p. 44).

Assim, o Estado na figura da ortodoxia estabelece uma relação de dominação plena quando da imposição regulatória sobre o mercado em geral, fornecedores do poder público, que estarão na condição de heterodoxia. Isto é permitido ao ficar em suas mãos a fixação das regras do jogo (doxa) para a regulação econômico-social pelas licitações e contratos administrativos. A acumulação de poder e capital pelo Estado sem a participação ou permeabilidade informacional ao mercado e à sociedade fará com que se majore a desigualdade, bem como a fraqueza dos dominados ao não terem qualquer segurança jurídica e a sensação de subalternidade.

Ressalta-se que a dominação simbólica ou a violência simbólica bourdieusiana não demanda ou pressupõe a violência física ou a força, mas sim a incorporação dos princípios da dominação inclusive pelos dominados (CHARTIER; LOPES, p. 168). É definida como uma violência que se perpetua pela emancipação e alienação dos bens da classe trabalhadora e também como aquela violência suave e não perceptível pelas próprias vítimas exercida pelas vias da comunicação, do conhecimento, do desconhecimento, do reconhecimento ou do sentimento (TAVARES NETO, MEZZAROBA, 2016, p. 124).

Neste raciocínio, a teoria de Pierre Bourdieu é essencial para compreender o Estado Regulador a partir das compras públicas, inclusive para reflexionar o embate existente. Segundo Mário Luiz Neves de Azevedo, "a distribuição de capitais, *habitus*, campo social e ocupação do espaço social é debater sobre a luta dos atores sociais, que pode, caso exista um trabalho de ação política, tornar-se prática e teoricamente luta de classes" e que por esta razão o método ora investigado permite apresentar estudos e ponderações sobre como "deve existir um trabalho político de construção da ação coletiva com o sentido de luta de classes" (AZEVEDO, 2003).

A relação entre o mundo da ciência e do mundo econômico é inconteste, ainda mais quando versa sobre os fenômenos de concentração do capital e do poder para fixar relações de dominação prejudicando os meios de produção e de reprodução:

> o mundo da ciência, como o mundo econômico, conhece relações de força, fenômenos de concentração do capital e do poder ou mesmo de monopólio, relações sociais de dominação que implicam uma apropriação dos meios de produção e de reprodução, conhece também lutas que, em parte, têm por móvel o controle dos meios de produção e reprodução específicos, próprios do subuniverso considerado. Se assim, entre outras razões, é porque a economia antieconômica – voltarei a esse ponto – da ordem propriamente científica permanece enraizada na economia e porque mediante ela se tem acesso ao poder econômico (ou político) e às estratégias propriamente políticas que visam conquistá-lo ou conservá-lo. A atividade científica implica um custo econômico, e o grau de autonomia de uma ciência depende, por sua vez, do grau de necessidade de recursos econômicos que ela exige para se concretizar (os matemáticos, sob esse aspecto, estão muito mais bem colocados do que os físicos e os biólogos). Mas depende sobretudo, também do grau em que o campo científico está protegido contra as intrusões (mediante, principalmente, o direito de entrada mais ou menos elevado que ele impõe aos recém-chegados e que depende do capital científico coletivamente acumulado) e do grau em que é capaz de impor suas sanções positivas ou negativas (BOURDIEU, 2004, p. 34-35).

Desse modo, não é possível de se pensar numa pauta pública de regulação estatal a partir de licitações e contratos meramente capitalista, que não se preocupe com os direitos fundamentais, direitos sociais, direitos econômicos etc. Ou seja, o discurso em prol da regulação não pode justificar uma exploração da sociedade e do erário pelo capitalismo, inclusive via meios de produção. Deve-se obtemperar a necessidade das medidas a serem adotadas, inclusive das políticas públicas de acordo com os pressupostos de existência e de direito que levam ao Estado atuar de maneira direta ou indireta na economia. Com as devidas proporções, a atuação estatal na regulação deverá nortear-se pelo exemplo dos índios que ao conhecerem os machados de ferro e constatarem que eram mais eficientes (sob o viés temporal para as suas atividades de caça e trabalho) do que os machados de pedra, então começaram a utilizar os novos equipamentos não para explorar mais o ambiente natural, e sim para sobrar mais tempo ocioso a fim de curtirem o meio ambiente e a comunidade

(CLASTRES, 2003, p. 213-214). Consequentemente, não se pode aquiescer com o uso do Estado e da força normativa do Direito para a dominação e nem a prescrição estatal para o estabelecimento dos limites entre a esfera pública e esfera privada (MIDGAL, 2011, p. 173-174).

4. Considerações finais

O método de Pierre Bourdieu evidencia um modo de compreender o mundo, por isso utilizou-se sua teoria para explicar os impactos dos seus conceitos para com a regulação estatal via licitações e contratos administrativos.

Encontrar a relação do *habitus,* campo, capital, violência e poder simbólico, heterodoxia, ortodoxia e doxa em conjunto com a regulação estatal atual brasileira leva a concluir que se deve ter muito zelo, quando da prescrição normativa para regular, isto porque esta poderá servir de arrimo para a perpetuação da dominação e para a concentração do poder sobre alguns agentes do mercado e pelo próprio Estado.

Isto representa dizer que a fixação das normas regulatórias deve ser ponderada com a participação dos grupos sociais e acima de tudo com uma postura indelével do Estado para com os demais, evitando que o agente detentor do poder e que exerça a dominação possa ser o Estado, assim como já ocorre atualmente em alguns casos práticos no Brasil em licitações públicas e contratos administrativos.

REFERÊNCIAS

ANDRADE, Péricles. Agência e estrutura: o conhecimento praxiológico em Pierre Bourdieu. **Estudos de Sociologia – Revista do Programa de Pós-Graduação em Sociologia da UFPE**, v. 12, n. 2, p. 97-118.

ARAÚJO, Flávia Monteiro; AVLEZ, Elaine Moreira; CRUZ, Monalize Pinto da. Algumas reflexões em torno dos conceitos de campo e de habitus na obra de Pierre Bourdieu. Perspectivas da Ciência e Tecnologia, v. 01, n. 01, p. 31-40, jan./jun. 2009.

AZEVEDO, Mário Luiz Neves De. Espaço Social, Campo Social, *Habitus* e Conceito de Classe Social em Pierre Bourdieu. **Revista Espaço Acadêmico**, ano II, n. 24, maio 2003. Disponível em: <http://www.espacoacademico.com.br/024/24cneves.htm>. Acesso em: 12 ago. 2016.

BOURDIEU, Pierre. **O poder simbólico**. Trad. Fernando Tomaz. 5. ed. Rio de Janeiro: Bertrand Brasil, 2002.

_____. **Os usos sociais da ciência**: por uma sociologia do campo científico. São Paulo: Editora UNESP, 2004.

_____. **Para uma sociologia da ciência**. Trad. Pedro Elói Duarte. Lisboa: Edições 70, 2004.

BRASIL. Ministério do Meio Ambiente. Licitação sustentável. Disponível em: <http://www.mma.gov.br/responsabilidade-socioambiental/a3p/eixos--tematicos/item/526&gt>. Acesso em: 30 mar. 2015.

CHARTIER, Roger; LOPES, José Sérgio Leite. Pierre Bourdieu e a história. **Revista de Historia do Programa de Pós-Graduação em Historia Social da UFRJ – TOPOI**, Rio de Janeiro, p. 139-182, mar. 2002.

CHEVALLIER, Jacques. **O Estado Pós-Moderno**. Trad. Marçal Justen Filho. Belo Horizonte: Fórum, 2009.

CLASTRES, Pierre. **A sociedade contra o Estado**: pesquisas de antropologia política. Trad. Theo Santiago. São Paulo: Cosac Naify, 2003.

DAHL, Robert. A. **Sobre a democracia**. Trad. Beatriz Sidu. Brasília: Editora Universidade Brasília, 2001.

FERRAZ, Luciano. Função regulatória da licitação. **Revista Eletrônica de Direito Administrativo Econômico**, Salvador, Instituto de Direito Público da Bahia, n. 19, ago./set./out. 2009. Disponível em: <http://www.direitodoestado.com.br>. Acesso em: 12 jul. 2014.

GONÇALVES, Pedro Antonio Pimenta da. **Entidades privadas com poderes públicos**: o exercício de poderes públicos de autoridade por entidades privadas com funções administrativas. Coimbra: Edições Almedina, 2008.

GRAU, Eros Roberto. **A ordem econômica na Constituição de 1988**. 15. ed. São Paulo: Malheiros, 2012.

JUSTEN FILHO, Marçal. **Comentários à Lei de Licitações e Contratos Administrativos**. 16. ed. São Paulo: RT, 2014.

KOZICKI, Katya; COELHO, Sérgio Reis; ALMEIDA, Paula Josiane. **Revista de Direitos Fundamentais e Democracia**, Curitiba, v. 13, n. 13, p. 64-80, jan./jun. 2013.

LIMA, Rita de Cássia Pereira; CAMPOS, Pedro Humberto Faria. Campo e grupo: aproximação conceitual entre Pierre Bourdieu e a teoria moscoviciana das representações sociais. **Revista Educação e Pesquisa**, Universidade de São Paulo, v. 41, n. 01, p. 63-77, jan./mar. 2015.

LIPOVETSKY, Gilles. **A sociedade pós-moralista**: o crepúsculo do dever e a ética indolor dos novos tempos democráticos. Trad. Armando Braio. Barueri: Manole, 2005.

MARQUES NETO, Floriano Azevedo. Limites à abrangência e à intensidade da regulação estatal. **Revista Eletrônica de Direito Administrativo Econômico**, Salvador, Instituto de Direito Público da Bahia, n. 04, nov./dez. 2005; jan. 2006. Disponível em: <http://www.direitodoestado.com.br>. Acesso em: 17 jul. 2014.

MEDAUAR, Odete. Direito administrativo em evolução. 2. ed. São Paulo: Revista dos Tribunais, 2003.

MELLO, Celso Antônio Bandeira de. **Eficácia das normas constitucionais e direitos sociais**. São Paulo: Malheiros, 2009.

MENDES, José Manuel; SEIXAS, Ana Maria. Escola, desigualdades sociais e democracia: as classes sociais e a questão educativa em Pierre Bourdieu. Revista Educação, Sociedade e Culturas, n. 19, p. 103-129, 2003.

MIDGAL, Joel S. **Estados débiles, estados fuertes**. Trad. Liliana Andrade Llanas y Victoria Schussheim. México: FCE, 2011.

MORAES, Ulisses Quadros. Pierre Bourdieu: campo, habitus e capital simbólico. Anais do V Fórum de Pesquisa Científica em Arte. Disponível em: <http://www.embap.pr.gov.br/arquivos/File/ulisses_moraes.pdf>. Acesso em: 20 jul. 2016.

OLIVEIRA, Gustavo Justino de. A arbitragem e as parcerias públicos--privadas. In: SUNDFELD, Carlos Ari (Org.). **Parcerias Público-Privadas**. São Paulo: Malheiros, 2005.

PEREIRA, Luiz C. Bresser. **Desenvolvimento e crise no Brasil**. 7. ed. Brasília: Editora Brasiliense, 1977.

PETERS, Gabriel. Habitus, reflexividade e neo-objetivismo na teoria da prática de Pierre Bourdieu. **Revista Brasileira de Ciências Sociais**, v. 28, n. 83, p. 47-71, out. 2013.

PINÇON, Michel; PINÇON-CHARLOT, Monique. A teoria de Pierre Bourdieu aplicada às pesquisas sobre a grande burguesia. **Revista de Ciências Humanas**, Florianópolis, n. 25, p. 11-20, abr. 1999.

RIBEIRO, Marcia Carla Pereira; BARROS, Marcelle Franco Espíndola. Contratos de transferência de tecnologia: custos de transação versus desenvolvimento. **Revista de Informação Legislativa**, Brasília, v. 51, n. 204, p. 43-66, out./dez.2014.

SCARTEZINI, Natalia. Introdução ao método de Pierre Bourdieu. **Cadernos de campo**: Revista de Ciências Sociais, Araraquara, n. 14-15, p. 25-37, 2010; 2011.

SCHUMPETER, Joseph. **A teoria do desenvolvimento econômico**. São Paulo: Abril Cultural, 1982.

SEN, Amartya. **Desenvolvimento como liberdade**. São Paulo: Companhia das Letras, 2010.

SETTON, Maria da Graça Jacintho. Uma introdução a Pierre Bourdieu. Disponível em: <http://revistacult.uol.com.br/home/2010/03/uma-introducao--a-pierre-bourdieu/>. Acesso em: 24 jul. 2016.

TAVARES NETO, José Querino; MEZZAROBA, Orides. O método enquanto pressuposto de pesquisa para o Direito: a contribuição de Pierre Bourdieu. In: **Revista de Direito Brasileira**. São Paulo, v. 15. n. 6, p. 116-132 , set./dez. 2016.

THIRY-CHERQUES, Hermano Roberto. Pierre Bourdieu: a teoria na prática. **Revista de Administração Pública**, Rio de Janeiro, v. 40, n. 01, p. 27-53, jan./fev. 2006.

CAPÍTULO VI

COMO COMPREENDER OS DESAFIOS DA ADMINISTRAÇÃO DA JUSTIÇA BRASILEIRA? A IMPORTÂNCIA E A ATUALIDADE DA CONTRIBUIÇÃO DO MÉTODO WEBERIANO

Andréa Abrahão Costa[33]
José Querino Tavares Neto[34]

1. Considerações iniciais

Partindo da constatação de que o campo da pesquisa sobre o Judiciário brasileiro carece de um diálogo mais próximo com a produção acadêmica das Ciências Sociais, com este trabalho pretende-se apresentar alguns elementos da chamada Sociologia Compreensiva de Max Weber, cuja retomada no final do século XX abriu flanco para a construção de novas abordagens[35], e que representam o caminho necessário para o estudo dos desafios colocados à frente da administração judiciária.

Muitos trabalhos até aqui desenvolvidos tiveram como foco a temática do acesso à justiça e as respostas ineficazes ofertadas pelo Estado ao aumento de demanda, bem assim as reformas processuais e a constituição interna do processo. De outro lado, estudos mais recentes dão conta de defender a necessidade de se adotar, para seu aperfeiçoamento, mecanismos de gestão administrativa até então vistos como estranhos à realidade do Judiciário. Em outros, ainda, afirma-se não ser pertinente uma reforma da organização judiciária se ela não for inteiramente democrática e acompanhada de outras alterações, como a forma de seleção de magistrados. E, por último,

---

[33] Doutoranda em Direito (PUC/PR), Mestre em Direito Econômico e Socioambiental (PUC/PR), Pós-graduada em Sociologia (UNICAMP), Professora do Curso de Direito da Fundação de Estudos Sociais do Paraná. Advogada. E-mail: candreac_2@yahoo.com.br

[34] Professor Associado da Faculdade de Direito e do Programa de Pós-graduação em Direito e Políticas Públicas da UFG. Professor da Pontifícia Universidade Católica de Goiás. Pós-doutor em Direito Constitucional pela Universidade de Coimbra com bolsa da Capes. Doutor em Direito pela Pontifícia Universidade Católica do Paraná, Doutor em Sociologia pela UNESP/Araraquara e Mestre em Sociologia pela UNICAMP. E-mail: josequerinotavares@gmail.com

[35] Dentre elas está o chamado neoinstitucionalismo histórico, que considera o Estado como um agente da política, permitindo, inclusive, tornar a análise do Judiciário mais complexa, abrindo mão de definições apriorísiticas e permitindo a observação empírica e setorial das políticas judiciárias.

considerando políticas públicas voltadas à modernização do Judiciário brasileiro, inicia-se o debate sobre formas diferentes de resolução de conflitos sem a necessidade de adjudicação pelo Estado e, com isso, a própria flexibilização do conceito de Jurisdição.

Todos estes temas, pode-se afirmar, têm colocado em xeque os padrões clássicos de funcionamento do Judiciário e, inclusive, lançado novas luzes à temática de sua democratização. Especificamente sobre este ponto são de extrema valia os estudos sociológicos empreendidos no início dos anos 80 (JUNQUEIRA, 1986) que permitiram demonstrar, empiricamente, que as reformas do processo ou do direito substantivo não teriam muito significado se não fossem, especialmente no caso da ampliação dos poderes dos juízes a partir da promulgação da Constituição da República de 1988, acompanhadas de uma necessária formação em conhecimentos econômicos, sociológicos e políticos e, em particular, acerca da administração da justiça, vista como instituição política e organização profissional. O acesso à justiça, nesse sentido, passou a ser abordado a partir da preocupação com o processo de construção de direitos de setores da sociedade até então invisíveis e, já partir da década de 90, após o fortalecimento da preocupação do Judiciário com os movimentos sociais, o interesse pela ordem jurídica é substituído, voltando-se para a investigação do seu papel na invenção da sociedade democrática.

Assim, na primeira parte do presente trabalho procura-se sintetizar três temas, dois deles ainda novos nos estudos sobre o Judiciário, que podem ser percebidos como desafios que lhe vem sendo impostos contemporaneamente. Trata-se da preocupação com a agilidade e previsibilidade dos serviços públicos judiciários, com a chamada governança do Judiciário, a exigência de produção de resultados socialmente desejados, e com a revisão de seus padrões funcionais.

Na segunda parte, procura-se delinear, a breve espaço, o método weberiano de abordagem sobre as estruturas do Estado a partir da teoria da ação racional e, especificamente, demonstrar a relevância do conceito de dominação racional burocrática para a compreensão da estrutura do Judiciário e para a identificação de respostas para aqueles novos desafios.

2. Administração da Justiça brasileira – temas emergentes e desafios

A Administração da Justiça é um objeto de estudo amplo, que comporta inúmeros aspectos, desde a reflexão da necessidade de recursos materiais e pessoais, sua gestão, até a adoção de técnicas inovadoras e de maior tecnologia e o uso de alternativas ao modelo formal de resolução de conflitos.

Dentre os apontados aspectos há outros tantos, por certo, daqueles derivados, que estão sendo apontados pela literatura que aborda a chamada crise do

Judiciário como capazes de trazer um novo modo de funcionamento à administração judiciária. Dentre eles, três são colocados em destaque neste trabalho.

O primeiro se insere numa reflexão maior sobre a democratização do Judiciário e está diretamente ligado aos possíveis ganhos em termos de agilidade e previsibilidade dos serviços prestados. Fala-se da adoção de uma lógica privada dentro da Administração Pública, como ocorre com a racionalização da divisão do trabalho, e, com isso, sobre o papel desempenhado por um juiz que, agora, também passa a ser administrador e deve adotar novos recursos de tempo. Como destaca Tessler (2007, p. 3) a respeito do Superior Tribunal de Justiça, várias iniciativas arraigadas na iniciativa privada migram para o cenário público, como ocorre com a cultura do planejamento estratégico que prima pela transparência e agilidade como modelo de gestão, além da criatividade e qualidade do trabalho. Ressalta a autora que:

> O Plano Estratégico do Superior Tribunal de Justiça apresenta sua missão, a visão de futuro, bem como os valores e estratégia, objetivos e metas, empregando a metodologia desenvolvida por Robert Kaplan e David Norton, professores da *Harvard Business School*, o *Balanced Scorecard* (BSC). Para elaborar o Plano Estratégico o Superior Tribunal de Justiça realizou a análise do cenário externo: ameaças e oportunidades, e interno: pontos fortes e fracos. A visão definida pelo Superior Tribunal de Justiça é ser reconhecido pela sociedade como Tribunal da Cidadania, modelo na garantia de uma justiça célere, acessível e efetiva. <u>Os valores institucionais</u> definidos foram: o orgulho institucional, a presteza, a inovação, a cooperação, o comprometimento, a transparência, a confiança e o respeito. <u>As estratégias</u> são: agilizar a prestação jurisdicional, aproximar o Tribunal da sociedade, garantir uma prestação jurisdicional efetiva e transparente. [...] As metas institucionais e os projetos estratégicos foram publicados pelo Ato nº 117/2005 do Superior Tribunal de Justiça.

O contexto de que se fala traça uma posição que identifica o modelo tradicional de gestão pública como ineficiente, num movimento que permeou o debate político e acadêmico dos anos 90, propondo-se a adoção de um modelo pós-burocrático, gerencialista e que conta com uma estrutura flexível e horizontalizada, que incentiva maior participação, descentralização e uso responsável de recursos públicos. Segundo Schmitt e Fiates (2013, p. 8), "a administração é profissional e descentralizada, primando pelo uso racional e responsável dos recursos públicos. Verifica-se, também, a presença da avaliação de desempenho e o controle de resultados".

Nesse contexto, aparecem os defensores de um novo papel conferido aos juízes, o de juízes-gestores que sejam capazes de trabalhar com novos recursos de tempo e que sejam portadores de capacidades técnicas específicas, fruto de uma **consciência geral da necessidade de aprimoramento**

dos serviços judiciários. Como afirma Medeiros (2006, p. 68) sobre a almejada mudança na postura do juiz:

> O crescimento da participação popular na administração da Justiça, por meio de implemento de juízos arbitrais e de conciliação, terá reflexos na própria concepção do julgador: segundo o jurista italiano Alessandro Giuliani, na verdade, a experiência – do processo civil ou do processo penal – mostra hoje um juiz que decide cada vez menos, medeia e contrata cada vez mais, assume um papel 'promocional' e chega a desempenhar uma função de orientação política e econômica.

Nesse sentido também aponta Junior (2008, p. 111), para quem há uma nova realidade com a temática da gestão judiciária:

> [...] contemporaneamente, percebe-se que o sucesso da jurisdição não corresponde, apenas, ao avanço da técnica processual, mas, sobretudo, à operacionalização do poder jurisdicional, via mecanismos de gestão administrativa. [...] A jurisdição, exercitada pelo processo, hoje é desafiada a produzir resultados, atendendo às expectativas quanto à qualidade e à duração razoável do processo.

Ainda Medeiros (2006, p. 67), da mesma forma, acentua que "do juiz, mais do que de qualquer outro ator do cenário judicial, exige-se essa mudança de postura e de mentalidade [...]", ainda que não estudem "matérias relativas a administração, do que decorrem grandes dificuldades quando chamados a exercer funções como a diretoria do foro, a coordenadoria de subseção ou, mais tarde, cargos administrativos na direção do tribunal".

Em síntese, como se pode notar, trata-se de uma nova vertente na crise própria do Poder Judiciário. É uma crise de identidade do juiz, que desempenha seu papel dentro de uma administração, possuidora de características próprias, mas que vem sendo incitada a responder por uma lógica de gestão privada.

O segundo tema escolhido para a reflexão feita no presente trabalho refere-se ao que se convencionou chamar de governança do Judiciário.

Sabe-se que as reformas levadas a efeito para a modernização do Estado, iniciadas na metade da década de 1990, foram internas, calcadas no modelo ideológico de administração pública gerencial – *new public management*. Este foi caracterizado pela descentralização das competências políticas para os níveis regionais e locais, pela descentralização administrativa, mediante a delegação de competências aos gerentes administrativos e pelo controle por resultados objetivos junto aos cidadãos.

Com os novos contornos dados às fronteiras existentes entre os órgãos públicos e os cidadãos, contudo, constatou-se não ter havido bases favoráveis aos cidadãos (KISSLER; HEIDEMANN, 2006), em termos de, dentre outros aspectos, falta de operatividade no sistema judicial e as condições desfavoráveis da dita modernização repercutiram na construção de um novo modelo, o da governança pública – *public governance*.

Embora desafiador, o conceito científico do que seja a governança parte do quanto sintetizado pelo programa das Nações Unidas para o desenvolvimento – PNUD. Trata-se de desenvolver instituições que sejam mais sensíveis às necessidades dos cidadãos comuns. Por isso, a governança é um conjunto de regras, processos e práticas que orientam as relações formais de poder de uma organização com seus públicos ou entre governos e governados. Dito de outra forma, governança significa: (i) a capacidade de ação estatal na implementação de políticas e na consecução de metas coletivas; (ii) o aperfeiçoamento dos meios de interlocução e de administração dos conflitos de interesses; (iii) a capacidade de inserção do Estado na sociedade, rompendo com a tradição de governo fechado e enclausurado na alta burocracia governamental.

E, nesse sentido, complementa Diniz (2003). A autora afirma que no novo milênio a questão democrática vai além da consolidação das regras formais da democracia, tratando-se da sustentabilidade da ordem democrática diante do déficit na capacidade de produzir resultados socialmente desejados. Vale dizer, déficit de *accountability*, que impõe a necessidade de situar no centro da análise as interconexões entre governança, *accountability* e responsabilidade e de recuperar a importância da dimensão social da democracia.

Em síntese, o surgimento da expressão *governance* deu-se a partir de reflexões havidas no seio do Banco Mundial que redundaram num documento datado de 1992, intitulado "*Governance and Development*", com o objetivo de se conhecer as condições que garantiriam um Estado eficiente, com foco não somente nas implicações econômicas da ação estatal, mas em suas dimensões sociais e políticas. Gonçalves (2005, p. 1) destaca que o termo implica olhar para "[...] o formato institucional do processo decisório, a articulação público--privado na formulação de políticas ou ainda a abertura maior ou menor para a participação dos setores interessados ou de distintas esferas de poder".

Assim é que, o surgimento do tema da governança obriga a revisão dos padrões funcionais do Judiciário, sendo que um deles tem a ver com o alargamento dos limites da jurisdição e emergência de mecanismos menos institucionalizados de resolução de conflitos. Este o terceiro tema a ser destacado, pondo-se em evidência, a política pública nacional voltada à adoção da mediação de conflitos no âmbito do Judiciário, por meio da Resolução 125 do Conselho Nacional de Justiça, ainda no ano de 2010, e a edição do Novo Código de Processo Civil (Lei 13.105/2015).

Trata-se, para os que se debruçam sobre os estudos de processo civil, de uma das alternativas postas à disposição do jurisdicionado, dos juízes, advogados, promotores de justiça e defensores públicos, representativa de uma nova onda de renovação do Direito, que poderia, sob aquela perspectiva, responder ao dilema de não se saber quando e como será a saída do sistema formal estatal (BACELLAR, 2012). Especificamente, a mediação vem sendo estudada e incentivada como forma de resolução de conflitos a partir da ideia de que seria capaz de enfrentar, filtrando os processos, as altas taxas de congestionamento e o alto nível de litigiosidade no Judiciário brasileiro. Nada obstante, mesmo neste terreno trilhado pelos processualistas há vozes dissonantes, como ocorre com Watanabe (2001, p. 45-46) ao sustentar que "não se pode pensar nela como uma forma de aliviar a sobrecarga a que o Judiciário está sendo submetido hoje, porque daremos à mediação o mesmo encaminhamento que estamos dando aos juizados especiais".

De outro giro, a composição pactuada de conflitos também pode ser inserida numa análise sobre o próprio Estado Constitucional Moderno, que passa a se organizar com uma nova estrutura, menos legalista ou conceitualista, e mais centrado em dimensões não puramente racionais. Nesse Estado, o direito passa a não necessitar de abstração e generalidade, revisita o modelo de justiça adjudicatória e neutra e, como pondera Cruz (2005, p. 106), poderia manter "[...] uma informação suficientemente rica para garantir soluções adequadas ao caso concreto (e não, apenas, ao seu esqueleto conceitual, genérico, abstrato)".

Diz-se, enfim, que a adoção da mediação de conflitos volta-se para uma ressignificação no fornecimento da prestação de serviços jurisdicionais e que se inseriria num conceito de administração pós-moderna da justiça, com capacidade de adaptação às mudanças que ocorrem no contexto temporal e ambiente cultural.

Mas, como se deve apreender esses novos temas, que trazem consigo diferentes desafios para o Poder Judiciário, senão a partir da retomada de pensadores clássicos, cujas teorias ainda são capazes de explicar o mundo contemporâneo e, especificamente em relação ao objeto deste artigo, a própria estrutura da administração judiciária?

É o que se propõe investigar no próximo tópico a partir do método de análise do sociólogo alemão Max Weber.

3. Breve análise do método de Max Weber para a compreensão da administração judiciária

Pode-se afirmar que os desafios enfrentados pelo Judiciário entre o final do século XX e início deste, apontados de forma breve no tópico anterior, aparentemente poderiam ser enfrentados sem recurso a qualquer outra contribuição externa ao específico campo de estudos jurídicos. Adotando-se tal saída para a compreensão dos fenômenos que desafiam o funcionamento e estrutura do Poder Judiciário, certamente, estaríamos diante de uma visão que parte da racionalidade clássica da Justiça, que mais recentemente, contudo, toca nos temas da celeridade, dos custos e da qualidade, e se ligam ao objeto de estudo relativo à gestão propriamente dita. Então, como escapar de abordagem tão hermética, de autossuficiência epistemológica, que, por si só, não favorece a compreensão da necessidade de revisão de padrões funcionais?

As transformações sofridas pelo Judiciário desde o fim do século passado foram captadas por Faria (2004, p. 3) da seguinte maneira

> Desde a reestruturação do capitalismo, iniciada em resposta à crise de acumulação dos anos de 1970, eles se vêem diante de um cenário novo e incerto, no qual o Estado vem perdendo usa autonomia decisória e o ordenamento jurídico vê comprometida tanto sua unidade quanto seu poder de programar comportamentos, escolhas e decisões. Por causa das pressões centrífugas resultantes das inovações tecnológicas, dos novos paradigmas industriais e da desterritorialização da produção, o Judiciário e o MP, com sua estrutura organizacional hierarquizada, operativamente fechada, orientada por uma lógica de caráter formal e submetida a uma rígida e linear submissão à lei, tornaram-se instituições que enfrentam o desafio de alargar os limites de sua jurisdição, modernizar suas estruturas administrativas e rever seus padrões funcionais, para sobreviver como poderes independentes.

Sob outra perspectiva, de uma crise maior do próprio Estado que resvala para a atuação do Judiciário, Brandão (2009, p. 9-10) ressalta que:

> Todas as considerações sobre a jurisdição e suas crises (criadas e fomentadas a partir da globalização cultural, política e econômica) são consequências da crise estatal. [...] Em decorrência das pressões centrífugas da desterritorialização da produção e da transnacionalização dos mercados, o Judiciário, enquanto estrutura fortemente hierarquizada, fechada, orientada por uma lógica-legal-racional, submisso à lei, torna-se uma instituição que precisa enfrentar o desafio de alargar os limites de sua jurisdição, modernizar suas estruturas organizacionais e rever seus padrões funcionais para sobreviver como um poder autônomo e independente.

É nesse contexto que aparece como extremamente relevante o método desenvolvido por Max Weber para compreender as estruturas do Estado. Sua teoria da ciência, dentre outros aspectos, partiu da distinção entre quatro tipos de ação: ação racional com relação a um objetivo (*zweckrational*), a ação racional com relação a um valor (*wertrational*), a ação afetiva ou emocional e, por último, a ação tradicional. A primeira, para os fins do presente estudo, ganha destaque e é definida pela circunstância de que o ator concebe claramente seu objetivo e combina os meios disponíveis para atingi-lo. Tal racionalidade é aquela definida pelos conhecimentos do ator e, no âmbito de interesse de Weber, permite a compreensão do sentido que cada ator confere à própria conduta. Precisamente é a referida classificação dos tipos de ação que comanda a interpretação weberiana da época contemporânea, já que o traço característico do mundo em que se vive é a racionalização. Como explica Aron (1990, p. 465), "a sociedade moderna tende toda ela à organização *zweckrational*, e o problema filosófico do nosso tempo [...] consiste em delimitar o setor da sociedade onde subsiste e deve subsistir uma ação de outro tipo."

Bem verdade que a reflexão de Weber se dá de modo mais ampliado, pois o centro de sua reflexão filosófica estava na relação entre os tipos de ação e os vínculos de solidariedade e de independência entre a ciência e a política[36]. Sua pergunta, nessa perspectiva, era a de saber da possibilidade de ser a um só tempo um homem de ação e um professor e, para tanto, essencial foi o desenvolvimento dos estudos sobre a diferença entre as ciências da história e da sociedade e as ciências da natureza. Embora ambas tivessem a mesma inspiração racional, para Weber, aquelas se constituíam como compreensivas, históricas e orientadas para a cultura. O autor enfatizava a necessidade de se distinguir duas orientações no campo das ciências da realidade humana, uma de relato histórico, outra no sentido sociológico, da reconstrução conceitual das instituições sociais e do seu funcionamento. No entanto, demonstra que elas não seriam excludentes. Como descreve Aron (1990, p. 469-470):

> Quando o objeto do conhecimento é a humanidade, é legítimo o interesse pelas características singulares de um indivíduo, de uma época ou de um grupo, tanto quanto pelas leis que comandam o funcionamento e o desenvolvimento das sociedades. As ciências que se orientam para a realidade humana são as ciências da cultura, que se esforçam por compreender ou explicar as obras criadas pelos homens no curso do seu devenir, não só as obras de arte mas também as leis, as instituições, os regimes políticos, as experiências religiosas, as teorias científicas. A ciência weberiana se define, assim, como um esforço destinado a compreender e a explicar os valores aos quais os homens aderiram, e as obras que constituíram.

Especificamente em relação ao Judiciário, foi na obra Economia e Sociedade que Weber procurou construir a sua sociologia jurídica, com o objetivo de tornar compreensível as diferentes formas de direito, inserindo-as num único sistema conceitual, mas chamando a atenção para a originalidade da civilização ocidental. Considerando os pressupostos da ação social, a ciência desenvolvida pelo autor parte de três aspectos fundamentais, o compreender, o interpretar e o explicar. Com isso, seria possível apreender

---

[36] Tema clássico nos estudos desenvolvidos a partir do pensamento de Max Weber é o da imparcialidade ou objetividade necessária à investigação científica, a qual não poderia ser falseada por julgamentos de valor, mas, sim, objetivar atingir julgamento de fato universalmente válidos.

a significação, organizar o sentido subjetivo em conceitos e demonstrar as regularidades das condutas, tudo se partindo da ideia de que a ação social é um comportamento humano. Comportamento traduzido em atitude interior e exterior, voltada para a ação ou para a omissão, que se torna ação, então, quando o agente atribui à sua atitude um certo sentido.

Como pensar o quanto trazido pelo autor à reflexão dos desafios enfrentados pelo Judiciário na contemporaneidade? A resposta encontra guarida em outro conceito fundamental construído por Weber a partir do que convencionou chamar de tipo ideal – o da dominação.

Acerca da passagem de uma análise positivista para uma sociologia orientada para valores, Ianni contextualiza a importância do pensamento de Weber, seja quanto ao método, seja quanto ao objeto de estudo eleito.

> Inauguram principalmente dois paradigmas, se tomarmos em conta suas implicações epistemológicas e ontológicas, [...] o compreensivo, ou típico-ideal, que apanha as conexões de sentido, identificado com a sociologia de Weber; e o fenomenológico, baseado na redução fenomenológica, que desvenda as essências singulares do ser social, identificado com a filosofia de Husserl. [...] os sociólogos dessa época começam a resgatar dimensões da realidade social que não teriam sido contempladas pelas teorias inauguradas pelos fundadores. [...] Substituem a sociedade pela sociabilidade, o processo social abrangente pela ação social, a história pela biografia, a realidade social pela existência individual. O indivíduo, as suas ações sociais e as formas de sociabilidade em que se organiza o seu comportamento compõem a realidade social que somente pode ser captada pela compreensão [...]. A descrição empírica, a análise positivista, a interpretação abrangente, histórica, pouco podem. Essa é uma realidade viva, vital, existencial, impregnada de múltipla duração, em devir contínuo, orientada com relação a valores, ideais ou interesses, conscientes e inconscientes, racionais e irracionais. Ela é essencialmente significativa, cujos sentidos são incutidos nas ações sociais pelos sujeitos das ações. Daí a importância da compreensão, fundada no princípio da conexão de sentido [...] (IANNI, 1990, p. 20-23).

Partindo, assim, da noção de ação social, vai explicar Weber que a depender do caráter próprio da motivação que justifica a obediência a ordens legítimas, três tipos de dominação podem ser traçados, a racional, a tradicional e a carismática. A racional, que se identifica com o estudo da administração judiciária, é explicada não pelo carisma ou tradição, mas pela crença na legalidade da ordem e dos títulos dos que exercem a dominação.

Weber (1999, p. 145) assinala que o tipo mais puro de dominação legal é o exercido por meio de uma quadro administrativo burocrático, no qual o seu dirigente detém não somente uma posição de senhor, mas também competências legais, e conta com um quadro composto de funcionários individuais.

> A dominação burocrática realiza-se em sua forma mais pura onde rege, de modo mais puro, o princípio da *nomeação* dos funcionários. Não existe, no mesmo sentido da hierarquia de funcionários nomeados, uma *hierarquia* de funcionários eleitos, já que a própria disciplina nunca pode alcançar o mesmo grau de rigor quando o funcionário subordinado pode prevalecer-se de sua eleição do mesmo modo que o superior e suas possibilidade não dependem do juízo *deste último* [...].

De um modo geral, a gestão administrativa do mundo moderno, e o próprio Judiciário não escapam desta ideia, é marcada pela dominação de homens sobre outros homens, os quais se subordinam a ordens legais ou aos que executam a própria legalidade e, assim, não exatamente a indivíduos isolados. De fato, é o modo de dominação que influencia certa organização e é por meio desta compreensão, ou a tendo como ponto de partida, que se poderá responder de uma ou de outra forma aos desafios do Judiciário, seja eles em termos de eficiência, monopólio da jurisdição, novos papeis delineados aos juízes e boa governança.

Portanto, deve-se destacar que o método weberiano teve como objetivo identificar a lógica das instituições humanas e compreender as singularidades das instituições e, tal, certamente, muito se relaciona, a partir do conceito de dominação racional, com o que vem sendo assimilado no seio do Judiciário Brasileiro. Diz-se isso porque, de fato, é a dominação burocrática que caracteriza todas as sociedades modernas no sentido de que um funcionário, nas palavras de Weber, tem como função aplicar regulamentos em conformidade com determinados precedentes. E pensar o Judiciário tendo como mote novos horizontes não invalida, mas antes reforça, a importância do pensamento clássico weberiano.

4. Considerações finais

No presente trabalho foram abordados três temas que acabam por impor novos desafios às atividades do Poder Judiciário brasileiro. Afirmou-se que a governança do Judiciário, a figura do juiz-gestor e a adoção de meios alternativos de resolução de conflitos têm colocado em xeque os padrões clássicos de funcionamento do Judiciário e, inclusive, lançado novas luzes à temática de sua democratização. O primeiro está inserido num amplo debate sobre a administração pós-moderna do Judiciário e sua necessária abertura a novos agentes, tanto públicos como privados. O segundo liga-se à adoção de aspectos da lógica privada de gestão até então distantes das corriqueiras atividades judiciárias e a exigência, inclusive, de compreensão de novos recursos de tempo. O terceiro vem sendo visto no âmbito do processo civil e penal como uma nova onda de renovação do Direito que pode permitir uma maior democratização do Judiciário.

Partindo da constatação de que o campo da pesquisa sobre o Judiciário brasileiro ainda permanece distante da produção acadêmica das Ciências Sociais, o esforço aqui empreendido foi no sentido de apontar alguns elementos da chamada Sociologia Compreensiva de Max Weber, os quais representam o caminho necessário para o estudo dos desafios colocados à frente da administração judiciária.

Chamou-se atenção para o método desenvolvido por Max Weber para compreender as estruturas do Estado e para a sua teoria da ciência a partir da noção de ação social. Levando-se em consideração os três tipos de dominação por ele construídos, a ênfase foi dada à dominação racional burocrática, já que esta caracteriza todas as sociedades modernas, inclusive o modo de atuação do Judiciário. Concluiu-se no sentido de que a reflexão sobre o Judiciário, adotando-se como ponto de partida novos horizontes, vistos a partir dos três temas escolhidos, não invalida, mas antes reforça, a importância do pensamento clássico weberiano.

REFERÊNCIAS

ARON, Raymond. **As etapas do pensamento sociológico**. 3. ed. Brasília: Editora UNB, 1990.

BACELLAR, Roberto Portugal. **Mediação e arbitragem**. São Paulo: Saraiva, 2012.

BRANDÃO, Paulo de Tarso; SPRENGLER, Fabiana Marion. **Os (des) caminhos da Jurisdição**. Santa Catarina: Conceito Editorial, 2009.

CRUZ, Paulo Márcio. Ensaio sobre a necessidade de uma teoria para a superação democrática do estado constitucional moderno. In: **Argumenta Revista Jurídica**, Jacarezinho, n. 5, 2005.

DINIZ, Eli. Reforma do Estado e Governança Democrática: Em direção à democracia sustentada? Disponível em: <http://www.ie.ufrj.br/aparte/pdfs/elidiniz_reforma_do_estado.pdf> Acesso em: 18 set. 2013.

FARIA, José Eduardo. O sistema brasileiro de Justiça: experiência recente e futuros desafios. **Estudos Avançados**, v. 18, n. 51, maio/ago. 2004. Disponível em: <http://dx.doi.org/10.1590/S0103-40142004000200006>. Acesso em: 2 nov. 2013.

FREITAS, Vladimir Passos de. Atualidade e futuro da Administração do Poder Judiciário. Disponível em: <http://www.ibrajus.org.br/revista/artigo.asp?idArtigo=282>. Acesso em: 3 abr. 2013.

FREITAS, Vladimir Passos de; MELLO, Júlio César Ferreira de; SANCHONETE, Salise Monteiro. In: **Manual de Bens Apreendidos**. Brasília: Conselho Nacional de Justiça, 2011.

GONÇALVES, Alcindo. O conceito de Governança. In: XIV Congresso Nacional do Conpedi, 2005, Fortaleza. Disponível em: <http://conpedi.org.br/manaus/arquivos/anais/XIVcongresso/078.pdf> Acesso em: 18 set. 2013.

IANNI, Octavio. A crise de Paradigmas na Sociologia. In: **Cadernos do Instituto de Filosofia e Ciências Humanas**. Campinas: IFCH/UNICAMP, 1990.

JUNIOR, Vicente de Paula Ataide. Processo e Administração da Justiça: Novos Caminhos da Ciência Processual. In: FREITAS, Vladimir Passos de; KÄSSMAYER, Karin (Coords.). **Revista IBRAJUS 1 – Poder Judiciário e Administração da Justiça**. Curitiba: Juruá, 2008.

JUNQUEIRA, Eliane Botelho. Acesso à Justiça: um olhar retrospectivo. **Revista Estudos Históricos**, Rio de Janeiro, n. 18, 1996. Disponível em: <http://www.egov.ufsc.br/portal/sites/default/files/anexos/25477-25479-1-PB.pdf.> Acesso em: 2 jul. 2013.

KISSLER, Leo; HEIDEMANN, Francisco G. Governança pública: novo modelo regulatório para as relações entre Estado, mercado e sociedade? **RAP**, Rio de Janeiro, v. 40, p. 479-499, maio/jun. 2006.

MEDEIROS, Mônica Jacqueline Sifuentes Pacheco de. **Inovações na Administração e Funcionamento da Justiça Federal – um novo juiz para um novo Poder**. Disponível em: <http://www2.cjf.jus.br/ojs2/index.php/revcej/article/viewArticle/715>. Acesso em: 5 abr. 2013.

SANTOS, Boaventura de Sousa. A sociologia dos tribunais e a democratização da justiça. In: **Pela Mão de Alice – O Social e o Político na Pós--modernidade**. 4. ed. São Paulo: Cortez, 1997. p. 161-186.

SCHMITT, Daniel Mártin; FIATES, Gabriela Gonçalves Silveira. **Modelos de Gestão Pública**: Uma Análise Crítica do Modelo Utilizado pelo Tribunal de Justiça de Santa Catarina. Disponível em: <http://tjsc25.tj.sc.gov.br/academia/arquivos/Daniel_Martin_Schmitt.pdf>. Acesso em: 4 ago. 2013.

TESSLER, Marga Inge Barth. **A nova gestão pública no Judiciário**. Disponível em: <http://www.ibrajus.org.br/revista/artigo.asp?idArtigo=44>. Acesso em: 4 ago. 2013.

WEBER, Max. **Economia e Sociedade**. Brasília: Editora UNB, 1991.

CAPÍTULO VII
EFETIVIDADE DAS DECISÕES DA CORTE INTERAMERICANA DE DIREITOS HUMANOS A PARTIR DAS CATEGORIAS DE PIERRE BOURDIEU

Ana Carolina Lopes Olsen[37]
Katya Kozicki[38]

1. Introdução

A criação de um sistema interamericano destinado à promoção e à proteção dos direitos humanos representa um avanço em relação à valorização ética do ser humano, bem como à limitação do poder soberano dos Estados no tocante à preservação da dignidade humana. Trata-se do fenômeno da estatalidade aberta, abordada por Mariela Morales Antoniazzi (2016, p. 57), em que o Estado se mostra permeável ao direito internacional, na medida em que seu próprio direito constitucional reconhece sua localização internacional e sua necessária interação com o sistema regional. Se a América Latina foi palco de severas ditaduras militares no século XX, procura, no século XXI, reconhecer a necessidade de organismos internacionais capacitados para implementar normas internacionais as quais estes Estados livremente aderem. Todavia, se de um lado é inegável o avanço no plano da estruturação de um sistema de proteção, por outro a dificuldade na implementação de suas decisões corresponde a um desafio ainda a ser enfrentado. A Corte Interamericana, na qualidade de autêntico órgão jurisdicional, emite sentenças definitivas que exigem dos Estados obrigações de indenizar vítimas, mas, sobretudo, de prevenir novas violações de direitos humanos e punição dos responsáveis por essas violações. Dificilmente as obrigações de fazer ou não fazer são efetivamente cumpridas pelos Estados.

Trata-se de questão que não pode ser resolvida exclusivamente através da ciência do direito, mas exige outros olhares e partir de um método científico[39] capaz de promover uma investigação do objeto de forma coerente, racional e produtiva.

---

[37] Doutoranda em Direito Socioambiental pela Pontifícia Universidade Católica do Paraná, Mestre em Direito do Estado pela Universidade Federal do Paraná. E-mail: anac.olsen@gmail.com
[38] Mestra em Filosofia e Teoria do Direito pela Universidade Federal de Santa Catarina e Doutora em Direito, Política e Sociedade pela Universidade Federal de Santa Catarina. Professora titular da Pontifícia Universidade Católica do Paraná e professora associada da Universidade Federal do Paraná, programas de graduação e pós-graduação em Direito. Pesquisadora do CNPq. E-mail: kkozicki@uol.com.br
[39] Método é nesse trabalho compreendido como "um referencial ou quadro teórico conceitual de linha filosófica, religiosa, política, ideológica, sobre um autor, pesquisador e/ou estudioso, ou categoria que sirva para diferenciar ou comparar o modo de compreensão do sujeito sobre o objeto de estudo" (TAVARES NETO; MEZZAROBA, 2016, p. 116).

É dentro desse ambiente que o método elaborado por Pierre Bourdieu pode auxiliar na compreensão da baixa efetividade dessas decisões internacionais, bem como na identificação de alternativas. Trata-se de uma tentativa de compreender o problema indo além das pautas normativas, a fim de "ampliar os processos compreensivos acerca do humano, de sua natureza, da sua cultura como uma dimensão de sua natureza, de suas normas como uma das dimensões de sua forma, de seu viver" (WEIL, 2010, p. 86). Ainda que o sociólogo não tenha se debruçado especificamente sobre o Direito como objeto principal de análise, elaborou categorias que permitem compreender seu funcionamento, a partir de uma estrutura muito específica, agentes dotados de linguagem e comportamento que personificam e preservam essa estrutura. A noção de campo social, bem como de violência simbólica assumem uma importância especial nesse estudo.

Assim, o presente artigo se divide em três partes. Na primeira, buscou-se resgatar as razões que justificam a existência de um sistema regional de proteção dos direitos humanos, a partir de experiências históricas comuns aos povos da América Latina, que justificaram a criação da Convenção Americana dos Direitos Humanos, bem como dos órgãos que promovem sua aplicação aos casos concretos, como a Comissão Interamericana de Direitos Humanos e a Corte. Esta última, na qualidade de órgão jurisdicional, é a figura que permite a compreensão desse sistema a partir das categorias bourdieusianas, como o campo, o *habitus* e a violência simbólica. Este enquadramento e a afirmação de um campo do sistema interamericano de direitos humanos são objeto da segunda parte do artigo. Na terceira parte, pretende-se apontar para a possibilidade de compreensão da efetividade das decisões judiciais proferidas pela Corte Interamericana, na perspectiva construtivista tão cara a Bourdieu.

A questão da efetividade das decisões internacionais frente a estrutura soberana dos Estados está longe de ser esgotada no presente estudo. Procura-se apenas buscar ferramentas fora da ciência jurídica para permitir uma visão diferenciada da questão, e quem sabe apontar caminhos.

2. Sistema jurídico interamericano de direitos humanos

O século XX foi profundamente marcado pelos conflitos armados, que colocaram as populações dos países em estado de miséria humana. Foi o século em que o homem enfrentou seu maior desafio enquanto espécie: o risco concreto de aniquilação. A ameaça nuclear evidenciou a vulnerabilidade humana a ponto de colocar em pauta a urgência de se criar mecanismos para mudar o curso histórico, propiciando uma mirada para o abismo, e a tentativa de se empreitar uma caminhada em sentido contrário. (BOBBIO, 2009, p. 253)[40]

Também o direito, concebido como um sistema jurídico instituído por um Estado nacional, mostrou mais que a impotência diante da miséria humana. Mostrou ser ele o responsável por desencadear e perpetuar essa miséria, como se verificou através do processo instituído enquanto política pública para aniquilação de seres humanos no III Reich Nazista. Os campos de concentração corresponderam a um projeto político de extermínio de pessoas a quem fora negada sua própria humanidade (PIOVESAN, 2015, p. 45).

Como bem assinala Cançado Trindade (2003, p. 50):

> No hay que olvidarse que el positivismo jurídico dotó el Estado de "voluntad propia" y redujo los derechos de los seres humanos a los que el Estado a éstos "concedía"; en el plano normativo, el positivismo se mostró subserviente al orden legal establecido, y convalidó los sucesivos abusos practicados, em nombre de éste, contra el ser humano.

Diante desse quadro, a humanidade reconheceu que nenhum outro passo poderia ser tomado naquela direção; estava-se em processo de destruição da própria espécie. O direito não poderia ser um sistema que gerava não só violência, mas promovia o não reconhecimento do outro, sua estigmatização em uma categoria de indesejáveis (ARENDT, 2012, p. 300 e 331).

Ficou patente a necessidade de se estabelecer uma responsabilidade pela preservação do homem, e pelo reconhecimento de toda pessoa como sujeito de direitos, para além dos limites do direito nacional interno. Era necessário resgatar o homem enquanto valor ético fundamental e estabelecer mecanismos a partir dos quais os Estados se comprometeriam em reconhecer direitos humanos e implementá-los (PIOVESAN, 2015, p. 45-47, 81). A soberania estatal não mais poderia ser o escudo protetor de qualquer prática jurídica, de qualquer direito, pois o Estado passou a assumir a principal função de proteger e respeitar os direitos da pessoa humana, e seria nessa condição que teria sua soberania respeitada (MORALES ANTONIAZZI, 2016, p. 60).

Nesse contexto, a Carta de São Francisco de 1945 instituiu a Organização das Nações Unidas que tinha, dentre seus objetivos, precisamente comprometer os Estados a reconhecer e fazer cumprir os direitos humanos. Em 1948 foi assinada a Declaração Universal dos Direitos Humanos, instituindo um

---

40   Essa caminhada não pode implicar a instituição de novas e mais potentes armas, como se viu no período da Guerra Fria, bem salientado e condenado por Norberto Bobbio: "A novidade paradoxal, perturbadora, e, acrescento eu, indecente, dessa fórmula está na inversão de uma verdade que pareceu óbvia ao longo de todo o curso da história humana. Os homens sempre acreditaram que o único modo de abolir as guerras fosse jogar fora as armas. Os fautores do equilíbrio do terror, ao contrário, querem nos fazer acreditar que, para eliminar a guerra, não podemos destruir as armas, devemos sim torna-las cada vez mais potentes e mortíferas, de modo a dissuadir os dois máximos contentores de utilizá-las" (2009, p. 253).

mínimo ético universal atribuível a toda pessoa, independentemente de sua vinculação jurídica a um Estado Nacional (COMPARATO, 2015, p. 68-69). Fundava-se assim a fase contemporânea dos direitos humanos, marcada pela existência de instituições internacionais responsáveis pela criação e aplicação de documentos jurídicos internacionais, vinculantes para os Estados; e pela relativização da soberania, a qual não mais poderia ser invocada para legitimar ordenamentos jurídicos e instituições estatais destinadas à violação dos direitos humanos (PIOVESAN, 2015, p. 47).

Paralelamente ao sistema internacional de proteção dos direitos humanos, surgiu nas Américas o sistema regional instituído a partir da Organização dos Estados Americanos. Aqui, a primeira preocupação a respeito da instituição de um sistema internacional não foi a salvaguarda de direitos humanos, mas a sobrevivência econômica dos países envolvidos. Os Estados americanos estavam bastante preocupados com o seu próprio desenvolvimento, e esperavam dos Estados Unidos – elevados à superpotência na repartição bipolar do mundo após o final da II Guerra – uma ajuda financeira parecida com a do Plano Marshall. Reuniram-se em Bogotá em 1948 para a criação da Organização dos Estados Americanos, e estabeleceram uma declaração de direitos muito similar à aprovada no plano internacional (CORREIA, 2008, p. 92).

Num primeiro momento, esse sistema regional estava dividido entre Estados Unidos de um lado, em avançado processo de industrialização que viam na América Latina um mercado a ser explorado, e países latino-americanos, que buscavam encontrar na OEA garantias políticas para sua autonomia e independência. Assim a Carta da OEA determinava a solução pacífica das controvérsias, a consolidação da democracia e um regime de cooperação entre os Estados americanos (CORREIA, 2009, p. 93).

A preocupação com os direitos humanos só ganhou corpo com a criação da Convenção Americana de Direitos Humanos, aprovada na Conferência de São José da Costa Rica em 1969, em vigor a partir de 1978, reproduzindo basicamente direitos humanos previstos no Pacto Internacional de Direitos Civis e Políticos de 1966[41]. Logrou aferir substancial adesão dos países que integram o bloco regional[42], que, ao aderirem ao instrumento normativo aceitavam a flexibilização de sua soberania no sentido de reconhecer um sistema jurídico supranacional como estrutura legítima de imposição

---

41 Como salienta Comparato, a Organização dos Estados Americanos deixou para regular posteriormente direitos sociais, econômicos e culturais, o que vez na Conferência Interamericana de San Salvador, de 1988, em que diversos países aderiram ao Protocolo Adicional. O Brasil aderiu tanto à Convenção Americana, em 1992 (Decreto n. 4463) quanto ao Protocolo Adicional, em 1995 (Decreto-Legislativo n. 56). (2015, p. 380-381).

42 Dos 35 países que compõem a OEA, assinaram 25: Argentina, Barbados, Bolívia, Brasil, Chile, Colômbia, Costa Rica, Dominica, Equador, El Salvador, Granada, Guatemala, Haiti, Honduras, Jamaica, Mexico, Nicarágua, Panamá, Paraguai, Peru, República Dominicana, Suriname, Trinidad e Tobago, Uruguai e Venezuela. (CORREIA, 2009, p. 100). Evidencia-se que Estados Unidos distanciaram-se do sistema regional, na medida em que não ratificaram a Convenção.

de condutas. O próprio texto da Convenção exige que os Estados adotem as medidas legislativas, administrativas ou outras necessárias à proteção e promoção dos direitos humanos nela enunciados, o que demonstra sua inequívoca pretensão de garantir a maior efetividade possível a esses direitos, determinado aos Estados um autêntico comprometimento.

Esta estrutura jurídica regional, com existência paralela e autônoma em relação ao sistema internacional, acabou encontrando uma justificativa própria para sua consolidação, em virtude das particularidades vividas pelos países americanos (PIOVESAN, 2015, p. 100-101). Ainda que o terror do nazismo e da ameaça nuclear não tenham se sentido de forma tão premente em solo americano, também esses países conviveram com regimes autoritários, que deixaram um legado de violação de direitos humanos. Os países americanos convivem com problemas que lhe são bastante peculiares, como a desigualdade e a exclusão social, os altos índices de violência e de impunidade, bem como a precariedade do *rule of law* e da frágil tradição de respeito aos direitos humanos (PIOVESAN, 2015, p. 137).

Apesar de terem passado por um intenso processo de democratização nas décadas de 80 e 90, os países latino-americanos ainda convivem com as heranças deixadas pelas rupturas com o Estado de Direito. Como coloca Paulo Weil (2010, p. 87), a América Latina convive com o paradoxo decorrente do reconhecimento formal dos direitos humanos em suas cartas constitucionais (tanto civis e políticos, quanto sociais, econômicos e culturais), mas com uma realidade de pobreza e desigualdade, em decorrência da adoção de modelos liberais de Estado que acabaram por desaparelhá-lo como instrumento de concretização desses direitos. Uma combinação como esta levou ao aumento e à diversificação da violência, como demonstram os conflitos agrários e a persistência do trabalho em condições análogas a de estravo (WEIL, 2010, p. 87).

Como aponta Gargarella (2014, p. 199-202), muitas constituições latino-americanas do século XX reconheceram em seu corpo direitos humanos de matizes liberais e sociais, especialmente a fim de favorecer grupos descontentes com a desigualdade social e reagir às consequências deixadas por governos ditatoriais. Todavia, especialmente nos casos brasileiro e chileno, esse reconhecimento não foi acompanhado das necessárias mudanças na estrutura do Estado (a "sala de máquinas" da Constituição), que manteve concentração de poder político e baixa densidade normativa para a realização dos direitos (GARGARELLA, 2014, p. 270-274). Constituições plenas de direitos, mas também de poder para os Chefes de Governo, implicam, na visão de Gargarella, uma contradição interna que acaba por dificultar ou comprometer a proteção desses direitos:

> Aquella imagen de convivencia pacífica encubre, en ocasiones, el incumplimiento o la indiferencia de los poderes políticos hacia sus obligaciones en materia de derechos; y en otras ocasiones simplemente se niega a

reconocer las implicaciones de lo que significa que un presidente bloquee la implementación de ciertos derechos sociales, o ignora el significado de un Congreso que dilata indefinidamente la puesta en práctica de las cláusulas más participativas (GARGARELLA, 2014, p. 287).

Importante verificar que a Convenção Americana de Direitos Humanos foi firmada em 1969, mas desde 1964 o Brasil já enfrentava uma Ditadura Militar[43], e desde 1968, com a edição do Ato Institucional n. 5[44], havia suspenso garantias constitucionais muito caras à preservação e proteção da dignidade humana, como o *habeas corpus*. A implementação de ditaduras militares alinhadas com a direita foi uma constante latino-americana[45], desencadeando ondas de perseguição, desaparecimento forçado, torturas, censura, e cassação de direitos políticos.

Diante desses problemas o sistema regional montou uma complexa estrutura jurídica, ancorada na tríade formada pela Convenção Americana, enquanto documento normativo; pela Comissão Interamericana, órgão especialmente responsável pela proteção dos direitos humanos em sentido amplo, e a Corte Interamericana, órgão jurisdicional responsável pelo julgamento dos casos de violação de direitos humanos.

Ainda que haja posições defendendo a baixa juridicidade desse sistema (NIETO NAVIA, 1988), é preciso reconhecer a preocupação do sistema interamericano de promover, entre os países do bloco regional, a adoção de mecanismos eficazes, como a petição individual através da qual um indivíduo, alçado à estatura de sujeito de direitos no plano internacional, pode

---

43 Precisamente por isso só aderiu à Convenção em 1992, depois da democratização assegurada pela Constituição Federal de 1988.
44 O Ato Institucional n. 5, de 13/12/1068 suspendia diversos direitos humanos essenciais à democracia e à dignidade humana: Art. 2º – O Presidente da República poderá decretar o recesso do Congresso Nacional, das Assembléias Legislativas e das Câmaras de Vereadores, por Ato Complementar, em estado de sitio ou fora dele, só voltando os mesmos a funcionar quando convocados pelo Presidente da República; Art. 4º – No interesse de preservar a Revolução, o Presidente da República, ouvido o Conselho de Segurança Nacional, e sem as limitações previstas na Constituição, poderá suspender os direitos políticos de quaisquer cidadãos pelo prazo de 10 anos e cassar mandatos eletivos federais, estaduais e municipais; Art. 10 – Fica suspensa a garantia de habeas corpus, nos casos de crimes políticos, contra a segurança nacional, a ordem econômica e social e a economia popular; Art. 11 – Excluem-se de qualquer apreciação judicial todos os atos praticados de acordo com este Ato institucional e seus Atos Complementares, bem como os respectivos efeitos (BRASIL, 1968).
45 Em breve síntese: (i) golpe de Estado na Guatemala, em 1954; (ii) no Paraguai o general Alfredo Stroessner comandou um golpe contra o presidente Federico Chávez e assumiu o poder, nele permanecendo por 35 anos; (iii) na Argentina, em 1962, militares tomaram o poder derrubando o presidente Arturo Frondizi, em 1976, outro golpe afastou do poder a Presidente Isabelita Perón; (iv) a Bolívia sofreu um golpe de Estado em 1964, com a deposição do presidente esquerdista Victor Paz Estenssoro, e ingressou em um período de grave instabilidade política, sendo que a democracia só retornou em 1985 com a eleição do mesmo Estenssoro; (v) também em 1965 a República Dominicana mergulhou em ditadura militar com o golpe contra o presidente eleito Juan Emilio Bosch Gaviño; (vi) em 1968, o Peru sofreu golpe de Estado e assumiu o poder general Juan Velasco Alvarado; (vii) Em 1973 a ditadura militar chega ao Chile, com a deposição do presidente Salvador Allende e a tomada do poder pelo general Augusto Pinochet; (viii) no Uruguai, a ditadura militar teve início em 1973, em que o presidente eleito Juan María Bordaberry suspendeu a constituição, fechou o congresso e passou a governar como ditador (BECATTINI, 2013).

denunciar a violação de direitos humanos por parte de um Estado-membro (CANÇADO TRINDADE, 2003, p. 59-60, 70).

É nesse sentido que o sistema aparelhou um órgão jurisdicional com poder para interpretar e aplicar a Convenção, inclusive determinando condutas aos Estados que violem esses direitos: a Corte. Trata-se, como coloca Piovesan, de aliar "a gramática de direitos e a gramática de deveres; ou seja, os direitos internacionais impõem deveres jurídicos aos Estados (prestações positivas e/ou negativas), no sentido de respeitar, proteger e implementar os direitos humanos" (2015, p. 106).

A Corte, verdadeiro órgão jurisdicional, é formada por sete juízes, oriundos de Estados membros da OEA, eleitos pela Assembleia Geral para um mandato de seis anos, sendo possível uma única reeleição. Ela desempenha uma função consultiva de interpretação da Convenção Americana e tratados internacionais dos quais os Estados americanos sejam parte, mediante a emissão de pareceres (art. 64); e uma função contenciosa, em que Comissão Interamericana de Direitos Humanos e Estados-membros podem denunciar casos de violação de direitos humanos previstos na Convenção por parte de outros Estados-membros da OEA. Neste último caso, desenrola-se autêntico processo judicial que poderá culminar em uma solução amistosa, em que o Estado reconhece a violação e acorda a adoção de condutas para reparar os danos dela decorrentes, bem como prevenir novas violações (art. 53, Regulamento Interno da Corte), ou em sentença judicial (arts. 63 e 68 da Convenção Americana de Direitos Humanos).

Um dos aspectos determinantes da eficácia da atuação jurisdicional da Corte é o fato de que ela só decide casos que forem apresentados contra Estados que tenham, expressamente, reconhecido sua competência (art. 62 da Convenção Americana de Direitos Humanos). Esse reconhecimento foi gradual na América Latina, tendo se iniciado pela Venezuela e o Peru em 1981. O Brasil foi o último Estado a reconhecer essa competência em 1998 (MORALES ANTONIAZZI, 2016, p. 63), colocando-se ao lado da maioria dos Estados-membros da OEA[46]. É preciso ressaltar que os Estados Unidos, embora tenham assinado a Convenção Americana de Direitos Humanos em 1977, jamais a ratificaram, e, portanto, não reconhecem a competência da Corte. Tem-se enfatizado que um dos primeiros desafios para a implementação das decisões da Corte é precisamente lograr auferir o reconhecimento de todos os países que aderiram à Convenção Americana de Direitos Humanos (CANÇADO TRINDADE, 2003, p. 31).

---

46 Os 25 Estados que reconheceram a obrigatoriedade da competência da Corte Interamericana são: Argentina, Barbados, Bolívia, Brasil, Colômbia, Costa Rica, Chile, Dominica, Equador, El Salvador, Granada, Guatemala, Haiti, Honduras, Jamaica, México, Nicarágua, Panamá, Paraguai, Peru, República Dominicana, Suriname, Trinidad e Tobago, Uruguai e Venezuela (CORTE INTERAMERICANA DE DIREITOS HUMANOS).

Ainda assim, mesmo contando com uma significativa adesão dos Estados-membros da OEA, é da própria lógica do sistema um menor poder de implementação das decisões proferidas em sede internacional. Duarte Junior reconhece a existência de um embate entre o direito interno dos Estados e o direito internacional, na medida em que ambos têm um poder de coerção profundamente diferenciado. Enquanto o direito interno goza de uma ampla estrutura de coerção (*hard law*), o direito internacional (*soft law*), por precisar se adequar a uma concepção ainda resistente em diversas searas de soberania, e submete-se a um sistema global de poderes assimétricos, carece da mesma exequibilidade (DUARTE JUNIOR, 2008, p. 21).

É nesse sentido que as teorizações de Pierre Bourdieu, grande sociólogo contemporâneo, podem fornecer um instrumental capaz de permitir a compreensão dessa dificuldade.

3. O campo do sistema regional dos direitos humanos

Embora não tenha tido por foco central de suas preocupações o sistema jurídico, Pierre Bourdieu dedicou-se ao seu estudo em "O poder simbólico", como pertencente a um campo social dotado de especificidades em relação às pressões externas, "no interior do qual se produz e se exerce a autoridade jurídica, forma por excelência da violência simbólica legítima cujo monopólio pertence ao Estado e que se pode combinar com o exercício da força física" (2002, p. 211). A lógica desse campo jurídico estaria, de um lado, nas relações de força específicas que determinam sua estrutura e as lutas de concorrência, e, de outro lado, na lógica interna das obras jurídicas que delimitam o universo das soluções propriamente jurídicas (BOURDIEU, p. 211).

Verifica-se que para Bourdieu, a realidade social deveria ser compreendida a partir do método construtivista estruturalista:

> Por estruturalismo, ou estruturalista, quero dizer que existem, no próprio mundo social e não apenas nos sistemas simbólicos – linguagem, mito, etc. -, estruturas objetivas, independentes da consciência e da vontade dos agentes, as quais são capazes de orientar ou coagir suas práticas e representações. Por construtivismo, quero dizer que há, de um lado, uma gênese social dos esquemas de percepção, pensamento e ação que são constitutivos daquilo que chamo de *habitus* e, de outro, das estruturas sociais, em particular do que chamo de campos e grupos, e particularmente do que se costuma chamar de classes sociais (BOURDIEU apud PETERS, 2013).

Há um movimento dialético circular entre comportamento e estrutura (que seria historicamente reversível) mas que gera uma tendência à reprodução de práticas sociais e relações de poder. Essa dialética permite compreender como que a forma de pensar e agir do sujeito é determinada pela estrutura, e, ao passo em que se realiza, acaba por contribuir para a manutenção e preservação dessa mesma estrutura (PETERS, 2013, p. 60).

Para se compreender o Direito segundo o método criado por Bourdieu, há que se atentar para as estruturas sociais como determinantes das condutas das pessoas, como as normas jurídicas, os tribunais, os departamentos estatais encarregados de operacionalizar os processos judiciais e mesmo os mecanismos de repressão jurídica, como a polícia judiciária. Os atores desse campo, que trazem consigo toda a sua bagagem de comportamentos e história, todavia, também influenciam as estruturas, podendo modifica-las para atender seus objetivos nas trocas de poder simbólico (PETERS, 2013, p. 60).

Essa visão construtivista também permite a compreensão da efetividade das decisões proferidas pela Corte Interamericana de Direitos Humanos na medida em que foca na

> redefinición de las disputas entre grupos sociales, en particular, el empoderamiento de ciertos grupos de víctimas o agencias estatales (efectos indirectos) o en el cambio de ideas, percepciones e imaginários sociales respecto al tema objeto de liticio (efectos simbólicos) (VERA, 2016, p. 55).

Embora tenha pensado o campo jurídico para a figura do direito interno, pretende-se demonstrar que é possível também compreender a estrutura do sistema jurídico interamericano, juntamente como seus atores, segundo a forma de compreensão do mundo inaugurada por Bourdieu, especialmente a partir da categoria do campo, da violência simbólica e dos processos de dominação que lhe são inerentes.

Para Bourdieu, o campo corresponde a "um estado da relação de força entre os agentes ou as instituições envolvidas na luta ou, se se preferir, da distribuição do capital específico que, acumulado no decorrer das lutas anteriores, orienta as estratégias posteriores" (BOURDIEU, 2003, p. 120). Neste espaço materializam-se os *habitus* como "mediação entre as condições sociais existentes e as ações individuais [...], historicamente construídas, auxiliando no entendimento de uma homogeneidade de grupos que tenham uma trajetória social em comum" (SANTOS, p. 88). O campo acaba por funcionar como um espaço social em que há um jogo especializado, cujos atores disputam o monopólio da violência legítima a partir de seu capital, o qual, por sua vez, corresponde ao conjunto de recursos que são reconhecidos como valiosos pelos membros do campo e pelas regras desse jogo (não sendo necessariamente econômico). Existe, assim, uma tensão constante entre dominantes e dominados no campo, os primeiros preocupados em preservar o capital social conquistado, e os últimos focados na exposição da ilegitimidade desse capital social. Trata-se de um movimento que acaba por reforçar a estrutura de dominação, na medida em que a própria lógica das regras de funcionamento do campo não é questionada (SANTOS, p. 90-91).

Como Bourdieu bem enfatizou, trata-se de um conceito aberto e, portanto, aplicável a várias realidades. Os conceitos não podem ser hermeticamente fechados, sob risco de perderem sua operacionalidade, mas devem justamente permitir a compreensão de situações concretas, e podem inclusive evoluir (BOURDIEU, 2003, p. 127). Cada campo tem especificidades próprias, as quais, na medida em que são estudadas[47], permitem que se extraia as validades universais que estão presentes em todos os campos, mas que assumem feições diferenciadas a partir das características secundárias (BOURDIEU, 2003, p. 119). O que há de comum em todos os campos, segundo Bourdieu, é a luta inerente aos processos de dominação, são regras universais a todos os campos que permitem que se promova a sua identificação como tal. Trata-se do conceito de homologia, tal como explicado por Tavares Neto e Mezzaroba (2016, p. 125):

> Homologia na linguagem bourdieusiana se refere aos processos de estruturação objetiva comuns aos mais diversos campos sociais, ou seja, a possibilidade de observação pela equiparação entre suas formas de funcionamento sem a destruição de suas relativas autonomias no interior do campo social, tais como o campo do direito, do jornalismo, da Ciência Política, da biologia, matemática.

O campo jurídico foi concebido por Bourdieu tendo por referência o direito interno, produzido por um Estado e por seus órgãos implementado. Nesse campo, existe um processo de violência simbólica que os dominantes – os juízes – realizam em relação aos demais (advogados, funcionários do Poder Judiciário, justiciáveis), no momento em que promovem a interpretação do direito com autoridade, a qual é reconhecida como legítima na medida em que atende a certos pressupostos, como legalidade, constitucionalidade, fundamentação racional. É nesse campo jurídico, portanto, que se realiza o monopólio dos agentes técnicos e sociais com autoridade para dizer o direito, definindo, portanto qual é a forma "legítima e justa" do mundo social (BOURDIEU, 2002, p. 212).

Assim como no campo jurídico tradicional, no campo do sistema interamericano dos direitos humanos também há uma divisão do trabalho entre

---

[47] Para Montagner, o conceito de campo, como categoria geral, pode engendrar o reconhecimento de diversos campos específicos, com ora se pretende: "Sua utilização permite, como se fora uma profecia auto--realizável, ao mesmo tempo uma análise de um determinado espaço social específico e, nos casos nos quais ainda não existia um determinado campo, a sua própria inauguração fundadora (considerando que os intelectuais são os operadores da criação simbólica)" (2010, p. 256).

magistrados e doutrinadores, sendo que cabe aos primeiros, mais propriamente aos sete juízes da Corte Interamericana, definir a interpretação e a aplicação da Convenção Americana de Direitos Humanos.

Na visão de Bourdieu, no campo do direito há uma disputa pela autoridade e pelo poder entre dois grandes grupos, professores que interpretam o direito para o campo puramente teórico da doutrina (teóricos); e magistrados que interpretam o direito para a aplicação prática, aos casos concretos (práticos). O sentido do direito é dado justamente pela confrontação entre esses diversos intérpretes, que representam interesses específicos a respeito da aplicação/interpretação da lei (BOURDIEU, 2002, p. 233).

A própria forma do campo jurídico depende da força relativa dos teóricos e dos práticos em um dado momento histórico, e de sua capacidade de impor sua interpretação do direito. Mas entre esses dois atores, há um antagonismo meramente aparente, pois sua atuação é, em verdade, complementar. As funções se integram dentro da divisão do trabalho de dominação simbólica, na qual os adversários, objetivamente cúmplices, se servem uns aos outros. Juízes se servem das interpretações doutrinárias em suas sentenças, e passam a dotá-las de autoridade simbólica. Teóricos estudam a produção judicial e sobre ela produzem novas teorias, delineando em um processo dialético o sentido da implementação do direito aos casos concretos. E o juiz encontra legitimação para sua prática precisamente na interpretação feita pelos doutrinadores, através de uma cadeia de legitimidade, de modo que seus atos escapam da violência arbitrária (BOURDIEU, 2002, p. 226).

Importante que se diga que assim como no campo do direito interno, no campo do sistema interamericano de direitos humanos muitos teóricos já com grande capital jurídico (ou seja, amplamente reconhecidos pela validade de suas teorizações) conseguem alçar a carreira de juízes da Corte Interamericana, escolhidos pela Assembleia Geral da OEA. A concepção protetora de direitos humanos defendida na academia do Direito passa a integrar decisões judiciais e se eleva em violência simbólica garantindo, em tese, grande eficácia na proteção desses direitos.

No caso do sistema interamericano, essa influência é bastante evidente. Da composição atual da Corte[48], os juízes Eduardo Ferrer Mac-Gregor Poisot[49],

---

[48] Composição atual da Corte Interamericana de Direitos Humanos: Roberto de Figueiredo Caldas (Brasil – Presidente até 2018); Eduardo Ferrer Mac-Gregor Poisot (México); Eduardo Vio Grossi (Chile); Elizabeth Odio Benito (Costa Rica); Eugenio Raúl Zaffaroni (Argentina); Humberto Antônio Sierra Porto (Colômbia) e L. Patrício Pazmiño Freire (Equador). CORTE INTERAMERICANA DE DERECHOS HUMANOS. Composición Actual. San Jose, 2016. Disponível em: <www.corteidh.or.cr/index.php/es/acerca-de/composicion>. Acesso em: 10 ago. 2016.

[49] Investigador titular por oposición em el Instituto de Investigaciones Jurídicas de la Universidad Nacional Autónoma de México (UNAM) e investigador nível III del Sistema Nacional de Investigaciones del Consejo Nacional de Ciencia y Tecnologia. Professor Titular por oposición de la asignatura Derecho procesal constitucional em la Faculdad de Derecho de la Universidad Nacional Autónoma de México (UNAM). Disponível em: <https://es.m.wikipedia.org/wiki/Eduardo_Ferrer_Mac-Gregor_Poisot>. Acesso em: 10 ago. 2016.

Eduardo Renato Vio Grossi[50], Elizabeth Odio Benito[51], Eugenio Raúl Zaffaroni[52] e L. Patricio Pazmiño Freire[53] são egressos ou mantém carreira acadêmica. Assim, se teóricos defendem uma concepção contemporânea de direitos humanos que alça o indivíduo à categoria ética fundamente das normas jurídicas, esta concepção permeia também as decisões e as recomendações oriundas da Corte. Verifica-se, assim, uma "coesão social do corpo dos intérpretes" nesse campo em históricas da razão jurídica e à crença na visão ordenada da ordem social por eles produzida" (BOURDIEU, 2002, p. 214). É o trabalho produzido pelos teóricos dos direitos humanos, complementado por aquele produzido pela Corte (ela própria também formada em grande parte por pessoas com afinidades acadêmicas) que delimita as características do campo do sistema interamericano de direitos humanos. Trata-se de um trabalho de racionalização das normas que acaba por conferir eficácia simbólica ao Direito:

> O trabalho de racionalização, ao fazer acender ao estatuto de veredicto uma decisão judicial que deve, sem dúvida, mais às atitudes éticas dos agentes do que às normas puras do direito, confere-lhe a *eficácia simbólica* exercida por toda a acção quando, ignorada no que têm de arbitrário, é reconhecida como legítima (BOURDIEU, 2002, p. 225).

É nesse sentido que se verifica o exercício da violência simbólica no campo do sistema interamericano. Também nele é possível identificar essa "lei universal" inerente a todos os campos, segundo Bourdieu, na medida em que os atores que participam desse campo (Estados-membros da OEA, Comissão Interamericana, vítimas de violação de direitos humanos) atribuem à Corte a legitimidade para a solução dos litígios e para a interpretação autorizada da Convenção Americana de Direitos Humanos. Assim, a Corte exerce uma violência simbólica em relação aos demais membros na medida em que sentencia os casos que lhe são submetidos, e também quando emite pareceres quando provocada em sua função consultiva. Bourdieu define a violência simbólica como sendo:

---

50 Doctor en Derecho Público de la Universidad Pierre Mendès France, Grenoble 2, 1976. Disponível em: <www.corteidh.or.cr/sitios/compos14/EVG.html>. Acesso em: 10 ago. 2016.
51 Professora Catedrática de la Universidad de Costa Rica, Facultad de Derecho en 1986, e Professora Emérita en 1995. Disponível em: <http://www.corteidh.or.cr/tablas/EOB.pdf>. Acesso em: 10 ago. 2016.
52 Profesor Titular regular de Derecho Penal en la Facultad de Derecho y Ciencias Sociales de la Universidad de Buenos Aires desde 1986 hasta 2007, Director del Departamento de Derecho Penal y Criminología de la Facultad de Derecho de la Universidad de Buenos Aires de 1994 hasta 2011. Disponível em: <http://www.corteidh.or.cr/tablas/ERZ.pdf>. Acesso em: 10 ago. 2016
53 Maestría en Derecho. Derechos económicos y sociales y culturales, 2004-2005. Universidad Andina Simón Bolívar, Ecuador. – Maestría en Derecho. Derechos económicos y sociales y culturales, 2005-2006. Universidad Andina Simón Bolívar, Ecuador. Disponível em: <http://www.corteidh.or.cr/tablas/LPPF.pdf>. Acesso em: 10 ago. 2016.

[...] violência simbólica, insensível, invisível a suas próprias vítimas, que se exerce essencialmente pelas vias puramente simbólicas da comunicação e do conhecimento, ou, mas precisamente, do desconhecimento, do reconhecimento ou, em última instância, do sentimento (BOURDIEU, 1999, p. 8-9).

Interessante observar que na medida em que os dominados (aqueles que se submetem às decisões judiciais) tentam apontar impropriedades na atuação dos magistrados através de argumentos de defesa, acabam por reforçar a estrutura de dominação do próprio campo. Todavia, é preciso levar em consideração que as decisões proferidas no plano regional enfrentam dificuldades para se efetivar no plano interno do direito de cada Estado, como será abordado no próximo item, o que denota um questionamento – ainda que não declarado – das próprias regras do jogo do campo. Na medida em que os Estados invocam a soberania interna para negligenciar orientações da Comissão Interamericana, e descumprir decisões da Corte, atentam contra a própria estrutura do campo, o que lhe tira força e autonomia.

É que, na verdade, a própria estrutura internacional tem implicado mudanças na estrutura do campo jurídico interno, pois insere ingredientes na sua lógica interna na medida em que determina que o Poder Judiciário do Estado não é mais o único capaz de imprimir autoridade às suas decisões, ao determinar comportamentos para proteger direitos humanos. A partir das teorizações de Bourdieu, pode-se reconhecer a existência de uma crise latente na estrutura do campo jurídico interno, que tem seus pressupostos questionados pela interação com um ordenamento jurídico internacional com pretensa eficácia no plano interno.[54]

Vale ressaltar que o magistrado Eduardo Ferrer Mac-Gregor se revela entusiasta do controle de convencionalidade praticado pela Corte Interamericana, defendendo sua competência para exigir dos Estados-membros da OEA mudanças legislativas e implementação de políticas públicas capazes de realizar/promover os direitos humanos segundo o sentido interpretado pela Corte. Em suas decisões, o juiz mexicano assume uma verdadeira prática pedagógica a fim de convencer juízes nacionais a implementarem, também através de suas decisões internas, mencionado controle (BURGORGUE-LARSEN, 2016, p. 31-32).

---

54 "De uma construção estabelecida Bourdieu não nega a mudança, mas chama a atenção em que períodos de transição, a resistência incorporada e silenciosa se opõe às estratégias de mudanças, estas definidas pelo mesmo passado que agora é combatido. [...] Nessas condições, o embate está nos agentes em dar formato em posições que ocupam, ou os postos a serem alcançados, mesmo que criando em certas situações algumas deformações, moldando esses agentes e/ou postos. Em momentos de crise, o discurso que surge cria novo senso comum coberto por uma legitimidade, a partir de uma autoridade que manifesta expressão de experiências no campo emergente, incutindo uma maneira de viver e entender o mundo social. Uma nova divisão vai criar resistências daqueles que estão perdendo posições como um anova representação mais elevada em nome de uma unidade, incorporando um discurso de bom senso, trabalhando com a neutralização da ordem social e um "discurso político despolitizado" (SANTOS, p. 92).

No campo do sistema interamericano, quem se submete a esse poder simbólico mais diretamente é o justiciável, a figura da parte que leva ao Judiciário o seu caso concreto, esperando que ele determine a aplicação do Direito. Trata-se do "cliente", segundo Bourdieu, a figura do cidadão que procura entrar no campo jurídico para receber a prestação jurisdicional ainda que não domine suas regras, não fale sua língua (2002, p. 225). Como salienta Bourdieu: "Entrar no jogo, conformar-se com o direito para resolver o conflito, é aceitar tacitamente a adopção de um modo de expressão e de discussão que implica a renúncia à violência física e às formas elementares da violência simbólica, como a injúria" (2002, p. 229).

No caso do campo do sistema interamericano, essa noção tem um significado especial: levar uma violação de direitos humanos ao plano regional evidencia que o direito interno não foi capaz de proteger a integridade dos direitos da pessoa humana, que o Estado, no lugar de ser o agente realizador dos direitos, foi quem violou, ou permitiu que fossem violados, direitos essenciais à dignidade humana. Para o Estado-membro da OEA, ingressar nesse campo significa abdicar de parcela significativa de sua soberania e reconhecer a possibilidade de o órgão internacional averiguar condutas praticadas pelo Estado que sejam ilícitas, seja por violação direta de direitos humanos, seja pela própria falha no seu campo jurídico interno, incapaz de coibir essa violação, e proteger os direitos.

Austin, citado por Bourdieu, enumera três exigências para se adentrar o campo jurídico: (a) aceitar que o conflito deve ser resolvido por uma decisão entre culpado ou inocente, favorável a um ou ao outro; (b) tanto a acusação quanto a defesa devem se enquadrar nos ritos definidos pelas normas jurídicas, que estereotipam descaracterizando as nuances da vida real, o que torna os argumentos excessivamente triviais e portanto aquém das leis, ou excessivamente morais, e portanto fora da lei; (c) a aceitação dos precedentes judiciais para o enquadramento do caso, o que permite que as expressões cotidianas sejam substituídas pelas essencialmente jurídicas, que as dirtorcem. (BOURDIEU, 2002, p. 230).

No caso do campo do sistema interamericano de direitos humanos, existem diferentes classes de pessoas que chegam à Corte. Por determinação do Estatuto da própria Corte, ela só pode julgar casos envolvendo Estados-membros da OEA e a Comissão Interamericana de Direitos Humanos (PIOVESAN, 2015, p. 156), o que significa que os casos que chegam à Corte já passaram inicialmente pela Comissão, órgão que recebe as denúncias individuais em casos de violação, e os processa, ouvindo o Estado-membro e colhendo provas. Em situações em que não tenha se chegado a uma solução amistosa, e a Comissão entenda pela existência de violação de direitos previstos na Convenção, determinará recomendações aos Estados que tem um prazo de três meses para adotar as providências designadas. Se não o fizer, a Comissão leva o caso à Corte (PIOVESAN, 2015, p. 148).

A lógica desse sistema, pautado na existência de um órgão jurisdicional ao qual conseguem chegar apenas a Comissão Interamericana e os Estados-membros da OEA, não está livre de críticas. Trata-se de revestir a estrutura de proteção dos direitos de atores distantes da realidade social, com uma linguagem particular[55], o que dificulta o acesso daqueles mais interessados na sua efetividade: os cidadãos. Como observa Paulo Weil (2010, p. 91):

> O entendimento dos direitos humanos não encontra na tecnologia jurídica seu meio de acesso por excelência. Ao contrário, somos levados a perceber que a literatura jurídica convencional, em certos casos, pautada por regras formais, consiste em óbices para o acesso a esses direitos. Esse processo abre espaço ao fortalecimento dos atores da sociedade civil, em um processo que os legitima como interlocutores e fortalece a própria sociedade civil como locus privilegiado da criação do direito. Esse processo implica uma crítica profunda à tradição do direito, que se afastou historicamente dos compromissos com os conteúdos valorativos estruturantes da sociedade política, em razão da afirmação da ciência, ao modelo da revolução científica, livre de todos os subjetivismos.

De fato, na medida em que o sistema interamericano de direitos humanos só pode ser buscado quando esgotados todos os meios jurídicos capazes de corrigir as violações de direitos no plano interno, é certo que são pouquíssimos os casos que encontram agentes da sociedade com fôlego para levar a reclamação para o foro supra-estatal.

Todavia, o sistema tem providenciado importantes aberturas. A partir de 2001, o Regimento Interno da Corte admitiu a participação no processo das vítimas da violação de direitos humanos, ou seus familiares (nos casos em que a vítima não pode estar presente, como os casos de desaparecimento forçado, ou em casos de morte), ou ainda de Organizações Não Governamentais que as representem (CANÇADO TRINDADE, 2003, 103). Esse fator mostra que o indivíduo não se vê como destinatário da violência simbólica a ser aplicada pela Corte, mas sim como um interessado em ver essa violência aplicada contra o Estado-membro.

Assim, no campo do sistema interamericano de direitos humanos, tem-se de um lado da Corte Interamericana os sete juízes responsáveis pela missão de dizer o direito, e do outro, a Comissão como órgão que

---

55 Como observa Santos, "a produção dos discursos, com a finalidade de se tornarem legítimos, confere autoridade a quem os produz numa 'criação continuada', que reflete o choque de interesses envolvidos. Escritores, gramáticos, pedagogos e jornalistas exercem sobre a cultura um poder simbólico, estabelecendo uma linguagem selecionada e restrita, de pouco acesso ao uso popular" (p. 93).

procura responsabilizar o Estado pela violação de direitos, o Estado realizando a sua defesa, e as próprias vítimas, como agentes interessados em uma prestação jurisdicional que reconheça a idoneidade de sua pretensão, ou, em outras palavras, a responsabilidade do Estado pela violação de seus direitos. Trata-se de um processo de reconstituição da realidade dentro das regras do próprio campo (BOURDIEU, 2002, p. 229), em que a estrutura regional interamericana sai reforçada a cada causa julgada, na medida em que as partes buscaram nela a solução dos conflitos reconhecendo a evidente falibilidade do Estado moderno soberano na proteção da pessoa humana.

Se a posição dominante desse campo é a autoridade legítima para definir a interpretação e a aplicação dos direitos humanos, é certo que ele não é econômico, mas próprio do campo, correspondendo ao reconhecimento que os demais atores do campo fazem em relação aos juízes da Corte Interamericana. Aliás, como Bourdieu observou, o capital próprio de um campo não tem o mesmo valor em outros campos e só poderá eventualmente migrar de um campo para o outro com algum deságio, alguma taxa de conversão (BOURDIEU, 2003, p. 121). É precisamente nesse sentido que se verifica que o capital político amealhado por certos Estados, ou ainda o capital econômico, não tem o mesmo valor no campo do sistema regional de direitos humanos. Nesse campo, os Estados agem como justiciáveis e devem se submeter às decisões proferidas pela Corte, sendo que mesmo países dotados de reconhecido capital político (mesmo num suposto campo da política internacional) não logram transferir para o campo do sistema interamericano o mesmo capital, muitas vezes sofrendo condenações em sentenças judiciais.

Contudo, a questão que resta a enfrentar diz respeito a uma particularidade muito específica do campo do sistema interamericano de direitos humanos: a ausência de um órgão dotado de poder de polícia, ou seja, capaz de transformar a violência simbólica das decisões judiciais em autêntica força se necessário à determinação de condutas a serem adotadas pelos Estados demandados. Se no campo jurídico idealizado por Bourdieu existe o Estado, como órgão máximo da repressão, pode obrigar condutas através de seus organismos policiais, tal não ocorre no sistema internacional. De fato, é da própria lógica do sistema regional a ausência de um organismo com esse poder compulsório, pois sua configuração representaria paradoxalmente um enfraquecimento de direitos humanos e da independência necessária aos Estados para promove-los.

A realização das decisões da Corte passa necessariamente pelo aparato coercitivo do próprio Estado. A perspectiva construtivista de Bourdieu permite que se perceba, nessa análise, que o comprometimento do Estado para com as obrigações jurisdicionais firmadas no plano internacional depende da ação de uma pluralidade de atores envolvidos, que interagem no campo interno. Em sendo um Estado uma instância de unificação polimorfa dos estratos sociais, ele centraliza de forma diferenciada várias redes de poder político. Nessa linha, embora o Estado compareça de forma unificada no plano internacional, como destinatário da decisão jurídica, ele pode enfrentar resistências internas, perpetradas pelos integrantes do campo jurídico que seriam, em tese, responsáveis pela implementação da decisão. É possível observar, a partir desse método, "el papel de funcionários o agencias estatales que, a pesar de encontrarse dentro del sistema, su actitud pretende ser crítica y transformadora" (VERA, 2016, p. 56).

Na medida em que os juízes da Corte atuam pelo poder de convencimento, a violência simbólica que poderia emanar de suas decisões depende do reconhecimento dos integrantes do campo jurídico interno estatal.

5. Decisões judiciais da corte interamericana e o campo jurídico interno

Uma decisão final da Corte Interamericana não estabelece penas pessoais (já que não corresponde a um tribunal penal), mas responsabiliza Estados e determina que sejam adotadas medidas capazes de reparar os danos causados pela violação de direitos humanos, bem como prevenir para que as violações em questão não voltem a acontecer. Trata-se de medida com "força jurídica vinculante e obrigatória, cabendo ao Estado seu imediato cumprimento" (PIOVESAN, 2015, p. 157).[56]

Pode determinar uma série de condutas, desde o pagamento de indenização às vítimas ou seus familiares, até providências que envolvam mudanças no direito interno, responsabilização, treinamento ou capacitação de agentes estatais. A título de ilustração[57], no caso Gomes Lundt vs. Brasil, em que o Estado foi condenado em razão da violação de diversos direitos humanos dos integrantes da Guerrilha do Araguaia, de 1970 a 1974, bem como de suas famílias em sentença proferida em 2010, as obrigações a serem atendidas pelo Estado foram as seguintes:

> a) Conduzir eficazmente, na jurisdição ordinária, a investigação penal dos fatos do presente caso a fim de esclarecimentos, determinar as correspondentes responsabilidades penais e aplicar efetivamente as sanções e consequências que a lei preveja; b) realizar todos os esforços possíveis para determinar o parâmetro das vítimas desaparecidas, cujos restos mortais,

---

[56] Em sentido contrário, adotando posição mais conservadora a respeito da eficácia das sentenças, Thereza Raquel Correia afirma que elas não têm força punitiva, mas procuram apenas assegurar "ações corretivas para as deficiências dos sistemas jurisdicionais nacionais" (CORREIA, 2008, p. 132).

[57] Para uma análise mais completa dos julgados da corte, ver Piovesan, 2015, p.157-173. Todos eles implicam condutas materiais aos Estados.

previamente identificados, deverão ser entregues a seus familiares com a maior brevidade e sem custo algum para eles; c) providenciar tratamento médico e psicológico que requeiram as vítimas; d) realizar as publicações determinadas na sentença; e) realizar um ato público de reconhecimento de responsabilidade internacional em relação aos fatos do presente caso; f) implementar um programa ou curso permanente e obrigatório de capacitação e formação em direitos humanos dirigidos aos membros das Forças Armadas; g) adotar as medidas que sejam necessárias para tipificar o delito de desparecimento forçado de pessoas em conformidade com os standarts interamericanos; h) continuar as iniciativas de busca, sistematização e publicação de toda informação sobre a Guerrilha do Araguaia, assim como da informação relativa às violações de direitos humanos ocorridas durante o regime militar, garantindo o acesso à mesma; e i) pagar as quantidades fixadas a título de indenização por danos materiais e imateriais, e reintegrar custas e gastos.

No tocante ao pagamento de indenizações, a própria Convenção Americana de Direitos Humanos determina que a sentença da Corte corresponde a um título judicial (art. 62.2, da CADH), o que implica a possibilidade de os valores nela estipulados serem cobrados diretamente pelas vítimas ou familiares através de órgãos jurisdicionais internos.

Mas o que ocorre quando um Estado condenado não cumpre as determinações na sentença? Theresa Raquel Couto Correia (2008, p. 133) lembra que caberá à Corte comunicar o fato à Assembleia Geral da OEA (art. 65, da CADH), que poderá adotar sanções de caráter político e moral. Trata-se de uma estratégia conhecida como *naming and shaming*, em que o Estado que descumpriu a decisão é posto em evidência a fim de provocar as gestões diplomáticas para o adimplemento da decisão. Existe, teoricamente, porque até hoje não foi utilizado, a possibilidade de a Assembleia Geral emitir resolução (sem força vinculante) "recomendando aos demais Estados-parte da OEA que imponham sanções econômicas ao Estado violador até que a decisão do órgão do SIDH em questão seja implementada" (BERNARDES, 2011).

Se essa estratégia, contudo, não atingir os integrantes do campo jurídico interno, responsáveis pela implementação da decisão, ela terá pouca eficácia. Levando em consideração o caso Gomes Lund, caberia aos deputados e senadores brasileiros rever a lei da anistia. Não o fizeram, nem demonstram ter interesse em fazê-lo. O campo político nacional parece, nesse assunto específico, não reconhecer o campo jurídico internacional. Caberia aos membros do Ministério Público processar os responsáveis pelos atos de ditadura. Ainda que várias ações tenham sido intentadas, esbarraram todas em um Judiciário comprometido com a legalidade/constitucionalidade da Lei da Anistia, fechado em uma concepção autocentrada de soberania, e os processos não avançaram (LUCHETE, 2017).

Como a Convenção Americana não estabelece um mecanismo específico de monitoramento para o cumprimento das decisões da Corte, essa situação tem comprometido a eficácia desses julgados, os quais são, via de regra, respeitados e cumpridos no tocante à condenação em valores pecuniários (até por força da própria disposição normativa da Convenção), mas não impulsionam os Estados a adotar as condutas previstas, como responsabilização de agentes responsáveis pelas violações de direitos humanos, revisão de legislação. Em situações como estas, Cançado Trindade (2003, p. 434) relata que a própria Corte tem dedicado seu tempo e seus esforços à supervisão da execução das sentenças.

No direito interno, a violência simbólica da sentença não afasta eventual necessidade de violência física segundo teorizou Bourdieu (TAVARES NETO; MEZZAROBA, 2016, p. 125), afinal é ela que, em última instância determinará o cumprimento das obrigações judicialmente estabelecidas. Não é esta a realidade, contudo, no direito interamericano dos direitos humanos, e nem poderia sê-lo, já que a lógica é a da democracia, da racionalidade, do argumento.

Como ressalta Piovesan, o sistema interamericano deixa poucas amarras para sanções no plano internacional. Não há "previsão de sanção ao Estado que, de forma reiterada e sistemática, descumprir as decisões internacionais", diferentemente do que ocorre no sistema europeu de proteção de direitos humanos, no qual um comportamento de reiterado descumprimento das decisões da Corte pode levar à expulsão do Estado da organização supra estatal (PIOVESAN, 2015, p. 176).

A relação entre os organismos internacionais e o Estado, via de regra, é de direção, e não de coação (BOBBIO, 2004, p. 37). Para que esses mecanismos de direção efetivamente funcionem, seria necessária a realização concomitante de duas condições: a) o órgão internacional deve ser dotado de elevada autoridade, gerando respeito por parte do Estado; e b) o Estado deve ser extremamente razoável em suas ações, demonstrando uma disposição genérica a cumprir as determinações desse órgão em consideração da sua racionalidade (BOBBIO, 2004, p. 37). No caso da Corte Interamericana, é preciso reconhecer que nem sempre ela goza de elevada autoridade no sistema interno dos Estados, nem estão eles dispostos a cumprir de pronto todas as suas exigências.

Essa falta de comprometimento se verifica precisamente porque os agentes responsáveis por atender a essas exigências não reconhecem a autoridade da Corte e encontram-se blindados da responsabilização estatal no plano interno. É o que se depreende de depoimentos dados por dois então ministros do Supremo Tribunal Federal brasileiro, precisamente a respeito das determinações da Corte no caso Gomes Lundt, mencionado supra:

> O presidente do Supremo Tribunal Federal, Cezar Peluso, afirmou nesta quarta-feira (15/12) que a punição do Brasil na Corte Interamericana da Direitos Humanos (CIDH) "não revoga, não anula, não caça a decisão do Supremo" em sentido contrário. Em abril deste ano, o STF decidiu, por 7 votos a 2, declarar a constitucionalidade da Lei de Anistia ao decidir uma ação ajuizada pela Ordem dos Advogados do Brasil. [...] O ministro negou a possibilidade de rever a decisão do Supremo e afirmou que o que pode ocorrer é o país ficar sujeito a sanções previstas na convenção ratificada pelo Brasil para integrar a Organização dos Estados Americanos (OEA). Peluso ainda afirmou que *caso alguém entre com um processo contra eventuais responsáveis, a pessoa que se sentir prejudicada "vai entrar com Habeas corpus e o Supremo vai conceder na hora"*.
> Para o ministro Marco Aurélio Mello, *o Direito interno, pautado pela Constituição Federal, deve se sobrepor ao Direito internacional*. "Nosso compromisso é observar a convenção, mas sem menosprezo à Carta da República, que é a Constituição Federal". *Ele ainda afirmou que a decisão da CIDH tem eficácia apenas política e que "não tem concretude como título judicial. Na prática, o efeito será nenhum, é apenas uma sinalização"* (CONJUR, 2010, grifo nosso).

Significa reconhecer que a decisão que é proferida com elevado capital jurídico no campo do sistema interamericano dos direitos humanos acaba por perder significação quando o Estado é chamado a cumprir suas determinações. O capital jurídico dos juízes da Corte, quando transferido para o campo jurídico interno, perde radicalmente sua força, de modo que a decisão acaba sendo transposta para o campo do direito interno sem a necessária autoridade, pois não pode utilizar os mecanismos coercitivos desse campo. Os ministros do Supremo Tribunal Federal gozam de garantias constitucionais de independência, como inamovibilidade, vitaliciedade, irredutibilidade de subsídios (BRASIL, 1988). Na medida em que essas garantias são essenciais para o bom funcionamento do Judiciário, garantindo sua independência frente aos demais poderes no plano interno, elas também comprometem a *accountability* desses magistrados no cumprimento de determinações internacionais. [58]

Como já mencionava Bourdieu, o trânsito de agentes de um campo social para o outro sempre se dá com perdas significativas. A conversão do capital amealhado em um campo não resultará no mesmo capital em outro campo. Dessa forma, o capital jurídico de um juiz da Corte Interamericana não é significativo no campo jurídico interno, assim como o capital político

---

58 É o que salienta Márcia Nina Bernardes: "No que se refere aos atores jurídicos brasileiros, o desconhecimento acerca das nossas obrigações internacionais discutido acima é responsável pela maior parte das condenações contra o Brasil e das dificuldades em cumprir as determinações dos órgãos do sistema interamericano. Isso se deve ao fato de que a principal causa das declarações de responsabilidade internacional do Brasil é a violação ao artigo 1.1 (dever geral de garantia) combinado com os artigos 8º (garantias processuais) e 25 (proteção judicial) da CADH. Esse quadro poderia ser revertido, ou amenizado, se nossos atores jurídicos se utilizassem rotineiramente dos padrões internacionais de proteção aos direitos humanos" (2011).

de um Estado não modifica sua responsabilidade no campo do sistema interamericano (MONTAGNER, 2010, p. 263).

Percebe-se, nesse ínterim, o quanto o método bourdieusieano tem a contribuir para a análise, permitindo que o cenário de investigação se amplie para abarcar o conjunto de atores dentro do campo jurídico interamericano, de um lado, comprometidos com a eficácia de suas decisões, em luta dinâmica pelo posicionamento de seus interesses e capitais no âmbito das políticas públicas de direitos humanos, e mesmo na atuação judicial daqueles que integram o campo jurídico interno (VERA, 2016, p. 56).

Diante dessa difícil realidade, Flávia Piovesan (2015, p. 175) propõe que se incremente os mecanismos de cumprimento das sentenças internacionais no âmbito doméstico, de modo que os Estados adotassem legislação interna tratando da implementação das decisões internacionais sobre direitos humanos. Nesse sentido, propõe:

> As decisões internacionais em matéria de direitos humanos devem produzir efeitos jurídicos imediatos e obrigatórios no âmbito do ordenamento jurídico interno, cabendo aos Estados sua fiel execução e cumprimento, em conformidade com o princípio da boa-fé, que orienta a ordem internacional. A efetividade da proteção internacional dos direitos humanos está absolutamente condicionada ao aperfeiçoamento das medidas nacionais de implementação.

Nessa toada, a proposta pretende fortalecer precisamente o aspecto normativo interno, para que ele comande os agentes desse campo jurídico em consonância com as determinações dos juízes internacionais. Seria necessário buscar mecanismos que favoreçam e promovam a realização dos direitos humanos no plano interno a partir de comandos oriundos do campo jurídico externo, como uma determinação legal de plena eficácia dessas decisões, inclusive nelas reconhecendo integralmente o valor equivalente a títulos judiciais prontamente exequíveis. A decisão assim, absorvida pelo direito interno, passaria a gozar da autoridade própria das sentenças judiciais proferidas pelos juízes dos Estados, capaz de vincular todos os agentes do campo jurídico interno e por elas reconhecida. Dessa forma, os "poderes socialmente reconhecidos consagram a ordem sob a tutela do Estado, produzindo uma eficácia do direito" sem margem para dúvidas, pois não se funda exclusivamente na coerção, mas corresponde às expectativas e necessidades reais da sociedade (SANTOS, p. 98).

Embora se reconheça que a existência de um sistema de proteção de direitos humanos de fato atende às expectativas das sociedades latino-americanas, é preciso ter em mente que as decisões da Corte são vistas por muitos agentes desses Estados como algo alienígena, estranho ao campo jurídico doméstico e, portanto, carecedor da efetividade que a este último é atribuída. Se, como propõe Piovesan, elas ingressarem o campo jurídico interno como se decisões internas fossem, a partir de uma legitimação determinada pelo próprio ordenamento, poderiam gozar do mesmo alcance e efetividade.

6. Considerações finais

As contribuições de Pierre Bourdieu permitiram verificar a identificação de um outro campo social, paralelo ao campo jurídico inerente aos Estados, qual seja, o campo do sistema interamericano dos direitos humanos. Trata-se de um espaço de lutas pela dominação de determinar o sentido dos direitos humanos, com estrutura própria e atores dotados de capital jurídico próprio.

No campo jurídico teorizado por Bourdieu, aqueles que dominam a linguagem jurídica e manifestam-se de acordo com o *habitus* próprio do campo acabam por contribuir para a definição da interpretação e aplicação das normas jurídicas, solucionando os casos que deixam o campo das realidades sociais para passar por um processo de ressignificação, em que são revestidos de linguagem jurídica e resolvidos a partir das categorias jurídicas. O justiciável é aquele que precisamente pretende ingressar no campo, abrindo mão da solução de seus conflitos por seus próprios meios e aceitando as determinações dos juízes, aceitando a qualificação dos fatos feita pelos advogados. Ele não domina a linguagem jurídica, não domina os rituais, é o profano que se vê dominado em um campo buscado espontaneamente. E aceita a dominação que lhe é imposta como legítima, reconhece sua validade, e pauta sua existência a partir do que for determinado pelos dominantes do campo, pois essa é a medida da justiça.

No campo do sistema interamericano também se realiza esse processo de dominação, na qual especialmente os juízes da Corte, dotados de elevado capital jurídico tanto na atividade prática de aplicação das normas jurídicas, quanto na teorização sobre o seu sentido, já que egressos da academia, definem a interpretação dos direitos humanos tendo por norte a promoção e proteção do valor ético de cada indivíduo. Nesse caso, os Estados-membros da OEA ingressam no campo como justiciáveis, mas não o procuraram, são a ele chamados pela Comissão e pela Corte, em virtude de denúncias feitas pelas vítimas de violação de direitos humanos. Estados como o Brasil, embora tenham reconhecido a competência da Corte, o fazem de forma simbólica, para adequarem-se a um padrão internacional que não mais tolera o desrespeito aos direitos humanos. Quando são demandados, e deles exigidas condutas específicas para realização desses direitos, assumem posição reticente, e voltam a invocar a soberania nacional como escudo para suas ações.

Essa soberania é invocada, sobretudo, por agentes de elevado capital jurídico no campo jurídico interno, como os ministros do Supremo Tribunal Federal, que se veem imunes a qualquer responsabilidade perante o Estado pela adoção de condutas que negam eficácia às determinações provenientes do campo jurídico internacional. As categorias elaboradas por Bourdieu permitem precisamente essa identificação, sendo que um estudo pormenorizado dos casos em que o Brasil foi condenado e pouco fez para implementar a decisão da Corte poderia identificar as relações e disputas presentes no campo jurídico interno, entre aqueles que desejam garantir maior efetividade aos provimentos jurisdicionais estrangeiros e aqueles que a eles resistem.

Essas disputas nem sempre são evidentes, mas maquiadas por uma adesão insincera dos Estados ao regime interamericano de direitos humanos. No caso Brasileiro, pode-se vislumbrar que enquanto se aceita, mediante adesão formal à Convenção, a imposição de sentenças determinando a salvaguarda de direitos humanos, bem como a violência simbólica que elas materializam, poucas são as ações adotadas para efetivamente cumprir essas decisões judiciais. No campo do direito interno, as decisões internacionais perdem força, os atores então dominantes no plano internacional, não têm capital suficiente para se impor nesse campo. Pode a sociedade civil chamar para si essa responsabilidade, atuando através de Organizações Não Governamentais ou mesmo órgãos de fiscalização dos poderes públicos, a fim de chamar os atores resistentes a uma maior abertura.

Diante dessa realidade, a proposta de criação de legislação interna regulando o cumprimento dessas decisões alienígenas no campo jurídico doméstico pode representar uma alternativa a esse processo de negligência e descaso. Se no campo interno o Judiciário é dotado de mecanismos coercitivos capazes de conduzir o cumprimento de suas decisões, e seus membros reconhecem vinculação prioritariamente às regras de direito interno, é precisamente nesse campo que devem se erguer estruturas capazes de proteger os direitos humanos.

REFERÊNCIAS

ARENDT, Hannah. **As origens do totalitarismo**. Trad. Roberto Raposo. São Paulo: 2012.

BARROS FILHO, Clóvis. **Os campos sociais** (aula). São Paulo: Universidade de São Paulo. Disponível em: <https://www.youtube.com/watch?v=B8bXT3iCW8w>. Acesso em: 24 jun. 2016.

BECATTINI, Natália. Veja quais países da América Latina tiveram ditaduras militares. In **Guia do Estudante**, 20/11/2013. Disponível em: <http://guiadoestudante.abril.com.br/fotos/paises-america-latina-tiveram-ditaduras--militares-760783.shtml#13>. Acesso em: 20 ago. 2016.

BERNARDES, Márcia Nino. Sistema Interamericano de Direitos Humanos como esfera pública transnacional: Aspectos jurídicos e políticos da implementação de decisões internacionais. **Conectas Direitos Humanos**, v. 8, n. 15, jan. 2011. Disponível em: <http://www.conectas.org/pt/acoes/sur/edicao/15/1000175-sistema-interamericano-de-direitos-humanos-como-esfera-publica-transnacional-aspectos-juridicos-e-politicos-da-implementacao-de-decisoes-internacionais>. Acesso em: 10 ago. 2016.

BOBBIO, Norberto. **O Terceiro Ausente**: ensaios e discursos sobre a paz e a guerra. Barueri: Manole, 2009.

_____. **A era dos direitos**. Trad. Carlos Nelson Coutinho. Rio de Janeiro: Elsevier, 2004.

BOURDIEU, Pierre. **O poder simbólico**. Trad. Fernando Tomaz. 5. ed. Rio de Janeiro: Bertrand Brasil, 2002.

_____. **Questões de sociologia**. Trad. Miguel Serrás Pereira. Lisboa: Fim de Século, 2003.

BURGORGUE-LARSEN, Laurence. Crónica de una teoría de moda en América Latina: decifrando el discurso doctrinal sobre el control de convencionalidad. In: VON BOGDANDY, Armin; MORALES ANTONIAZZI, Mariela; PIOVESAN, Flávia (Coord). ***Ius Constitutionale Commune* na América Latina**. Curitiba: Juruá, 2016, p. 11-47. v. III.

BRASIL. **Constituição da República Federativa do Brasil de 1988.** Promulgada em 5 de outubro de 1988. Disponível em: <http://www.planalto.gov.br/ccivil_03/constituicao/ConstituicaoCompilado.htm>. Acesso em: 16 ago. 2017.

_____. **Ato Institucional n. 5**, de 13 de dezembro de 1968. São mantidas a Constituição de 24 de janeiro de 1967 e as Constituições Estaduais; O Presidente da República poderá decretar a intervenção nos estados e municípios, sem as limitações previstas na Constituição, suspender os direitos políticos de quaisquer cidadãos pelo prazo de 10 anos e cassar mandatos eletivos federais, estaduais e municipais, e dá outras providências. Disponível em: <http://www.planalto.gov.br/ccivil_03/AIT/ait-05-68.htm>. Acesso em: 10 ago. 2016.

CANÇADO TRINDADE, Antônio Augusto; ROBLES, Manuel E. Ventura. **El Futuro de la Corte Interamericana de Derechos Humanos**. Costa Rica: Corte Interamericana de Direitos Humanos, 2003.

COMPARATO, Fábio Konder. **A afirmação histórica dos direitos humanos**. 10. ed. São Paulo: Saraiva, 2015.

CONJUR. Condenação do Brasil não anula decisão do Supremo. **Revista Consultor Jurídico**, 15 dez. 2010. Disponível em: <http://www.conjur.com.br/2010-dez-15/sentenca-corte-interamericana-nao-anula-decisao-supremo>. Acesso em: 20 ago. 2016.

CORREIA, Theresa Raquel Couto. **Corte Interamericana de Direitos Humanos**: Repercussão Jurídica das Opiniões Consultivas. Curitiba: Juruá, 2008.

CORTE INTERAMERICANA DE DERECHOS HUMANOS. **Composición Actual**. San Jose, 2016. Disponível em: <www.corteidh.or.cr/index.php/es/acerca-de/composicion>. Acesso em: 10 ago. 2016

CORTE INTERAMERICANA DE DIREITOS HUMANOS. **Court Hirstory**. Disponível em: <http://www.corteidh.or.cr/index.php/en/about-us/historia-de-la-corteidh>. Acesso em 18 ago. 2016.

DUARTE JUNIOR, Dimas Pereira. *Accountability* e Relações Internacionais. **Ponto-e-Vírgula. Revista de Ciências Sociais**, n. 4, segundo semestre

2008. Disponível em: <http://revistas.pucsp.br/index.php/pontoevirgula/article/viewFile/14152/10400>. Acesso em: 4 ago. 2016.

GARGARELLA, Roberto. **La sala de máquinas de la Constitución**: dos siglos de constitucionalismo en América Latina (1810-2010). Buenos Aires: Katz, 2014.

LUCHETE, Felipe. Nenhuma das 26 denúncias do MPF sobre a ditadura militar teve sucesso na Justiça. **Conjur**, 25 abr. 2017. Disponível em: <http://www.conjur.com.br/2017-abr-25/nenhuma-26-denuncias-mpf-ditadura-teve--sucesso>. Acesso em: 16 ago. 2017.

MONTAGNER, Miguel Ângelo; MONTAGNER, Maria Inez. A teoria geral dos campos de Pierre Bourdieu: uma leitura. **Revista Tempus Actas de Saúde Coletiva**, p. 255-273, nov. 2010.

MORALES ANTONIAZZI, Mariela. O Estado Aberto: objetivo do *Ius Constitutionale Commune* em Direitos Humanos. In: VON BOGDANDY, Armin; MORALES ANTONIAZZI, Mariela; PIOVESAN, Flávia (Coords.). ***Ius Constitutionale Commune* na América Latina**. Curitiba: Juruá, 2016. v. I, p. 53-74.

NIETO NAVIA, Rafael. La jurisprudencia de la corte interamericana de derechos humanos. In: CORTE INTERAMERICANA DE DERECHOS HUMANOS. **Estudios y Documentos**. San Jose: IIDH, 1988.

OEA. Comissão Interamericana de Direitos Humanos (CIDH). Decisões. Casos na Corte. Disponível em: <oas.org/pt/cidh/decisiones/demandas.asp>. Acesso em: 20 ago. 2016.

PETERS, Gabriel. *Habitus*, reflexividade e neo-objetivismo na teoria da prática de Pierre Bourdieu. In: **Revista Brasileira de Ciências Sociais**. v. 28, n. 83, out. 2013. Disponível em: <http://www.scielo.br/scielo.php?script=sci_arttext&pid=S0102-69092013000300004>. Acesso em: 20 jun. 2016.

PIOVESAN, Flávia. **Direitos Humanos e a Justiça Internacional**. São Paulo: Saraiva, 2015.

SANTOS, Márcio Achtschin. Uma leitura do campo jurídico em Bourdieu. **Águia**: revista científica da Fenord, v. 1, ano 1, p. 86-101. Disponível em:

<http://www.fenord.com.br/revistafenord/revista_topicos/Umaleituradocampojuridicopag86.pd f>. Acesso em: 10 ago. 2016.

TAVARES NETO, José Querino; MEZZAROBA, Orides. O método enquanto pressuposto de pesquisa para o Direito: a contribuição de Pierre Bourdieu. In: **Revista de Direito Brasileira**, São Paulo, v. 15, n. 6, p. 116-132, set./dez. 2016.

VERA, Oscar Parra. El impacto de las decisiones interamericanas: notas sobre la producción académica y una propuesta de investigación en torno al "empoderamiento institucional". In: VON BOGDANDY, Armin; MORALES ANTONIAZZI, Mariela; PIOVESAN, Flávia (Coords.). ***Ius Constitutionale Commune* na América Latina**. Curitiba: Juruá, 2016. v. III, p. 50-87.

WEIL, Paulo. América Latina: entre a afirmação e a permanência da violação de direitos humanos. **Hendu, Revista Latino-Americana de Direitos Humanos**, n. 1, jul. 2010. Disponível em: <http://periodicos.ufpa.br/index.php/hendu/article/view/372/598>. Acesso em: 20 ago. 2016.

CAPÍTULO VIII
O MÉTODO COMPREENSIVO DE MAX WEBER COMO INSTRUMENTO PARA ANÁLISE DA DIMENSÃO ECONÔMICA E TRANSNACIONAL DA PORNOGRAFIA INFANTIL

Flúvio Cardinelle Oliveira Garcia[59]

1. Introdução

A pornografia infantil é um fenômeno complexo que parece ter encontrado na sociedade de risco maior espaço e potencialidade lesiva, notadamente em virtude do avanço e da popularização da tecnologia e dos meios de comunicação típicos do mundo globalizado. O que antes era um delito perpetrado às escondidas, em guetos específicos e com alcance reduzido, hoje se revela uma prática odiosa que não mais se restringe aos limites das fronteiras nacionais. Ao contrário, o cenário atual de acesso e compartilhamento em alta velocidade e de forma instantânea de informações e recursos financeiros entre as mais diversas pessoas, localizadas nos mais variados países, valendo-se, sobretudo, da rede mundial de computadores, fomentou o crescimento de uma macrocriminalidade econômica que tem em seu rol de crimes a pornografia infantil transnacional voltada, precipuamente, à maximização de lucros e à minimização dos riscos de repressão pelo aparato estatal.

Partindo-se de um recorte epistemológico com foco na pornografia infantil transnacional, lucrativa e reditícia, a análise do tema não prescinde de um método científico capaz de fornecer o caminho necessário à sua profunda compreensão, pautada na imparcialidade e na verificabilidade que a ciência exige para a legitimação dos resultados encontrados. Dentre as metodologias científicas à disposição para a miniciosa investigação da dimensão econômica da pornografia infantil transnacional, optou-se pelo método compreensivo de Max Weber e seus imperativos científicos como modelo a ser seguido.

É importante registrar que o presente artigo não se presta à efetiva investigação das relações de causa e efeito da pornografia infantil transnacional,

---

[59] Doutorando em Direito Econômico e Desenvolvimento pela Pontifícia Universidade Católica do Paraná – PUC/PR. Mestre em Direito Processual Penal pela Pontifícia Universidade Católica de São Paulo – PUC/SP. Especialista em Direito Eletrônico e Tecnologia da Informação pelo Centro Universitário da Grande Dourados – UNIGRAN/MS. Bacharel em Ciências da Computação pela Universidade Católica de Brasília – UCB/DF; e em Direito pelo Centro Universitário de Brasília – UNICEUB/DF. Delegado de Polícia Federal em Curitiba/PR. Professor da PUCPR. E-mail: fluvio.garcia@pucpr.br

lucrativa e reditícia, mas tão somente apresentar uma aplicação da abordagem rigorosa e bem definida da metodologia weberiana ao fenômeno. Para tanto, será brevemente estudada a importância do método para a pesquisa científica, as linhas gerais do método de Weber e sua multicausalidade, o individualismo metodológico e seu vínculo com as ações e relações sociais, a neutralidade axiológica e a objetividade científica indispensáveis à compreensão da realidade e, por fim, os tipos ideais como ferramentas de grande racionalidade no auxílio à elaboração de hipóteses.

Se o estudo da dimensão econômica da pornografia infantil transnacional é assunto relativamente recente na história da criminalidade mundial, o método compreensivo e seus pressupostos basilares, propostos por Max Weber há mais de um século, parecem se mostrar bem atuais e adequados para sua investigação científica.

2. Sobre o método e sua importância para a pesquisa científica

Existem diversos modos de conhecer o mundo. Um objeto ou fenômeno pode ser observado sob perspectivas variadas e é justamente a relação que se estabelece entre o sujeito cognoscente (sujeito que conhece) e o objeto cognoscível (objeto a ser conhecido) que indica o tipo de conhecimento predominantemente utilizado para dar significado e sentido ao que se pretende interpretar e apreender (MEZZAROBA; MONTEIRO, 2014, p. 48-49). Dentre as mais diferentes manifestações possíveis de conhecimento, Mezzaroba e Monteiro elencam os cinco mais importantes: mítico, religioso, filosófico, vulgar e científico (2014, p. 49).[60]

Apesar de não ser o único caminho possível para se chegar ao conhecimento e à verdade, a hegemonia da ciência se destaca em virtude dos frutos de seu desenvolvimento – do que já fez e o que pode fazer -, notadamente em cotejo com o conhecimento vulgar, fundamento do senso comum. Para tanto, busca a ciência perceber o objeto de forma sistematizada, precisa, objetiva e por meio de métodos rigorosos de pesquisa que permitam descrever os passos percorridos pelo pesquisador rumo ao resultado final, viabilizando-se, dessarte, a verificação das conclusões alcançadas, essência do conhecimento científico (MEZZAROBA; MONTEIRO, 2014, p. 33, 76 e 82; LAKATOS; MARCONI, 1991, p. 80; SANTOS, 2003, p. 54-56).

Nesse contexto, constata-se a inafastável relevância do método enquanto caminho que se adota para se chegar ao objetivo determinado, conferindo transparência e objetividade à investigação científica e permitindo que os resultados encontrados podem ser submetidos à verificação (MEZZAROBA;

---

60 Para saber as principais características de tais espécies de conhecimento e suas distinções mais importantes, sugere-se a leitura da obra *Manual de metodologia da pesquisa no direito*, de Mezzaroba e Monteiro, p. 50-75.

MONTEIRO, 2014, p. 84). Nas palavras de Lakatos e Marconi, o método é "o conjunto das atividades sistemáticas e racionais que, com maior segurança e economia, permite alcançar o objetivo – conhecimentos válidos e verdadeiros – traçando o caminho a ser seguido, detectando erros e auxiliando as decisões do cientista" (1991, p. 83).

Muito mais do que um modo de suprir conhecimentos ou etapa na investigação científica, o método representa uma atitude, uma forma de organização e exposição do raciocínio. Por assim ser, não há modelo pronto ou preestabelecido vinculado à pesquisa científica, cabendo ao estudioso selecionar o método que entenda mais ajustado às investigações científicas que pretende realizar.

Diante do variado leque de modelos metodológicos disponíveis, o método compreensivo de Max Weber foi o escolhido como ferramenta para análise e estudo do tema proposto: a dimensão econômica da pornografia infantil. As propriedades de validade e objetividade – enquanto pressupostos de confiabilidade para a interpretação e o conhecimento científico do fenômeno – defendidas por Weber, bem como o rigoroso enfrentamento teórico por ele defendido, a partir da necessidade de compreensão do objeto, do individualismo metodológico, da multicausalidade, da ação e relação social, da neutralidade axiológica e dos tipos ideais, fundamentam a decisão em face da complexidade plurifacetada das causas da pornografia infantil.

3. O método compreensivo de Max Weber e sua multicausalidade aplicados ao complexo fenômeno da pornografia infantil

Para melhor compreender a importante contribuição metodológica de Max Weber à ciência, faz-se necessário conhecer o contexto histórico por ele vivido na Europa no final do século XIX e início do século XX. Nessa época, em razão das peculiaridades da relação que se estabelecia entre o sujeito e o objeto, reconhecia-se uma divisão entre as chamadas ciências naturais (ou da natureza), já bastante desenvolvidas, e as ciências sociais (ou do espírito), ainda incipientes. Enquanto que na primeira a investigação científica busca conhecer a realidade a partir de um objeto que é exterior ao sujeito, com vistas à obtenção de dados mensuráveis e regularidades estatísticas que possam viabilizar leis cartesianas (TOMAZETTE, 2008, p. 2, 6 e 11), na segunda há identidade entre o sujeito e o objeto, uma vez que as ciências sociais ocupam-se do estudo e da percepção dos seres humanos, "agentes socialmente competentes, que interpretam o mundo que os rodeia para melhor agirem nele e sobre ele" (SANTOS, 2003, p. 56-58; AMORIM, 2001, p. 60-61). Se as ciências naturais se debruçam sobre a explicação de fenômenos exteriores ao homem, como, por exemplo, os planetas, os oceanos, a natureza e os animais, nas ciências sociais o homem estuda a si mesmo e sua interação com o outro no ambiente social, sem a pretensão de restringir o conhecimento a leis hermético-generalizantes.

A despeito de diferenças tão significativas, muitos pensadores daquele período se manifestaram no sentido de se definir um método científico universal que pudesse ser aplicado tanto para as ciências naturais quanto para as ciências sociais. Considerando o estágio mais avançado de desenvolvimento em que se encontravam as ciências da natureza – tidas como superiores às ciências sociais – a tendência era a da adoção de sua metodologia quantitativa, descritiva e explicativa como modelo de toda cientificidade.

Nesse cenário, Max Weber rechaça com veemência a utilização da metodologia das ciências naturais para compreender ações humanas e propõe um método próprio para as ciências sociais, sustentando que o estudo do homem e suas ações sociais carecem de compreensão aprofundada e qualitativa, não sendo suficiente a mera explicação exterior dos objetos e sua relação de causas e efeitos calcada em leis matemáticas (TOMAZETTE, 2008, p. 8 e 11-13; AMORIM, 2001, p. 29, 61 e 64).

Em contraposição ao método explicativo das ciências naturais, Weber apresenta seu método compreensivo como ferramental mais adequado para o entendimento profundo das questões sociais, pautado na busca do sentido e do conteúdo das ações do homem em relação a outras ações, compreendidas como expressões culturais e complexas, individuais e únicas (TOMAZETTE, 2008, p. 12-14 e 26). Nas palavras do próprio Weber, a compreensão significa:

> [...] apreensão interpretativa do sentido ou da conexão de sentido: a) efetivamente visado no caso individual; b) visado em média e aproximadamente; e c) o sentido ou conexão de sentido a ser construído cientificamente (como ideal-típico) para o tipo puro (tipo ideal) de um fenômeno freqüente (1998, p. 6).

Depreende-se, portanto, que o método compreensivo weberiano rejeita contundentemente a construção de um sistema fechado de conceitos que pretensamente alegue conhecer a realidade de maneira definitiva, sem relevar a realidade dinâmica da vida na qual o sujeito cognoscente e o objeto cognoscível estão imersos (WEBER, 2016, p. 613-633). Ao contrário, Lopes esclarece que a compreensão propugnada por Weber seria o modo essencial de proceder das ciências humanas, "que não estudam fatos que possam ser explicados propriamente, mas visam aos processos permanentemente vivos da experiência humana e procuram extrair deles seu sentido" (2000). Resta evidente que a referencialidade às ações do homem é determinante para o método compreensivo weberiano e que "não se trata de uma mera referencialidade aos aspectos exteriores da ação humana, é essencial captar o conteúdo, o sentido das ações humanas impresso pelos sujeitos" (TOMAZETTE, 2008, p. 14).

É importante registrar que o método compreensivo de Weber não prega a aplicação mutuamente exclusiva das metodologias das ciências naturais e sociais, mas sua aproximação. Isso porque "toda relação inteligível pela compreensão deve ao mesmo tempo se deixar explicar causalmente" (FREUND, 1987, p. 76), vale dizer, no âmbito das ciências sociais, os métodos explicativos e compreensivos se complementam na medida em que esses últimos não prescidem da rigorosa observação dos fatos e do entendimento prévio do sentido causal do fenômeno observado para, a partir daí, focar na apreensão do sentido das ações humanas (AMORIM, 2001, p. 90; TOMAZETTE, 2008, p. 26). Carrieri e Vieira ressaltam que, nesse particular, a grande contribuição de Max Weber for promover a integração do método da causalidade das ciências naturais como método da compreensão das ciências sociais (2001 p. 9).

A oposição de Weber ao pensamento das escolas positivas de seu tempo, que pregavam a identidade metodológica entre as ciências naturais e as humanas,[61] assume especial importância no estudo da pornografia infantil cuja compreensão depende da interpretação do fenômeno a partir de uma visão de sociedade constituída de seres humanos em movimento e em intensa e dinâmica interação. Para além da definição de leis gerais e da crença numa linha evolutiva universal da sociedade, que sustentava a existência de etapas invariáveis da história,[62] Weber e outros antipositivistas[63] afirmam que a realidade empírica deve ser vista como um feixe inesgotável e um fluxo incessante de fatos e acontecimentos causais, por conseguinte, o contexto social não pode ser depreendido de forma genérica, mas compreensiva, cabendo ao pesquisador observar e analisar cada sociedade e cada ação social de forma isolada a fim de reconhecer a heterogeneidade das causas (KALBERG, 2010, p. 37, 43, 80, 88 e 117).

A multicausalidade weberiana recusa-se a eleger este ou aquele motivo como a causa prioritária geral ou força determinante sobre as pessoas. De acordo com Weber, há diversos fatores de toda ordem – religiosos, econômicos, jurídicos, familiares, tecnológicos, políticos, geográficos, históricos – que podem contribuir e devem ser reconhecidos como tendo significação causal viável, cumprindo ao estudioso a tarefa de verificar o sentido subjetivo da ação investigada (KALBERG, 2010, p. 37, 76-77, 87, 88 e 120).[64]

---

61 Conforme Tomazette, o positivismo teve suas origens na tradição empirista inglesa que remonta a Francis Bacon (1561-1626), David Hume (1711-1776), Augusto Comte (1798-1857) e Émile Durkheim (1858-1917) (2008, p. 9).
62 Os positivistas acreditavam que havia uma lei generalizante que anulava as particularidades históricas das diferentes sociedades, vale dizer, a diferenciação entre as sociedades dependeria do estágio histórico-evolutivo sucessivo em que se encontravam, sendo os indivíduos e a história específica de cada sociedade absorvidos pelas forças sociais impositivas e deterministas presentes no período considerado (KALBERG, 2010, p. 80; DIAS, 2005, p. 186-188).
63 Wilhelm Dilthey (1833-1911), Wilhelm Windelband (1848-1915) e Heinrich Rickert (1863-1936), dentre outros.
64 Nesse aspecto, o pensamento de Weber diverge do de Karl Marx, para quem todas as transformações históricas de uma dada sociedade poderiam ser explicadas pura e simplesmente por meio das relações

Sob a perspectiva da metodologia compreensiva e pluricausal de Weber, entende-se ser possível uma melhor interpretação e entendimento do fenômeno complexo da pornografia infantil, delito que causa um especial sentimento de repugnância à sociedade em virtude da peculiar intensidade do injusto (RIOS; LINHARES, 2014a, p. 233) e da particular crueldade com que ofende os direitos fundamentais da vítima, causando-lhe marcas profundas e indeléveis que têm potencialidade lesiva suficiente para comprometer seu desenvolvimento integral, com importantes reflexos negativos à sociedade e ao Estado. Sua definição pode ser encontrada no Protocolo Facultativo da Convenção sobre os Direitos da Criança da Organização das Nações Unidas, de 2000, como sendo:

> [...] qualquer representação, por qualquer meio, de uma criança no desempenho de atividades sexuais explícitas reais ou simuladas ou qualquer representação dos órgãos sexuais de uma criança para fins predominantemente sexuais (BRASIL, 2004).[65]

Do conceito apresentado, é possível concluir que a pornografia infantil é uma forma de abuso sexual infantil, uma vez que a representação da vítima não prescinde de que, previamente, esteja engajada em atividades sexuais explícitas ou que sua genitália seja exibida em tal contexto (RIBEIRO, 2011, p. 112).

Os números acerca do problema são assustadores. Anna Salter alerta que uma a cada três meninas e um a cada seis meninos serão sexualmente vitimizados, de alguma forma, antes de atingirem a idade de 18 anos, sendo mais comum que o abuso sexual se inicie a partir dos 3 anos. Explica a autora, com base em dados do Departamento de Justiça dos EUA, que, em média, há um abusador de criança por milha quadrada naquele país e que, antes de serem presos pela primeira vez (e muitas vezes mais depois que o são), cada agressor vitimiza entre 50 e 150 crianças (2009, p. 9-10). Registre-se que estudos feitos pelo *U.S. Postal Inspection Services* revelaram que entre 80 e 85% daqueles que compram pornografia infantil são abusadores sexuais de crianças (SAX, 2008, p. 57-58).

As consequências para as crianças e adolescentes vitimizados pelo abuso sexual são severas e os custos sociais e econômicos dessa abjeta prática criminosa, expressivos. Para as vítimas, destacam-se: sentimentos de estigmatização, isolamento, agressividade, desconfiança, medo, baixa autoestima, sentimentos de culpa e fracasso, dificuldades escolares e relacionais, alcoolismo, depressão,

---

econômicas, ou seja, os fenômenos sociais seriam todos economicamente condicionados (MARX; ENGELS, 1989, p. 20).

65 De forma semelhante, a Lei nº 8.069/90 (Estatuto da Criança e do Adolescente), em seu artigo 241-E, conceitua a pornografia infantil como "qualquer situação que envolva criança ou adolescente em atividades sexuais explícitas, reais ou simuladas, ou exibição dos órgãos genitais de uma criança ou adolescente para fins primordialmente sexuais" (BRASIL, 1990).

ideação suicida, possível consumo de drogas e prática de ilícitos, problemas de concentração, atenção e memória, e, em 98% dos casos, Transtorno Dissociativo da Personalidade (TRINDADE; BREIER, 2007, p. 79-80).

De acordo com um estudo realizado pela instituição *The Pew Center on The States*, cuja missão é aprimorar as políticas públicas, informar a população e aumentar o bem-estar social do povo norteamericano, o custo médio com saúde física e mental de crianças sexualmente abusadas chega a mais de US$ 30 mil por vítima (custos tangíveis), podendo alcançar US$ 200 mil em custos intangíveis, estimando-se valores para a dor e o sofrimento da vítima (2011). Dados de 2001 estimam um custo total anual de mais de US$ 24 bilhões nos EUA para lidar com o abuso sexual de crianças (CONRAD, 2006). Pesquisa divulgada pela UNICEF previu gastos no valor de US$ 39,9 bilhões nos países do Sudeste Asiático e do Pacífico no enfrentamento da questão (2015).

Os motivos suscitados como causadores da pornografia infantil variam da hipótese de se tratar de conduta praticada por pessoa acometida de um transtorno pedofílico, classificado no Manual Diagnóstico e Estatístico de Transtornos Mentais sob o nº 302.2 (AMERICAN..., 2014, p. 737-739) e na Classificação Internacional de Doenças sob o código F65.4 (ORGANIZAÇÃO..., 2012) e chegam às relações causais envolvendo sexualidade reprimida, ciclo da violência (abusado se torna abusador) e o torpe oportunismo diante da fragilidade e da inocência da criança. Mais recentemente, a pornografia infantil tem figurado no rol da macrocriminalidade transnacional, lucrativa e reditícia (CAEIRO, p. 453 et seq.), onde o proveito auferido com o delito volta a ser reinvestido no esquema criminoso, robustecendo-o e viabilizando lucros ainda maiores, num ciclo vicioso que fortalece a delinquência em detrimento da dignidade sexual das vítimas (TRINDADE; BREIER, 2007, p. 90; PULLIDO, 2013; AIKEN; MORAN; BERRY, 2011). Eis aí a dimensão econômica da pornografia infantil.

As informações até então apresentadas revelam a complexidade multifacetada da pornografia infantil e a premente necessidade de sua profunda compreensão sob o prisma das mais diversas áreas do conhecimento, como, por exemplo, a Psicologia, o Direito, a Sociologia, a Política e a Economia. É nesse ponto, em especial, que o método científico compreensivo de Weber, fundamentado no individualismo metodológico, nas ações e relações sociais, na neutralidade axiológica e nos tipos ideais, poderá contribuir enormemente.

5. O individualismo metodológico de Weber: ações e relações sociais racionais no contexto da dimensão econômica e transnacional da pornografia infantil

Além de defender um método universal para as ciências naturais e sociais, o positivismo dos franceses Auguste Comte e Émile Durkheim entendia a coletividade como um todo orgânico maior, exterior aos indivíduos e que coercitivamente condicionava suas ações. A sociedade, portanto, era tratada como uma unidade fechada, complementamente formada e holística, com suas partes – as pessoas – integradas em um grande sistema de estuturas objetivas, onde a ação e a interação social eram meras expressões particulares dessa totalidade (KALBERG, 2010, p. 24, 32-33).

Weber abominava tal abordagem positivista, afirmando que a sociedade não paira sobre os indivíduos e nem lhe é superior. Para ele, o estudo das ciências sociais não deveria partir da coletividade, mas da ação dos indivíduos no contexto social. Do conjunto de tais ações – subjetivamente consideradas – resultariam as regras e normas sociais, e não o contrário. Enquanto o pensamento positivista advogava a análise do todo (sociedade) para a parte (indivíduo), Weber preconizava o caminho contrário: interpretações da realidade social partindo do indivíduo rumo à compreensão da sociedade, pois não é o todo que faz as pessoas como são, mas as pessoas – individualmente – que fazem da sociedade o que ela é.

Cohn destaca o pensamento de Weber de que o:

> [...] objeto de análise sociológica não pode ser definido como a sociedade, ou o grupo social, ou mediante qualquer outro conceito com referência coletiva [...] O que ele sustenta é que o ponto de partida da análise sociológica só pode ser dado pela ação de indivíduos e que ela é individualista quanto ao método (1997a, p. 26).

Para o sociológo alemão, os indivíduos são dotados de capacidade e de vontade para assumir posições conscientes diante do mundo e de lhe conferir um sentido. Em outras palavras, o ser humano não é produto da coletividade, mas sim um agente modificador desta, dotado de liberdade e de poder de escolha que lhes permite interpretar suas realidades sociais, atribuir-lhes sentido subjetivo e empreender ações independentes. De tal acepção resulta o individualismo metodológico de Weber, que humanizou as ciências sociais, tornando-a mais próxima do ser humano, e serviu como precondição para a compreensão multicausal dos fenômenos sociais, haja vista o abandono à força universal explicativa da história e o prestígio às inúmeras ações sociais como causas determinantes dos contornos do passado e do presente (KALBERG, 2010, p. 24-25 e 33).

Sob tal óptica medotológica, Weber representa a sociedade como um teatro social, onde os indivíduos são os atores sociais, protagonistas da sociedade, que – em conjunto – constroem o todo. Cada ator social tem um papel social (o que o indivíduo faz na sociedade num dado momento) e um *status* social (a realidade social do indivíduo num dado momento), agindo por meio de ações sociais, sendo essas a base de estudo da sociedade a ser compreendida, interpretativamente, pelo pesquisador em suas causas e efeitos.

Por definição, considera-se ação social toda conduta humana (comissiva ou omissiva) dotada de um significado subjetivo dado por quem a executa, o qual orienta seu comportamento tendo em vista a ação – passada, presente ou futura – de outros indivíduos da sociedade, conhecidos ou desconhecidos. É importante notar que, consoante o pensamento weberiano, nem toda espécie de contato entre os homens possui caráter social, vale dizer, nem toda ação humana é social. Somente será considerada ação social aquela conduta com sentido próprio, justificada e elaborada subjetivamente em razão do outro. Assim, o comportamento reativo ou imitativo não dotado de orientação significativa em relação à conduta de outrem, como, por exemplo, quando numa multidão as pessoas abrem o guarda-chuvas por causa do início da chuva, não seria relevante para fins de compreensão da sociedade (WEBER, 1998, p. 3; 2016, p. 633-636).

Na metodologia compreensiva de Weber é fundamental apreender intelectualmente o significado que os atores sociais conferem às suas ações, quando orientadas pelas expectativas e pelo comportamento de terceiros, a fim de se descobrir seu sentido subjetivo conforme o ponto de vista das intenções do próprio agente (WEBER, 1998, p. 3; 2016, p. 613-633). Amorim esclarece que o desvendar do sentido possibilita ao pesquisador conhecer "os nexos entre os enlaces significativos de um processo particular de ação e reconstituir tal processo numa unidade que não se desfaz numa poeira de atos isolados" (2001, p. 89). Os diferentes modos pelos quais os atores sociais atribuem sentido subjetivo a seus comportamentos viabilizam conhecer os vários motivos possíveis para uma ação observável (KALBERG, 2010, p. 35-38).

Com o propósito de auxiliar a compreensão da orientação motivacional das condutas humanas, Max Weber categorizou as ações sociais em quatro tipos ideais que indicam suas respectivas significações subjetivas. São eles: 1º) ação social racional com relação a um objetivo (ou a um fim): é a conduta estritamente racional, voltada a um fim previamente determinado e escolhida com fundamento na ponderação lógica dos fins, dos meios e das consequências; implica na consideração racional de diferentes relações entre meios e fins, entre fins e suas consequências secundárias e, finalmente, entre os vários fins possíveis; 2º) ação social racional com relação a um valor (ou ação social valorativa): a conduta é orientada não mais por um objetivo puramente racional, mas por um valor ético, moral, estético, religioso ou de outra natureza; o comportamento é determinado por uma crença consciente em um valor, independentemente das perspectivas de sucesso; 3º) ação social afetiva: é ditada pelos sentimentos, pelas emoções do indivíduo, como paixão, vingança, ódio, ciúme e amor; revela-se no apego emocional, nos afetos e estados sentimentais do ator social; 4º) ação social tradicional: é aquela orientada pelo universo cultural (tradições, costumes) vivido pelo indivíduo; configura, quase sempre, uma resposta meramente rotineira a estímulos, determinada por hábitos arraigados e costumes seculares (WEBER, 2016, p. 636-638).

Diante de duas ou mais ações sociais onde se constate um mínimo de reciprocidade entre seus sentidos subjetivos, surge o que Weber denominou de relação social, por ele definida como "um comportamento de vários – referido reciprocamente conforme o seu conteúdo significativo e orientando--se por essa reciprocidade" (2016, p. 638). De maneira mais elucidativa, Amorim conceitua a relação social weberiana como a "conduta de múltiplos agentes que se orientam reciprocamente em conformidade com um conteúdo específico do próprio sentido das suas ações" (2001, p. 85-86). À guisa de exemplos, na concepção de Weber, seriam relações sociais: a) a compra e venda de um produto (só haverá a venda se houver quem compre); b) a celebração de uma cerimônia religiosa (só haverá a pregação religiosa se houver quem a ouça); c) a realização de uma cirurgia médica (só haverá a intervenção cirúrgica se houver alguém que a ela seja submetido). Observe--se a existência de uma relação de reciprocidade entre as ações, na qual uma complementa a outra ou dela é dependente.

Weber assevera que a relação social consiste só e exclusivamente "na probabilidade de que uma determinada forma de comportamento social, de caráter recíproco pelo seu sentido, tenha existido, exista ou venha a existir", podendo esta probabilidade ser muito grande ou bastante reduzida (2016, p. 639). Ademais, frisa o autor, a reciprocidade não é sinônimo de solidariedade e, por assim ser, segundo as expectativas médias de cada um dos atores sociais participantes, as ações mutuamente referidas podem se apresentar com correspondência entre seus respectivos conteúdos significativos ou sem tal correspondência (2016, p. 638-639).

A par do exposto, tendo por base os pressupostos e objetivos do método compreensivo de Max Weber, para o qual não existe nada na vida social que não seja fruto das ações e relações sociais (AMORIM, 2001, p. 89) e que a grande missão do pesquisador é justamente conhecer profundamente o sentido subjetivo das condutas humanas socialmente relevantes, faz-se necessário expor o objeto específico de análise do presente artigo sob a perspectiva de tal contexto metodológico. Para tanto, em face da complexidade e da multicausalidade do fenômeno da pornografia infantil, como visto alhures, é imprescindível estabelecer um recorte epistemológico a fim de se delimitar o assunto que será especificamente abordado. No caso, fez-se a opção pela dimensão econômica e transnacional da pornografia infantil.

Para se ter uma ideia da importância do tema, ainda pouco explorado, é imperioso situar a pornografia infantil no marco da criminalidade lucrativa e reditícia (CAEIRO, p. 453 et seq.), uma vez que, com a nova roupagem do mundo globalizado, o ilícito tem a possibilidade de ultrapassar as fronteiras nacionais em busca de mais lucro (COSTA, 2009, p. 97), especialmente onde a prática delituosa possa ser mais rentável e menos suscetível ao aparato persecutório estatal. As estimativas de ganhos econômicos com a comercialização de pornografia infantil variam de US$ 3 bilhões a US$ 20 bilhões por ano em todo o mundo (TRINDADE; BREIER, 2007, p. 90; PULLIDO, 2013; AIKEN; MORAN; BERRY, 2011), valores que são reinvestidos para fomentar novas práticas criminosas. De acordo com Caeiro, é justamente o processo cíclico de reinvestimento – onde se faz voltar o lucro proveniente da empreitada delitiva para fomentar e dar lastro estrutural à manutenção da estrutura criminosa, visando a ganhos espúrios ainda maiores – que caracteriza a criminalidade reditícia (2013, p. 453 et seq.).

As elevadas cifras lucrativas obtidas com a exploração econômica do mercado sexual infantil, num ambiente virtual de ramificações mundiais que não respeita o Estado, a soberania e o Direito da tradicional concepção monista (SALDIVIA, 2010, p. 25), têm atraído organizações criminosas para a prática da pornografia infantil.[66] A divulgação, o compartilhamento e a comercialização de material de conteúdo pornográfico infantil por organizações criminosas aderem aos chamados *crimes of the powerful*, que representam atividades lucrativas de efeitos econômicos, políticos e sociais expressivamente danosos (RODRIGUES; MOTA, 2002, p. 14).

Nesse ponto, convém diferenciar a criminalidade clássica, denominada microcriminalidade, da criminalidade avançada, refinada, de técnica hábil, que se desenvolveu de forma paralela à complexidade da vida moderna, chamada de macrocriminalidade (GODOY, 2011, p. 127). Enquanto que na primeira se inserem os delitos que aviltam direitos, liberdades e garantias fundamentais do cidadão, por exemplo, crimes contra a vida e crimes contra o patrimônio, na segunda tem-se uma nova criminalidade, de viés preponderantemente econômico, que utiliza, nas palavras de Rodrigues, citando Paz e Cordeiro, "as potencialidades da globalização para a organização do crime", aproveitando as facilidades da *internet* e das zonas de livre comércio em algumas regiões do mundo, "nas quais se produz uma permeabilidade econômica das fronteiras nacionais e se reduzem os controles" (2006, p. 284).

O fenômeno histórico da globalização se apresenta hodiernamente sob o manto de uma peculiar capacidade de superar as restrições clássicas de espaço-tempo, em especial, graças ao significativo aumento do tratamento instantâneo e transnacional de uma quantidade cada vez maior de informações (FARIA, 2004, p. 61-62). As rígidas fronteiras dos Estados soberanos

---

66 Desde o ano de 2001 a comercialização de material de conteúdo pornográfico infantil tem sido relacionada ao crime organizado, conformed consta expressamente no relatório do II Congresso Mundial contra a Exploração Sexual Comercial de Crianças realizado em Yokohama, Japão (2001).

parecem ter se flexibilizado, notadamente diante da evolução tecnológica que viabilizou o acesso e o compartilhamento em alta velocidade de dados e recursos financeiros entre pessoas dos mais diversos e longínquos países, permitindo uma complexa integração social e econômica, jamais vista na história da humanidade (SOUZA, 2007, p. 58-59).

Souza afirma que o advento da rede mundial de computadores (*internet*) e a comunicação por satélites, para citar alguns exemplos, facilitaram a elaboração, a negociação e o aperfeiçoamento à distância de contratos e a movimentação virtual e supranacional de grandes volumes de recursos financeiros, dificultando, em certa medida, o controle e o rastreamento das transações (2007, p. 60). O capital tem se movido rapidamente, o suficiente para permanecer um passo a frente de qualquer limitação territorial estatal e "o que quer que se mova a uma velocidade aproximada à do sinal eletrônico é praticamente livre de restrições relacionadas ao território de onde partiu, ao qual se dirige ou que atravessa" (BAUMAN, 1999, p. 63).

Aboso e Zapata alegam ser possível afirmar que o delito de pornografia infantil foi o que mais se beneficiou da utilização abusiva da rede mundial de computadores (2006, p. 157). Quase semanalmente há notícia de operações policiais que desmantelam redes organizadas transnacionais de pornografia infantil espalhadas pelo globo (FICHTELBERG, 2008, p. 274),[67] que conectavam abusadores e simpatizantes de praticamente todos os continentes do mundo, viabilizando o compartilhamento e a comercialização de imagens (fotos e vídeos) de crianças abusadas sexualmente.

Mesmo num contexto global tão diferente do século XIX, a metodologia engendrada por Weber se mostra capaz de contribuir para a investigação e a compreensão do significado subjetivo que os criminosos – estejam eles próximos ou distantes – dão às suas ações no cometimento do delito de pornografia infantil em sua vertente lucrativa e transnacional. Esse grupo delinquencial moderno deve ser apreendido como único e, como tal, deve ser interpretado e compreendido por meio de suas especificidades e inserção na sociedade de risco, concebida por Beck como uma nova forma social em que o simples risco ou perigo de que as novas técnicas e tecnologias sejam manejadas para a concretização de certos e determinados danos – quase sempre potencialmente mais nocivos à sociedade – é suficiente para ensejar o reclame dos cidadãos por proteção do Estado (1998, p. 25-30; SOUZA, 2007, p. 108).

O método weberiano para análise da realidade prega compreender as particularidades históricas em que se vive, visando a construir modelos e

---

67 À guisa de exemplos, citamos algumas operações policiais repressivas que demonstram claramente a transnacionalidade da pornografia infantil: Avalanche/Landslide (1999, 60 países), Hamlet (2002, 11 países), Azahar (2007, 20 países), Carrossel I (2007, 70 países); Carrossel II (2008, 100 países); Laio (2009, 23 países) (TRINDADE; BREIER, 2007, p. 91-92; SAFERNET BRASIL, 2016).

procedimentos de formulação de hipóteses capazes de definir e explicar a singularidade do fenômeno estudado numa dada situação atual (TOMAZETTE, 2008, p. 20, 80 e 87). Ao que parece, no mundo hodierno, a criminalidade organizada intensifica-se em escala diretamente proporcional às vantagens oferecidas pela tecnologia à sociedade de risco, sofisticando-se por meio de organizações criminosas que, a partir de um computador conectado à *internet*, tem a possibilidade de movimentar vultosa quantia de ativos em condutas ilícitas de lavagem de dinheiro, fraudes financeiras e – para o que aqui se mostra mais pertinente – comercialização de pornografia infantil.

Revisitando a tipologia de ação social definida por Weber, a dimensão econômica da pornografia infantil transnacional, enquanto fenômeno a ser estudado, parece se amoldar à categoria de ações sociais racionais com relação a um objetivo, posto que suas condutas são racionalmente dirigidas a fins específicos, quais sejam: a) maximização dos lucros por meio da comercialização global de imagens de crianças e/ou adolescentes em atividades sexuais explícitas, reais ou simuladas, ou com suas partes íntimas à mostra para fins primordialmente sexuais; e b) minimização dos riscos de suas condutas criminosas quanto à efetiva repressão estatal. Afigura-se bastante plausível que tais objetivos sejam previamente determinados pelos delinquentes por meio da ponderação lógica dos fins, dos meios e das consequências, ou seja, mediante o sopesamento estritamente racional entre os fins almejados, os meios possíveis para atingí-los e as consequências – positivas e negativas – que poderão advir de suas condutas criminosas.

A opção pelo ciclo *investimento-crime-ganho-reinvestimento-crime-ganho* (CORREIA, 2012, p. 85), próprio da criminalidade reditícia, e a prática das condutas tipificadas como pornografia infantil em ambientes virtuais não circunscritos às fronteiras nacionais, demonstram a racionalidade rebuscada desta nefanda ação social criminosa. Ademais, resta patente a reciprocidade existente entre os sentidos objetivos das condutas daqueles que vendem o material de conteúdo pornográfico infantojuvenil pela *internet* e daqueles que o adquirem, exsurgindo, nesse particular, o que Weber denominou de relações sociais. Não é preciso grandes habilidades intelectuais para perceber a complementariedade e a dependência existente entre quem compra e quem vende. Num projeção para o futuro, poucas seriam as margens de erro daqueles que sustentassem que a ação social de comprar deixaria de existir se não houvesse mais a ação social de vender, e vice-versa.

A despeito de a pornografia infantil transnacional, lucrativa e reditícia configurar uma modalidade relativamente recente na história da criminalidade mundial, o método compreensivo de Max Weber, seus preceitos e pressupostos, parecem bem atuais e adequados para a análise profunda do tema.

6. Neutralidade axiológica e objetividade científica como imperativos para compreensão da pornografia infantil transnacional e lucrativa

Cogitar sobre o abuso sexual de crianças, o registro do ato por meio de fotografias ou vídeos e, por fim, a comercialização do material produzido por meio da *internet* é algo que traz um asco natural e uma repulsa tão grande às condutas criminosas praticadas – e aos delinquentes que as perpetraram, principalmente – que podem contaminar o pesquisador e levá-lo a se afastar da objetividade científica que deve pautar a compreensão da realidade.

Por mais que os hábitos, valores e ações a serem estudados lhe pareçam odiosos e frontalmente contrários às suas preferências ideológicas, gostos e padrões axiológicos, deve o cientista adotar formas imparciais de observação, medida e comparação, distanciando-se de todo juízo de valor que "proclame determinada atividade ou modo de vida como nobre ou vil, racional ou irracional, provinciano ou cosmopolita" (KALBERG, 2010, p. 38-39). Tal imperativo da pesquisa científica é chamado por Max Weber de neutralidade axiológica, que nada mais é do que a "contenção dos próprios julgamentos para se terem os dados bem claros, tanto em face de fatos desejados como dos desconfortáveis" (JASPERS, 2005, p. 117).

Para Weber, a pesquisa científica deve se abster de qualquer juízo de valor quando da análise do objeto de estudo, sob pena de os resultados alcançados estarem comprometidos, distoantes da realidade e, portanto, mostrarem-se imprestáveis para fins científicos. Quanto maior a neutralidade valorativa, menor será a interferência na forma de se fazer observações e, por conseguinte, mais fidedigna a interpretação da realidade que se quer compreender. Nesse sentido, Weber defendia que "a validade do conhecimento obtido se mede pelo confronto com o real e não com quaisquer valores ou visões do mundo" (COHN, 1997b, p. 19 e 22).

A neutralidade axiológica weberiana é condição necessária à compreensão objetiva das condutas humanas e seus vetores motivacionais. O sentido subjetivo descoberto pode ou não convergir com a visão preconcedida do mundo e os valores defendidos pelo investigador (AMORIM, 2001, p. 72), logo, para evitar conflitos e resultados tendenciosos, somente o culto à distância do conteúdo valorativo individual do pesquisador em relação ao objeto possibilitará o questionamento sereno do real (JASPERS, 2005, p. 117). Desse modo, Weber reforça os pressupostos de validade e objetividade de sua metodologia quanto à transmissão isenta dos resultados da análise científica e sua verificabilidade (SAINT PIERRE, 1994, p. 43).

Se de um lado o método de Weber apregoa a possibilidade de se alcançar um conhecimento objetivo dentro das ciências sociais, de outro reconhece que a neutralidade axiológica não pode ser rigorosamente levada ao extremo, uma vez que a realidade e o pesquisador estão impregnados, de forma indissociável, de valores. Em outras palavras, embora preconize o recurso metodológico da neutralidade, Weber admite que não existe análise científica puramente objetiva de fenômenos sociais, pois cada cientista possui sua bagagem valorativa própria que o influencia em seu modo de apreender a realidade (TOMAZETTE, 2008, p. 23; CARRIERI; VIEIRA, 2001, p. 12-14).

Sendo assim, a neutralidade a que se refere Weber não representa a imunidade total a valores, mas a separação entre o conjunto axiológico cultural do pesquisador e os resultados da pesquisa que se propõe a fazer, de tal forma que a postura analítica adotada durante a investigação científica possa redundar em conclusões que representem a realidade com a maior precisão possível (TOMAZETTE, 2008, p. 22 e 25). Kalberg afirma que Weber tinha consciência da dificuldade de sustentar uma atitude objetiva e totalmente isenta de pressupostos valorativos por parte do cientista, afinal, se "todos nós somos 'seres de cultura', sempre haverá valores profundamente imbricados em nossos modos de pensar e de agir" (2010, p. 38, grifos no original).

Sobre o assunto, Benthien (2005) explica que:

> No decorrer da pesquisa, os juízos do investigador têm necessariamente de ceder à interpretação das evidências empíricas, as quais, certamente, foram confeccionadas a partir de racionalidades outras. Ao fim do processo, há um ganho passível de ser traduzido como expansão dos horizontes intelectuais do investigador.

Nesse ponto, a distinção entre juízos de valor e relação com valores pode auxiliar numa maior compreensão da neutralidade axiológica propugnada por Weber. O julgamento de valor deve ser evitado, pois se revela uma afirmação conclusiva calcada em valores. A relação com valores, a seu turno, é um procedimento de seleção que pretende organizar a ciência de forma objetiva, por isso, permitida sem ressalvas (AMORIM, 2001, p. 71).

Carrieri e Vieira, respaldados no pensamento weberiano, afirmam que no âmbito pré-científico "é permitido se posicionar frente aos valores como forma de recortar o objeto próprio das Ciências da Cultura, mas para fazer ciência é preciso afastar-se dos juízos de valor, ou seja, a ciência não pode dizer o que deve ser" (2001, p. 12). Weber admite que os valores e interesses do pesquisador são fatores condicionais essenciais na seleção do objeto a ser submetido à investigação científica, orientando o início da pesquisa, as escolhas e a direção a ser tomada (TOMAZETTE, 2008, p. 23; CARRIERI; VIEIRA, 2001, p. 14; KALBERG, 2010, p. 39).

Se as premissas subjetivas influenciam a escolha do fenômeno a ser pesquisado, na medida em que o cientista a ele confere significação cultural e relevância causal, o mesmo não pode ocorrer no processo de investigação, análise do objeto e apresentação das conclusões, etapas em que a neutralidade axiológica deve prevalecer como requisito indispensável para se compreender objetivamente a realidade. Acerca da relação com valores, Bhering e Boschetti asseveram que:

> [...] orientam a escolha do objeto, a direção da investigação empírica, aquilo que é importante e acessório, o aparelho conceitual utilizado e a problemática de pesquisa e questões que se colocam ou não à realidade. [...] Contudo, se os valores orientam a eleição das questões, Weber postula a necessidade da neutralidade axiológica quando do encaminhamento das respostas: elas devem ser neutras, já que a pesquisa deve caminhar por regras objetivas e universais. Os pressupostos da pesquisa são subjetivos, mas os resultados devem ser válidos e objetivamente aceitáveis (2006, p. 34).

À revelia da neutralidade axiológica proposta por Weber, a análise científica – e, portanto, isenta – do tema da pornografia infanitl poderia ser irremediavelmente contaminada pelo sentimento natural de repúdio e repulsa causado pela execrável conduta criminosa de ofender a dignidade sexual de crianças. Os resultados e conclusões de uma pretensa investigação científica quanto às suas causas poderiam ser simplistas, tendenciosos e desprovidos de seu verdadeiro – e almejado – sentido subjetivo. Não seria surpresa se as causas apontadas se restringissem, precipuamente, a aspectos médicos e sociais, relegando-se a dimensão econômica da pornografia transnacional, lucrativa e reditícia a um segundo plano, quando, ao que parece, pelo menos no marco da macrocriminalidade do mundo globalizado, o lucro e a ganância cada vez mais maior por mais lucro seriam fatores determinantes.

7. O estudo da pornografia infantil transnacional e reditícia sob a óptica do tipo ideal weberiano

Como instrumental teórico capaz de auxiliar na compreensão da realidade atendendo os ditames da neutralidade axiológica, Max Weber concebeu o sistema de tipos ideais. Trata-se de uma ferramenta metodológica de grande racionalidade – e de singular importância – que permite o desenvolvimento da pesquisa e a análise dos dados coletados com o rigor científico necessário à legitmação de seus resultados, mediante a objetividade que o conhecimento da verdade requer (TOMAZETTE, 2008, p. 2-3, 16-17). Freund afirma que "o tipo ideal é um conceito de grandes recursos, uma vez que alia o vigor da pesquisa ao rigor científico" (1987, p. 83).

Para melhor assimilação do conceito de tipo ideal é necessário ter em mente que há ações sociais que são repetidas por um determinado grupo de atores sociais cujo sentido subjetivo pensado é o mesmo, vale dizer, há ações sociais que se identificam por meio da regularidade e da padronização de suas orientações motivacionais. O tipo ideal de Weber surge como uma construção teórica e lógica que define uma ação social regular, estabelecendo pontos de referências comuns em função dos quais se torna mais fácil pesquisar, comparar e medir regularidades em um caso particular específico. Kalberg explica que "a particularidade dos casos pode ser então claramente definida por meio de uma avaliação de sua aproximação ou desvio com relação ao tipo teoricamente construído" (2010, p. 40-43). Desse modo, tem-se o tipo ideal como um conceito bem delineado de uma ação social regular para a qual restam nitidamente estabelecidas explicações causais comuns. A generalização teórica contida no tipo ideal constitui uma valiosa ferramenta metodológica para diferenciar um fenômeno de outro.

A formulação do tipo ideal depende fundamentalmente da acentuação consciente de certos aspectos essenciais do padrão de ação de interesse observável na realidade (CARRIERI; VIEIRA, 2001, p. 14). Nas palavras de Weber:

> Obtem-se um tipo ideal mediante a acentuação unilateral de um ou de vários pontos de vista e mediante o encadeamento de grande quantidade de fenômenos isoladamente dados, difusos e discretos, que se podem dar em maior ou menor número ou mesmo faltar por completo, e que se ordenam segundo os pontos de vista unilateralmente acentuados, a fim de se formar um quadro homogêneo de pensamento. É impossível encontrar empiricamente na realidade esse quadro, na sua pureza conceitual, pois trata-se de uma utopia (WEBER, 2016, p. 252).

À vista do exposto, Cohn leciona que o tipo ideal representa a vocação para o exagero, na medida em que os traços relevantes para a investigação científica são metodologica e propositalmente exagerados com o intuito de facilitar a análise comparativa entre os fenômenos observados. Segundo o autor, "a atividade historiográfica é imbuída da tarefa de determinar, caso a caso, a proximidade ou o afastamento entre aspectos da realidade e do quadro ideal (1997b, p. 8 e 106).

É interessante pontuar que os conceitos consubstanciados nos tipos ideais não podem ser tomados como uma cópia da realidade a ser interpretada, mas tão somente como um recurso que permitirá sua análise. Nesse sentido, Jaspers sustenta que os tipos ideais são instrumento que contribuem para a compreensão da realidade, mas não a representam (2005, p. 115). Kalberg ilustra tal entendimento utilizando como o exemplo o tipo ideal do puritano, que identifica sua ação regular voltada para o trabalho metódico e para um modo de vida ascético. Conforme o autor, o tipo ideal do puritano "não descreve exatamente o sentido subjetivo nem de um puritano em particular nem de todos os puritanos" (2008, p. 41-42).

Em que pese não representar a realidade e não interessar como um fim em si mesmo, mas como meio para o conhecimento, o tipo ideal deve ser objetivamente possível e subjetivamente significativo, ou seja, exige-se para o tipo ideal um conceito que se aproxime da realidade concreta, facilitando a classificação e a comparação do fenômeno estudado, e, ainda, que seu sentido subjetivo seja compreensível em termos de motivação individual (TOMAZETTE, 2008, p. 19-20 e 27). Nos dizeres de Jaspers, "é preciso ver os possíveis para captar o real" (2005, p. 113).

Enquanto recurso metodológico para a objetividade científica e concretização da neutralidade axiológica, o tipo ideal configura um meio de orientação e elaboração de hipóteses, não devendo com essas ser confundido (COHN, 1997a, p. 29, 108; 1997b, 106). Partindo-se de um quadro teórico definido, o modelo simplifica o estudo das ações sociais e a apreensão da realidade, viabilizando ao pesquisador a captação da essência dos traços mais importantes do objeto investigado e, assim, a formulação de hipóteses pertinentes. Para Kalberg, os tipos ideais não apenas facilitam a definição de casos e acontecimentos históricos específicos como "delineiam hipóteses para testá-los – e o fazem de modo a permitir isolar as regularidades causais discretas e significativas da ação social" (2010, p. 75).

Mais uma vez percebe-se a adequação do método de Weber e de seus imperativos científicos ao estudo da dimensão econômica e transnacional da pornografia infantil. Nesse particular, o grupo específico a ser investigado pode ser definido como aquele integrado pelos delinquentes que aderem à macrocriminalidade própria da sociedade de risco para, voluntaria e deliberadamente, praticarem o crime de pornografia infantil. Como significado subjetivo das condutas criminosas, tem-se o propósito estritamente racional de obter cada vez mais vantagens econômicas, num processo cíclico de reinvestimento do proveito do delito na estrutura do crime para aumentar os lucros auferidos.

Por fim, o tipo ideal a ser construído, para auxiliar na compreensão da realidade a ser estudada, pode ser elaborado a partir do conceito da dimensão econômica da pornografia infantil transnacional, a ser considerada como toda ação criminosa voltada à comercialização, em âmbito globalizado e por meio da *internet*, de imagens de crianças e/ou adolescentes em atividades sexuais explícitas, reais ou simuladas, ou com suas partes íntimas à mostra para fins primordialmente sexuais, com fins específicos – racionalmente estabelecidos – voltados à maximização de lucros e à minimização dos riscos de suas condutas criminosas quanto à efetiva repressão estatal. As hipóteses a serem levantadas diante de tal tipo ideal seriam as mais variadas. Seu escopo foge à finalidade do presente artigo.

8. Considerações finais

Mesmo diante de fenômenos mais recentes, é possível afirmar que o método compreensivo de Max Weber para análise da realidade continua apto a auxiliar na investigação científica de temas complexos. É o caso da dimensão econômica da pornografia infantil transnacional, para a qual os imperativos científicos weberianos propostos no final do século XIX e início do século XX parecem – ainda hoje – se ajustar com precisão, viabilizando uma maior compreensão do fenômeno e de seu sentido subjetivo.

Ao rechaçar com vigor os preceitos positivistas que defendiam um método universal como modelo para toda a ciência e enxergavam a coletividade como um todo orgânico maior e mais importante que os indivíduos, Weber contribuiu para a criação de uma metodologia própria que se mostra bastante atual. Em seu método compreensivo, o ser humano é um ator social protagonista de sua história – e não mero coadjuvante – e a análise da realidade é feita tendo por base o dinamismo das ações sociais afetas ao fenômeno investigado, o qual não pode ser explicado de forma genérica. Com o individualismo metodológico weberiano busca-se interpretar a sociedade constituída de indivíduos em movimento e em constante e intensa interação, permeada de uma multicausalidade que lhe é peculiar.

Para Weber, nada pode subsistir na vida social que não seja fruto de ações ou relações sociais e, com base em tal premissa, a dimensão econômica da pornografia infantil transnacional se amolda ao que o autor categorizou como ações sociais racionais com relação a um objetivo. Isso porque a ponderação lógica entre fins, meios e consequências da conduta criminosa é estritamente pautada na racionalidade, que visa a obtenção cada vez maior de lucro com o menor risco possível quanto à repressão estatal. Outrossim, verifica-se na comercialização internacional de material de conteúdo pornográfico infantil a reciprocidade que define uma relação social sob o ponto de vista de Weber, uma vez que não haveria quem compre as imagens e vídeos proscritos se não houvesse quem as venda, e vice-versa.

A neutralidade axiológica é um imperativo científico de especial importância na metodologia de Weber, pois resulta numa maior imparcialidade, transparência e confiabilidade dos resultados e das conclusões da pesquisa científica. Refere-se ao maior distanciamento possível do pesquisador de seus juízos de valor, os quais não poderão influenciar as observações, medidas e comparações que serão realizados durante a investigação científica a fim de se resguardar uma maior aproximação com a verdade. Diante do estudo do tema da pornografia infantil transnacional, a neutralidade axiológica se revela imprescindível para que o estudioso não se deixe contaminar por sentimentos de antipatia, aversão e engulho que, não raro, emergem da análise de condutas criminosas atentatórias à dignidade sexual de crianças.

Como ferramenta para concretização de uma pesquisa científica isenta e desprovida de juízos de valor, em consonância com a necessária neutralidade axiológica, Max Weber concebeu o sistema de tipos ideais, instrumentais teóricos de grande racionalidade que permitem que a investigação científica se desenvolva com o rigor técnico que se impõe à legitimação de seus resultados. Em linhas gerais, um tipo ideal apresenta um conceito teórico que define ações sociais que mantém certa regularidade em suas significações subjetivas, ou seja, condutas subjetivamente condicionadas onde há identidade de orientações motivacionais. Com o estabelecimento de pontos de referências comuns, propositalmente acentuados, a tarefa do cientista em pesquisar e comparar fenômenos observáveis em situações concretas se torna mais fácil, oportunizando-lhe a elaboração de hipóteses mais consentâneas para estudo e validação.

Com base nas acepções metodológicas de Weber, foi sugerido um tipo ideal para a pesquisa da dimensão econômica e transnacional da pornografia infantil, haja vista tratar-se de ação social regular motivada, em síntese, pelo propósito estritamente racional de se obter, por meio de um ciclo vicioso de reinvestimento, o maior lucro ao menor risco de responsabilidade criminal possível.

O estudo realizado demonstra que o método compreensivo weberiano e seus imperativos científicos, mesmo tendo sido concebidos num contexto global pretérito tão diferente do atual, demonstrou ser bastante útil como caminho a ser trilhado pelo pesquisador para a interpretação mais eficiente e profunda da pornografia infantil transnacional, lucrativa e reditícia.

REFERÊNCIAS

II CONGRESSO MUNDIAL CONTRA A EXPLORAÇÃO SEXUAL COMERCIAL DE CRIANÇAS. dez. 2001. Disponível em: <http://matriz.sipia.gov.br/images/cmes/ii-congresso-yokohama.pdf>. Acesso em: 17 ago. 2016.

ABOSO, Gustavo Eduardo; ZAPATA, María Florencia. **Cibercriminalidade y derecho penal**: la información y los sistemas informáticos como nuevo paradigma del Derecho penal. Análisis doctrinario, jurisprudencial y derecho comparado sobre los denominados "delitos informáticos". Montevideo: B de F, 2006.

AIKEN, Mary; MORAN, Mike; BERRY, Mike. Child abuse material and the internet: Cyberpsychology of online child related sex offending. **DOCPLAYER**. 5 set. 2011. Disponível em: <http://docplayer.net/11767836-Child-abuse-material-and-the-internet-cyberpsychology-of-online-child-related-sex-offending-by-aiken-m-moran-m-berry-m-j.html>. Acesso em: 13 ago. 2016.

AMERICAN PSYCHIATRIC ASSOCIATION (APA). **Manual diagnóstico e estatístico de transtornos mentais – DSM**. 5. ed. Porto Alegre: Artmed, 2014. Disponível em: <http://c026204.cdn.sapo.io/1/c026204/cld-file/1426522730/6d77c9965e17b15/b37dfc58aad8cd477904b9bb2ba8a75b/obaudo-educador/2015/DSM%20V.pdf>. Acesso em: 13 ago. 2016.

AMORIM, Aluízio Batista de. **Elementos de sociologia do direito em Max Weber**. Florianópolis: Insular, 2001.

BAUMAN, Zygmunt. **Globalização**: as consequências humanas. Rio de Janeiro: Zahar, 1999.

BECK, Ulrich. **La sociedad del riesgo**: hacia una nueva modernidad. Barcelona: Paidos, 1998.

BEHRING, Elaine Rossetti; BOSCHETTI, Ivanete. **Política Social**: fundamentos e história. São Paulo: Cortez, 2006. v. 2 (Biblioteca Básica de Serviço Social).

BENTHIEN, Rafael Faraco. Resenha de RINGER, Fritz. 2004. A Metodologia de Max Weber. A Unificação das Ciências Culturais e Sociais.

São Paulo: Edusp, 2004 (Tradução de Gilson Cardoso de Souza). **Mana**: estudos de antropologia social, Rio de Janeiro, v. 1, n. 1, abr. 2005. Disponível em: <http://www.scielo.br/scielo.php?script=sci_arttext&pid=S0104-93132005000100012>. Acesso em: 10 ago. 2016.

BRASIL. **Decreto nº 5.007**, de 08 de março de 2004. Promulga o Protocolo Facultativo à Convenção sobre os Direitos da Criança referente à venda de crianças, à prostituição infantil e à pornografia infantil. Disponível em: <http://www.planalto.gov.br/ccivil_03/_ato2004-2006/2004/decreto/d5007.htm>. Acesso em: 13 ago. 2016.

_____. **Lei nº 8.069**, de 13 de julho de 1990. Dispõe sobre o Estatuto da Criança e do Adolescente e dá outras providências. Disponível em: <http://www.planalto.gov.br/ccivil_03/leis/L8069.htm>. Acesso em: 13 ago. 2016.

CAEIRO, Pedro. Sentido e função do instituto da pena alargada de vantagens relacionadas ao crime no confronto com outros meios de prevenção da criminalidade reditícia: em especial, os procedimentos de confisco *in rem* e a criminalização do enriquecimento "ilícito"). **Revista Brasileira de Ciências Criminais, RBCCrim**, ano 21, n. 100, jan./fev. São Paulo: RT, 2013.

CARRIERI, Alexandre de Pádua; VIEIRA, Adriane. Max Weber e a questão do método nas ciências sociais. In: **Economia & Gestão**, Belo Horizonte, v. 1, n. 2, p. 9-31, jul./dez. 2001.

COHN, Gabriel. **Palestra proferida na USP sobre Max Weber** [2013]. Disponível em: <https://www.youtube.com/watch?v=qU_zUBTsILQ>. Acesso em: 10 de ago. 2016.

_____. Introdução. In: FERNANDES, Florestan. (Coord.); COHN, Gabriel (Org.). **Max Weber**. Sociologia. Tradução: Amélia Cohn e Gabriel Cohn. 6 ed. São Paulo: Ática, 1997a.

_____. A objetividade do conhecimento nas ciências sociais. In: FERNANDES, Florestan (Coord.); COHN, Gabriel (Org.). **Max Weber**. Sociologia. Tradução: Amélia Cohn e Gabriel Cohn. 6. ed. São Paulo: Ática, 1997b.

CONRAD, Cynthia. Measuring costs fo child abuse and neglect: a mathematic model of specific cost estimations. **National Center for Biotechnology**

Information. 2006. Disponível em: <http://www.ncbi.nlm.nih.gov/pubmed/17290808>. Acesso em: 26 jul. 2016.

CORREIA, João Conde. **Da proibição do confisco à perda alargada**. Coimbra: INCM, 2012.

COSTA, José Faria. **O Fenônemo da globalização e o direito penal econômico**: direito penal econômico e europeu: texto doutrinários. Coimbra: Coimbra Editora, 2009.

DIAS, Cristina Maria Nogueira Parahyba. A sociologia como ciência em Durkheim. **Revista Praia Vermelha**. Rio de Janeiro: UFRJ, n. 13, p. 174-205, 2º sem. 2005.

FARIA, José Eduardo. **O direito na economia globalizada**. São Paulo: Malheiros, 2004.

FICHTELBERG, Aaron. **Crime without borders**: an introduction to international criminal justice. New Jersey: Pearson, 2008.

FREUND, Julien. **A sociologia de Max Weber**. Tradução de Luís Cláudio de Castro e Costa. Revisão de Paulo Guimarães do Couto. 4. ed. Rio de Janeiro: Forense Universitária, 1987.

GODOY, Luiz Roberto Ungaretti de. **Crime organizado e seu tratamento jurídico penal**. Rio de Janeiro: Elsevier, 2011.

ISKANDAR, Jamil Ibrahim. **Normas da ABNT comentadas para trabalhos científicos**. 6. ed. Curitiba: Juruá, 2016.

JASPERS, Karl. Método e visão do mundo em Weber. In: COHN, Gabriel (Org.). **Sociologia**: para ler os clássicos. Rio de Janeiro: Azougue, 2005.

KALBERG, Stephen. **Maxweber**: uma introdução. Rio de Janeiro: Zahar, 2010.

LAKATOS, Eva Maria; MARCONI, Marina de Andrade. **Fundamentos de metodologia científica**. 3. ed. São Paulo: Atlas, 1991.

LOPES, Ana Maria D'Ávila. A hermenêutica jurídica de Gadamer. **Revista de Informação Legislativa**, Brasília, DF, ano 37, n. 145, p. 101-112, jan./mar. 2000.

MARX, Karl; ENGELS, Friedrich. **A ideologia alemã**. Introdução de Jacob Gorender. Tradução de Luís Cláudio de Castro e Costa. São Paulo: Martins Fontes, 1989 (Coleção novas direções).

MEZZAROBA, Orides; MONTEIRO, Cláudia Servilha. **Manual de metodologia da pesquisa no direito**. 6. ed. Saraiva: 2014.

ORGANIZAÇÃO MUNDIAL DE SAÚDE (OMS). **Classificação internacional de doenças**. 10. ed. 2012. Disponível em: <http://www.medicinanet.com.br/cid10.htm>. Acesso em: 13 ago. 2016.

PULLIDO, Mary L. Child pornography: basic facts about a horrific crime. **The New York Society for the Prevention of Cruelty of Children**. 17 out. 2013. Disponível em: <http://www.nyspcc.org/wp-content/uploads/NYSPCC_Winter_2013_Newsletter.pdf>. Acesso em: 13 ago. 2016.

RIBEITO, Joaquim Hudson de Souza. **Espaços violados**: uma leitura geográfica e psicossocial da violência sexual infanto-juvenil na área urbana de Manaus-AM (2006-2010). São Paulo: USP, 2011. Disponível em: <http://www.teses.usp.br/teses/disponiveis/8/8136/tde-15052012-121116/publico/2011_JoaquimHudsonDeSouzaRibeiro_VOrig.pdf>. Acesso em: 13 ago. 2016.

RIOS, Rodrigo Sánchez; LINHARES, Sólon Cícero. A dimensão transnacional do fenômeno *child grooming* e sua receptividade no ordenamento jurídico-penal pátrio. **Revista Brasileira de Ciências Criminais RBCCrim**, São Paulo, ano 22, n. 107, p. 231-261, mar./abr. 2014a.

RODRIGUES, Anabela Miranda. Globalização, democracia e crime. In: COSTA, José de Faria; MARQUES DA SILVA, Marco Antonio (Coords.). **Direito penal especial, processo penal e direitos fundamentais – Visão Luso-Brasileira**. São Paulo: Quartier Latin, 2006.

RODRIGUES, Anabela Miranda; MOTA, José Luís Lopes da. **Para uma política criminal europeia**: quadro e instrumentos jurídicos da cooperação judiciária em matéria penal no espaço da União Europeia. Coimbra: Coimbra Editora, 2002.

SAFERNET BRASIL. **Jornalistas**: todas as notícias. 2016. Disponível em: <http://www.safernet.org.br/site/noticias>. Acesso em: 17 ago. 2016.

SAINT PIERRE, Héctor Luis. **Max Weber**: entre a paixão e a razão. Campinas: UNICAMP, 1994.

SALDIVIA, Laura. El derecho y la soberanía en la globalización. In: TEUBNER, Günther; SASSEN, Saskia; KRASNER, Stephen. **Estado, soberanía y globalización**. Bogotá, Colômbia: Siglo del Hombre Editores, 2010 (Nuevo Pensamiento Jurídico).

SALTER, Anna C. **Predadores, pedófilos, estupradores e outros agressores sexuais**. São Paulo: M. Books do Brasil, 2009.

SANTOS, Boaventura de Souza. **Introdução a uma ciência pós-moderna**. 4. ed. Rio de Janeiro: Graal, 2003.

SAX, Robin. **Predators and child molesters**. New York: Prometheus Books, 2009.

SOUZA, Luciano Anderson. **Expansão do direito penal e globalização**. São Paulo: Quartier Latin, 2007.

THE GLOBAL INICIATIVE AGAINST TRANSNATIONAL ORGANIZED CRIME. **Stolen innocence**: the online exploitation of children. 7 abr. 2014. Disponível em: <http://www.globalinitiative.net/stolen-innocence-the-online-exploitation-of-children/>. Acesso em: 17 ago. 2016.

THE PEW CENTER ON THE STATES. **Paying later**: the high costs of failing to invest in young children. jan. 2011. Disponível em: <https://www.unitedwaywinecountry.org/files/_Paying_Later-High_cost_of_failing_to_invest.pdf>. Acesso em: 26 jul. 2016.

TOMAZETTE, Marlon. A contribuição metodológica de Max Weber para a pesquisa em ciências sociais. **Universitas. Jus (UNICEUB)**, v. 17, p. 1-23, 2008.

TRINDADE, Jorge; BREIER, Ricardo. **Pedofilia**: aspectos psicológicos e legais. Porto Alegre: Livraria do Advogado, 2007.

UNICEF. **Child maltreatment in Asia-Pacific is costing countries US$ 209 billion each year, says UNICEF**. 2 jun. 2015. Disponível em: <http://www.unicef.org/malaysia/media_news2015-child-maltreatment-costing-asia-pacific-countries-billions.html#.Vg1HtBNVhBc>. Acesso em: 26 jul. 2016.

UNITED NATIONS OF HUMANS RIGHTS. **Child pornography flourishes in a world with no borders**. 26 nov. 2009. Disponível em: <http://www.ohchr.org/EN/NewsEvents/Pages/ChildPornography.aspx>. Acesso em: 17 ago. 2016.

WEBER, Max. **Economia e sociedade**: fundamentos da sociologia compreensiva. Trad. Regis Barbosa e Karen Elsabe Barbosa. 3. ed. Brasilia: UnB, 1998. v. 1.

_____. **Metodologia das ciências sociais**. Trad. Augustin Wernet. 5. ed. São Paulo: Cortez; Campinas, SP: Editora da Unicamp, 2016.

CAPÍTULO IX

O TIPO IDEAL WEBERIANO APLICADO À PROTEÇÃO DA SAÚDE E DA SEGURANÇA DO TRABALHADOR

Antonio Bazilio Floriani Neto[68]
Oksandro Osdival Gonçalves[69]

1. Introdução

O conhecimento científico, há mais de três séculos, tem conduzido à descoberta de novos modos de compreensão da realidade, permitindo progressos inéditos, como o manuseio da energia nuclear e da engenharia genética. Neste contexto, fala-se que a ciência é elucidativa e enriquecedora: elucidativa, pois resolve enigmas e dissipa mistérios; enriquecedora, pois conduz à avanços civilizatórios, bem como permite a satisfação de necessidades sociais (MORIN, 2005, p. 15-16).

Apesar desse caráter triunfante, a ciência tem apresentado problemas decorrentes do conhecimento que produz e à sociedade que transforma. Em outros termos, é libertadora e, ao mesmo tempo, traz possibilidades de subjugação (MORIN, 2005, p. 16).

Morin aborda a questão, porém rechaça a existência da boa e da má ciência, a primeira como responsável pelos benefícios e a segunda, pelos efeitos adversos de suas pesquisas (MORIN, 2005, p. 16). Como efeitos adversos, podemos citar a fragmentação do trabalho, o enclausuramento do saber, o desligamento das ciências da natureza com as ciências do homem. E, nesse contexto, as ciências passam a apresentar os vícios da especialização, os quais conduzem ao anonimato: as informações colhidas são cada vez mais destinadas à composição de bancos de dados, relegando a segundo plano a reflexão, o debate (MORIN, 2005, p. 17).

Para dirimir o problema, Morin propõe o emprego da complexidade, mecanismo intrínseco e que se encontra no cerne da ciência (2005, p. 16). Ocorre que no âmbito da ciência jurídica, observa-se que o direito tem formado um ambiente de pouca interdisciplinaridade, proporcionando resistência quanto a aplicação de métodos para análise de problemas (TAVARES NETO; MEZZAROBA, 2016, p. 117).

---

[68] Doutorando em Direito Econômico pela Pontifícia Universidade Católica do Paraná; mestre e especialista em direito previdenciário pela mesma instituição, advogado. E-mail: antonio@rochaefloriani.com.br
[69] Professor titular dos cursos de graduação e pós-graduação da Pontifícia Universidade Católica do Paraná. Doutor em direito comercial pela Pontifícia Universidade Católica de São Paulo. Advogado. E-mail: oksandro@cgaadv.com.br

Esse modo de agir é preocupante, pois se ao cabo e ao rabo, a ciência tem como intenção fornecer "clareza conceitual e coerência lógico--semântica" (FOLLONI, 2013, p. 133) e como finalidade buscar a solução de problemas (PAVIANI, 1993, p. 6). Consequentemente, exsurge a importância do método, compreendido como uma forma de organização do raciocínio e definido por Mezzaroba e Monteiro como o caminho adotado "[...] para alcançar determinado fim" (2009, p. 48).

No presente artigo, utilizar-se-á o método weberiano e, mais especificamente, a concepção de tipo ideal, compreendido como um recorte da realidade em que o pesquisador seleciona características, ressalta elementos e, desta forma, construindo um todo inteligível (ALVES, 2004, p. 51).

A sua aplicação será no modelo brasileiro de proteção à saúde e à segurança do trabalhador, construído em volta de uma contribuição social denominada seguro de acidentes de trabalho (SAT).

Como justificativa, expõe-se os acentuados gastos da Previdência Social com benefícios decorrentes de um acidente de trabalho e o elevado número de acidentalidade, o qual supera a barreira de 700 mil casos anuais desde 2008 (FLORIANI NETO, 2015, p. 73).

Logo, o tema exige melhor reflexão, especialmente se tomarmos por base o caráter finalístico de toda ciência: buscar a solução de problemas do homem. Para atingir o propósito a que se destina o presente artigo, o trabalho é divido em partes.

No primeiro item, as atenções serão voltadas a contextualização dos acidentes laborativos com a intervenção estatal. Visualizada sua importância, examinar-se-á brevemente o seguro de acidentes de trabalho. Por fim, estará formado o caminho aplicação dos tipos ideais de Weber, de modo a aprofundar os conhecimentos acerca da matéria.

2. Desenvolvimento e a importância do meio ambiente de trabalho

A moderna concepção de direito econômico tem buscado acompanhar a evolução científica e analítica da economia, não relegando a segundo plano os reclamos da sociedade por maior justiça, igualdade, progresso e estabilidade. Por conta disso, fala-se que as motivações acima listadas constituem objetivos nacionais, de modo que não mais cabe ao Estado apenas intervir para corrigir as falhas de mercado.

Nesse contexto, assume relevância o debate envolvendo o desenvolvimento como ordem de motivação para a presença estatal na vida econômica. E, como não é fácil para o direito consagrar determinadas posições e teorias, especialmente pelo fato de a ciência estar, permanentemente, desafiando "*verdades estabelecidas*" ou "*imutáveis*", pode-se afirmar que o desenvolvimento não é um fenômeno uníssono.

Tal premissa se assenta pelo fato de todas as sociedades buscarem formas de se desenvolver, cada qual com sua particularidade. Logo, há inúmeras concepções acerca do *modo* de como deve ocorrer esse desenvolvimento.

Para o presente estudo, não se questiona o desenvolvimento em si, mas os efeitos de determinadas condutas estatais. Parte-se do pressuposto de que o desenvolvimento é um fenômeno indispensável e deve estar atrelado à construção de uma sociedade mais justa, livre, igualitária, conforme preconiza o texto constitucional de 1988, em seu artigo 3º.

Ademais, a Constituição, expressamente, autorizou a intervenção estatal no domínio econômico, como se observa no artigo 174. Trata-se, portanto, de uma realidade, até porque o Estado contemplado pelo constituinte não é neutro.

Conforme ensina Schoueri, a Constituição revelou-se inconformada "[...] com a ordem econômica e social que encontrara, enumerando uma série de valores sobre os quais se deveria firmar o Estado, o qual, ao mesmo tempo, se dotaria de ferramentas hábeis a concretizar a ordem desejada" (2005, p. 1).

Não por acaso, portanto, estabeleceu no artigo 193 que "a ordem social tem como base o primado do trabalho, e como objetivo o bem-estar e a justiça sociais". Pensou o constituinte em assegurar aos cidadãos os direitos sociais, dentre os quais estão a educação, a saúde, a alimentação, o trabalho, a moradia, o transporte, o lazer, a segurança, a previdenciária social, como se observa no artigo 6º.

E um exemplo prático das diversas formas de aliar o desenvolvimento com bem-estar e ainda garantir a eficácia de direitos sociais é a proteção da saúde e da segurança dos trabalhadores. Em outros termos, não basta para o Estado que indivíduos tenham acesso ao emprego, mas que este seja exercido de forma digna, saudável e lhe proporcione bem-estar.

Tal modo de agir é benéfico para empresa, para o Estado e para o empregado. Para este último, o aprimoramento do meio ambiente do trabalho lhe garante o exercício da atividade laborativa com dignidade. A empresa poderá elevar sua produção com empregados seguros e saudáveis, já o Estado terá condições de efetivar os direitos sociais preconizados na Constituição de 1988.

Vale destacar, ainda, que a matéria envolve não só a ciência jurídica, mas também outras áreas do saber, como a medicina do trabalho e a engenharia de segurança. No âmbito jurídico, a ocorrência de um infortúnio no ambiente de trabalho, pode culminar na responsabilidade penal do empregador, como expor a vida ou a vida ou a saúde de outrem a perigo direto e iminente (art. 132, CP), a lesão corporal (art. 129, §1º, I e §2º, I, CP) e o homicídio (art. 121, CP).

Sob a ótica civil, a reparação do dano pode ocorrer por meio de uma indenização. Fala-se, ainda, a aplicação de princípios ambientais, deixando o trabalho de ser um mero lugar, para ser compreendido como um meio ambiente, conforme pode-se interpretar do artigo 200, VIII, da Constituição e daqueles constantes na Convenção nº 155, da Organização Internacional do Trabalho (art. 4-2). Sua relevância decorre do fato de transcender a relação empregador-empregado, de modo que seus efeitos atingem "[...] todo e qualquer obreiro, submetido àquele conjunto de elementos tangíveis e intangíveis que compõe o espaço de convivência obrigatório da pessoa que, naquela localidade, busca o seu mister" (IBRAHIM, 2015, p. 3).

Não é deixada de lado, ainda, a esfera trabalhista, onde estão presentes os conceitos de insalubridade, penosidade e periculosidade. Por fim, há que se ressaltar o ferramental tributário e previdenciário.

O primeiro encontra ligação com os acidentes de trabalho, pois estes são custeados por toda a população, por meio seguro de acidentes de trabalho, previsto no artigo 7º, XXVIII, da Constituição. Já na seara previdenciária, o sistema assecuratório deve fornecer as prestações aos segurados envoltos nos mais variados riscos sociais, dentre eles o infortúnio decorrente de um acidente no trabalho.

Assentadas essas premissas, nota-se a complexidade que a matéria envolve. Para este artigo, o foco será no seguro de acidentes de trabalho, uma contribuição social que busca promover a segurança e a saúde dos trabalhadores. Passa-se a examinar melhor a questão.

3. Uma breve síntese do seguro de acidentes de trabalho e de seu multiplicador

Visando proteger a saúde e a segurança do trabalhador estatal foi instituído o Seguro de Acidentes de Trabalho (SAT), uma contribuição social destinada a financiar os benefícios previdenciários concedidos pelo Instituto Nacional de Seguro Social (INSS) decorrentes de acidentes laborativos e também a aposentadoria especial[70].

Destaca-se inexistir definição constitucional de seu fato gerador ou base de cálculo, recaindo ao legislador tal tarefa. Nesse contexto, o artigo 22, II, da Lei 8.212/91, estabeleceu a incidência sobre a remuneração de empregados e avulsos, a cargo das empresas.

Em síntese, o SAT hoje vigente é formado uma alíquota variável de 1% a 3%, definida conforme o risco de atividade preponderante da empresa, a qual é determinada pela Classificação Nacional de Atividade Econômica (CNAE).

---

70   Sua implementação em solo pátrio ocorreu em 1919, por meio do Decreto 3.724/1919 e ao longo dos anos, o SAT sofreu diversas modificações. Atualmente, é regulamentado pela Lei 8.212/91, artigo 22, II.

Consequentemente, as empresas são agrupadas pela atividade que exploram, sendo tributadas de forma equivalente: aquelas que expõem seus trabalhadores a maiores riscos, pagarão um tributo mais elevado e assim sucessivamente (GONÇALVES; FLORIANI NETO, 2015, p. 587).

Ocorre que esta forma de tributação, por si só, foi incapaz de discriminar o bom e o mau empregador dentro da mesma atividade econômica, refletindo uma injustiça fiscal. Tal premissa se assenta pelo fato de existirem empresas que pagam a menor alíquota e deveriam pagar menos, haja vista não possuírem acidentalidade, e aquelas com a alíquota grave, sendo que deveriam pagar mais, pois descumprem as normas de saúde e segurança dos trabalhadores.

Esse procedimento cria um ambiente de seleção adversa[71], pois o Estado, ao tributar de forma equivalente duas empresas distintas, culmina por favorecer aquele com maior perfil de risco.

Ademais a norma tributária revela-se ineficaz para estimular investimentos na promoção do meio ambiente de trabalho, consistindo em um meio de abastecimento dos cofres públicos (FOLLONI; FLORIANI NETO, 2014).

Por conta disso, adveio o Fator Acidentário de Prevenção (FAP), um multiplicador das alíquotas SAT, que pode reduzi-la em até 50% ou majorá-la em até 100%.

Para tanto, vale-se dos acidentes de trabalho ocorridos na empresa, rompendo com a lógica da tributação generalista, para fornecer uma exação individualizada, a qual pode auxiliar o Estado na busca de um objetivo socialmente desejável, como por exemplo, a redução de acidentes, que, por sua vez, diminuirá os gastos da Previdência Social e também o uso do Sistema Único de Saúde (SUS).

A fim de melhor examinar o modelo protetivo do trabalhador construído em torno do SAT e de seu multiplicador, o FAP, especialmente se tem atingido o objetivo a que se destina, utilizar-se-á o método de Max Weber de tipo ideal, tema do próximo item.

4. A aplicação dos tipos ideais ao SAT

Com a finalidade de melhor compreender a realidade social a ponto de sugerir alterações, Max Weber acreditava ser imprescindível sair da abstração e das construções teóricas pautadas na aparência. Para tanto, o filósofo alemão buscou aferir se os modelos correspondiam ao fim a que se destinam (WEBER, 2003, p. 105).

---

71 *"We use the term 'adverse selection' when a characteristic of the Agent is imperfectly observed by the Principal. This term comes from a phenomenon well know to insures: If a company offers a rate tailored only to the average-risk population, this rate will attract only the high risk population and the company will therefore lose money."* SALANIÉ, Bernard. **The economics of contracts**: primer. 2. ed. Cambridge: The MIT Press, 2005. Chapter 2. p. 2.

E o fato de "[...] saber até onde se deve levar a atual 'teoria abstrata' é também uma questão da economia do trabalho científico [...]" (WEBER, 2003, p. 105). Para melhor ilustrar o raciocínio, Weber trabalha com as teorias econômicas abstratas, muitas vezes utópicas, pois não retratam a realidade para a qual foram criadas.

Para atingir seu desiderato, propõe um processo investigatório a partir do conceito de tipo ideal, com a finalidade de formar o juízo de atribuição (WEBER, 2003, p. 106). Tomazette ensina que "os tipos ideais representam um mecanismo técnico para se proceder à análise da realidade social" (2008, p. 17).

Weber faz questão de enfatizar que não se trata de uma hipótese, mas sim indicar um caminho para sua formação. Além disso, o tipo ideal não se destina expor a realidade, mas "pretende conferir a ela meios expressivos unívocos" (WEBER, 2003, p. 106).

Para obter o tipo ideal, Weber ensina ser necessária a acentuação de

> [...] um ou vários pontos de vista, e mediante o encadeamento de grande quantidade de fenômenos isoladamente dados, difusos e discretos, que se podem dar em maior ou menor número ou mesmo faltar por completo, e que se ordenam segundo os pontos de vista unilateralmente acentuados, a fim de se formar um quadro homogêneo de pensamento. Torna-se impossível encontrar empiricamente na realidade esse quadro, na sua pureza conceitual, pois trata-se de uma utopia. A atividade historiográfica defronta-se com a tarefa de determinar, em cada caso particular, a proximidade ou afastamento entre a realidade e o quadro ideal, em que medida portanto o caráter econômico das condições de determinada cidade poderá ser qualificado como economia urbana em sentido conceitual. Ora, desde que cuidadosamente aplicado, esse conceito cumpre as funções específicas que dele se esperam, em benefício da investigação e de representação (2003, p. 206).

Trata-se de um mecanismo técnico, voltado à análise da realidade social, que age por meio do destaque de características para formar "[...] um conceito individualizante em oposição à conceituação generalizadora" (TOMAZETTE, 2008, p. 18). Vieira e Carrieri definem o tipo ideal como uma construção mental, estruturada pela exageração de traços identificáveis pelo observador (2001, p. 14).

Nota-se, portanto, a importância da ciência empírica, mecanismo reputado por Weber como fundamental para que o homem possa penetrar e compreender a realidade (VIEIRA; CARRIERI, 2001, p. 13). Isso também não implica em dizer que os tipos ideais representam a realidade. São apenas um recurso metodológico utilizado para melhor compreender as ações sociais (TOMAZETTE, 2008, p. 19).

Parte-se do pressuposto da impossibilidade de explicar a realidade social por meio das relações causais que a constituem, fazendo, assim, o recorte em fragmentos, atribuindo a alguns sentidos, a outros conferindo destaque de pontos importantes, de modo a orientar o cientista (MORAES; MAESTRO FILHO; DIAS, 2003, p. 64).

Esse modelo é o tipo ideal, "cuja finalidade é servir de baliza, de instrumento de colimação para o cientista se guiar, ao se enveredar na infinitude do real" (MORAES; MAESTRO FILHO; DIAS, 2003, p. 64).

Tecidas essas considerações, passa-se à aplicação do aludido método ao modelo brasileiro de proteção à saúde e à segurança do trabalhador. O modelo perfeito seria constituído com nenhuma acidentalidade, todas empresas teriam maquinários seguros e empregados protegidos. O ferramental tributário induziria devidamente o sujeito passivo a agir em conformidade com as finalidades estatais.

Dessa forma, a Previdência Social não teria gastos com a concessão de benefícios acidentários, os quais têm sido superiores à receita, com déficit de R$ 4 bilhões e, ainda, estimativa de alta (IBRAHIM, 2015, p. 4).

O Sistema Único de Saúde (SUS), cujo acesso é gratuito e universal, seria menos acionado, contribuindo, assim, para atenuar o tempo de espera para atendimento. Além disso, o Estado teria melhores condições não só para efetivar os direitos sociais listados no artigo 6º, do texto constitucional, mas também para atuar em sintonia com os objetivos da República Federativa do Brasil, constantes no artigo 3º, da Constituição de 1988, dentre os quais está a construção de uma sociedade livre, justa e solidária.

Ocorre que acentuação das características demonstra falhas. No item anterior, expôs-se a existência de uma contribuição social, denominada SAT, a qual é definida de acordo com o grau de risco da atividade preponderante da empresa. Logo, se o meio ambiente de trabalho apresentar maior possibilidade de risco para o trabalhador, a empresa arcará com a maior das alíquotas, de 3%. Caso o risco seja considerado médio, a alíquota será de 2% e, em caso de risco leve, 1%.

Dada a impossibilidade de individualizar a exação, haja vista a existência de milhares de empresas no Brasil, os sujeitos passivos da relação tributária foram agrupados de acordo com a atividade econômica que exploram.

Consequentemente, duas concorrentes, como por exemplo duas indústrias automobilísticas, terão idêntica alíquota. Pois bem, expôs-se que esse mecanismo, consistiu em uma injustiça fiscal na medida em que não privilegia empregador que menor índice de acidentalidade, pois se o tributo é definido tão somente com base na atividade econômica, ignoram-se os infortúnios laborativos, os investimentos na compra de maquinário mais seguro ou qualquer outra medida otimizadora do meio ambiente de trabalho.

Para aprimorar esse mecanismo, foi implementado o Fator Acidentário de Prevenção (FAP), um multiplicador das alíquotas SAT, que pode reduzir o tributo pela metade ou dobrar o seu valor. A flutuação das alíquotas é definida pelos acidentes de trabalho ocorridos na empresa[72].

Excelente na teoria, o método foi deturpado na prática pelo Conselho Nacional de Previdência Social (CNPS), como explica Ibrahim (2015, p. 11-12):

> Com o pretexto de aprimorar o mecanismo, as Resoluções nº. 1.308/09 e 1.309/09, combinadas com o Decreto nº. 6.957/09, adulteraram as premissas iniciais, produzindo, juntamente com o SAT básico, incremento generalizado de alíquotas. Em seguida, a metodologia foi novamente alterada pela Resolução CNPS nº 1.316, de 31 de maio de 2010.

Mas não é só. O recorte metodológico orientado pelos tipos ideais weberianos expõe outra inconsistência. Em direito tributário vige o princípio da estrita legalidade[73], norma segundo a qual impede a União, os Estados, o Distrito Federal ou os Municípios exigirem ou aumentarem de tributos sem lei anterior, conforme se observa na Constituição Federal, artigo 150, inciso I.

No caso do FAP, sua instituição ocorreu por meio da Lei 10.666/2003, a qual não trouxe todos os elementos necessários para que as empresas pudessem mensurar o tributo. Em outros termos, a lei delegou a um regulamento a metodologia de cálculo do FAP[74].

Dessa forma, ao acentuarmos esse viés do sistema protetivo, observa-se que resta prejudicada sua eficiência, eis que é patente a ofensa ao princípio da estrita legalidade. Nessa esteira, a ofensa ensejará ações. E convém lembrar que "um regulamento radicalmente contestado pelo mercado é, potencialmente, um regulamento inefetivo" (MENDONÇA, 2014, p. 416). Sendo inefetivo, não atingirá a finalidade para o qual foi proposto. Por conseguinte, não estará protegido o trabalhador.

Outro aspecto que também é alvo de críticas é a utilização de percentis, que ignora as mais diversas situações e características das empresas[75].

---

72 Sua instituição ocorreu pela Lei 10.666/2003, art.10.
73 Sobre este princípio, diferindo-o da legalidade geral, Fernando Facury Scaff ensina: "[...] a Estrita Legalidade Tributária determina que todos os elementos da obrigação tributária que venha a instituir ou a aumentar tributo estejam exaustivamente descritos na lei em sentido formal – ato do Poder Legislativo. Caso não estejam integralmente estipulados na lei, a exigência ou a majoração de tributo será inconstitucional". SCAFF, Fernando Facury. Substituição Tributária e o resgate do princípio da estrita legalidade. **Interesse Público - IP**, São Paulo, v. 2, n. 8, p. 53-63, out./dez. 2000, p. 54-55.
74 Essa premissa é corroborada ao examinarmos em conjunto a Lei 10.666/2003, artigo 10 e as resoluções nº. 1.308/09, 1.309/09 e 1.316/2010, as quais buscam estabelecer parâmetros para indicar como será apurado o tributo.
75 Conforme explica Ibrahim: "[...] com características muito diversificadas, além de grande parte das situações concretas, no período avaliado, não haver acidente algum, impondo, não raramente, incremento indevido de alíquota. A categorização por percentis, conceitualmente, parte da premissa da divisão em determinado universo em partes iguais, que é exatamente o que não ocorre no aglomerado de empresas em determinada atividade econômica, em especial pelo porte dos mais variados, aliado a uma dominância, em determinados setores, por pequenas empresas. A identificação das distâncias relativas é justamente o que se busca no FAP. Mas, com o critério de percentis, é exatamente o que não se consegue. A estrutura básica foi desnaturada (2015, p. 13).

Não bastasse a ofensa à legalidade e a utilização de percentis, são presenciadas falhas no banco de dados da Previdência Social, gerando informações equivocadas na quantificação de acidentes laborativos.

Desse modo, há repercussão direta nos coeficientes de frequência, gravidade e custo e, ato contínuo, no FAP. Diz-se isso, pois é significativa a diferença entre a ocorrência de um acidente ou de três. Consequentemente, o incremento da sinistralidade ocasiona não só o aumento do tributo, mas exige maior esforço dos envolvidos, que devem conferir item por item se há vícios informacionais na sua mensuração.

Aqui, há outra contribuição da fragmentação da realidade por meio dos tipos ideais. A teoria abstrata do FAP expõe que o tributo pode ser reduzido pela metade. Contudo, a existência de inconsistências no banco de dados responsável por mensurá-los, expõe a impossibilidade de retratar o propósito. Seguindo esse raciocínio, as empresas não serão devidamente induzidas para realizarem a vontade desejada pelo Estado. Nesse contexto, emergirá a dúvida acerca da real necessidade de investir na promoção do meio ambiente de trabalho. Acentuado o aspecto, não fará diferença entre proteger o trabalhador ou não.

Além das questões citadas, o FAP impossibilita a comparação dos números de acidentes de empresas de mesma atividade econômica. Vale dizer, mantém-se sob sigilo os índices de acidentalidade, tornando impossível com que o sujeito passivo saiba se obteve a melhor *performance* no seu ramo[76]. Aqui, trata-se de uma relação de causa e efeito. A inviabilidade de uma análise comparativa conduzirá ao que a doutrina econômica denomina de *moral hazard*, um ambiente que não propicia ações cooperativas, mas sim a maximização do interesse pessoal, levando à queda da estrutura e à ineficiência:

> O risco moral caracteriza-se por ser um comportamento oportunista e pós-contratual, podendo ser encontrado nos mais diversos tipos de relações econômicas, como nas relações entre empregado e empregador, por exemplo. Assim, um trabalhador pode se ausentar do trabalho alegando problemas de saúde, mas na verdade estar perfeitamente saudável, ou um administrador pode tomar decisões que promovam as suas metas pessoais como status, alto salário, mordomias e segurança no trabalho, em detrimento dos objetivos da organização. Dessa forma, essas atividades tornam-se ineficientes, sendo necessário alinhar os interesses de ambas as partes na busca de melhorarias no bem-estar do agente e da maximização dos resultados da organização. A fim de lidar com as incertezas dessa relação, o proprietário pode utilizar-se de mecanismos contratuais e de incentivos que irão estabelecer o alinhamento de interesses das partes envolvidas (KOETZ; KOETZ; MARCON, 2011, p. 617).

---

76 Sobre o tema, ensina Ibrahim: "A questão do sigilo fiscal existe, desde sempre, como forma de proteger o sujeito passivo frente a exposições invasivas e mesmo vexatórias de sua condição fiscal, o que poderia prejudicar investimentos futuros, afastar clientes ou mesmo levar o negócio à bancarrota. Nunca será finalidade de o sigilo fiscal omitir os números acidentários de determinada empresa, especialmente pelo potencial moralizador e incentivador na adequação do meio ambiente do trabalho" (2105, p. 15).

Outro aspecto merecedor de atenção é o fato dos acidentes *in itinere*, também chamados de trajeto, interferirem na quantificação de acidentes. De acordo com o atual sistema, havendo um sinistro no trajeto do momento em que o trabalhador deixa sua casa em direção para o trabalho ou vice-versa, independentemente do meio de locomoção, será configurado acidente de trabalho.

Tal prática, atribui responsabilidades que fogem da alçada da empresa. E mais, ignora todos os investimentos no aprimoramento do meio ambiente de trabalho, pois a empresa pode proporcionar aos seus empregados a maior segurança possível para que exerçam seu ofício com dignidade e, mesmo assim, ser prejudicada com um infortúnio ocorrido longe de sua sede.

Isolado o fenômeno, não se forma um quadro homogêneo de pensamento. Tem-se o oposto, ou seja, uma antinomia com a pretensão do legislador que é justamente induzir o comportamento do empregador a fim de que invista no meio ambiente de trabalho. Logo, se os acidentes de trajeto são contabilizados, a exação não será reduzida, consequentemente, o empregador terá menor condição financeira para investir na segurança de seus funcionários.

Consequentemente, cria-se um sistema punitivo, em situação análoga a trazida por Coase, no artigo *"O problema do custo social"*. Na ocasião, o jurista norte americano citou o exemplo de uma fábrica responsável por poluir o meio ambiente e, assim, causar danos a seus vizinhos.

Diante dessa situação, diversos doutrinadores sustentavam que o dono da fábrica deveria ser responsabilizado pelos prejuízos causados a terceiros; que deveria ser estabelecida uma punição ao dono, como por exemplo, a majoração de sua carga tributária com base nos danos produzidos ou, ainda, a remoção da fábrica das áreas residenciais (COASE, 1960, p. 1-2).

Ocorre que "tal enfoque desvia a atenção das outras mudanças no sistema, as quais estão, inevitavelmente, associadas com as medidas corretivas [...]" (COASE, 1960, p. 35). Ora, se o empresário não consegue obter a redução do tributo, os custos do tributo podem ser tão elevados que impedem o causador a investir na prevenção do dano. Assim, quanto maiores forem às punições, menor será a sua verba destinada para atuar na prevenção de acidentes, por exemplo.

A partir desse exemplo, observa-se que a imposição do dever tributário impõe um peso a quem suporta, sendo primordial, portanto, a análise dos efeitos da opção estatal (GONÇALVES; GONÇALVES, 2013, p. 25-28).

Nesse contexto, conclui-se que a repercussão sobre o mundo real não está compatível com aquela preconizada pelo Estado. Aqui, ganha espaço o pensamento de Weber, mormente pelo fato de centrar sua análise na ação racional e a sua relação com os fins (VIEIRA; CARRIERI, 2001, p. 9).

Carrieri e Vieira elucidam a questão, expondo que "o objetivo da tipologia da ação construída por Weber era forjar uma estratégia para captar o sentido da ação, ordenando o real no plano analítico e estabelecendo relações entre ações" (2001, p. 10).

O objetivo do tipo ideal é facilitar a classificação e a comparação de fenômenos concretos, de modo a evidenciar seu contraste. Desse modo, aberto estará o caminho para comparar fatos concretos com o tipo ideal, resultando melhor compreensão das ações sociais (TOMAZETTE, 2008, p. 20).

Dessa forma, se é criado um sistema punitivo, estar-se-á afastando do objetivo comum, que é a redução dos acidentes ocorridos no meio ambiente do trabalho.

Além disso, "as prerrogativas estatais na construção de um ambiente adequado de trabalho não podem, em hipótese alguma, descambar em imposições desproporcionais e injustificadas aos empregadores" (IBRAHIM, 2015, p. 16), especialmente quando comprovado o investimento e os esforços em busca na promoção do bem-estar dos trabalhadores.

5. Considerações finais

Max Weber contribuiu de forma significativa para literatura sociológica e, apesar de ter vivido entre 1864 e 1920, suas obras mantêm-se atuais. Um dos seus conceitos básicos para análise histórico-social foi o de tipo ideal, considerado como um recurso metodológico orientador do cientista na busca da melhor compreensão dos fenômenos sociais.

No início desse trabalho, expôs-se que o direito ainda encontra resistência quanto à aplicação de métodos para examinar problemas, conduta essa que merece atenção, pois se o objetivo da produção científica é buscar a solução de problemas e o método pode ser definido como o caminho necessário para se alcançar determinado fim, é indispensável para o desenvolvimento de uma pesquisa.

Nesse artigo, foi aplicado o método weberiano de tipos ideais ao sistema brasileiro de proteção à saúde e à segurança do trabalhador, construído em torno de uma contribuição social, incidente sobre a folha de salários, denominada seguro de acidente de trabalho (SAT).

No item 2, o trabalho demonstrou a correlação da matéria com os objetivos estatais e a sua relevância para empresa, empregado e para o poder público. Com o objetivo de proteger o trabalhador e reduzir os índices de acidentalidade, o Estado brasileiro valeu-se do instrumento tributário como mecanismo de mudança da ordem social. Nesse contexto, apresentou-se, brevemente, o mecanismo construído em torno do SAT.

Para examinar a compatibilidade do sistema protetivo com a realidade, foram utilizados os tipos ideais de Weber. Conforme delineado no item 4, os tipos ideais buscam acentuar determinados traços da realidade, de modo a discriminá--los e, assim, fazer com o que o cientista observe a sua expressão mais pura.

Por conta disso, a concepção weberiana de tipo ideal intensifica características possibilitando o pesquisador formular questões relevantes sobre aquilo observado.

Assim, o método auxiliou na identificação de inconsistências entre o objetivo e forma com que o SAT foi implementado. Observou-se que o cômputo dos acidentes de trajeto na quantificação do número de sinistralidade, o sigilo fiscal, a ocorrência de erros no banco de dados e a utilização de percentis comprometem a eficiência, podendo conduzir a não proteção do empregado, pois se inexistem mecanismos que estimulem os investimentos na promoção do meio de ambiente de trabalho, criar-se-á um sistema arrecadatório e injusto.

Nesse momento, apresentou-se o exemplo trazido por Ronald Coase que, ao abordar os efeitos de uma fábrica responsável por poluir o meio ambiente, o sistema jurídico tem voltado suas atenções à punição e não na efetiva solução do problema.

Corrigidos os lapsos, o empresário poderá não só fornecer melhor proteção no local de trabalho, como também proporcionar bem-estar aos trabalhadores. Pensando na diminuição dos índices acidentários, seria interessante o estímulo à promoção de cursos de capacitação de empregados a fim de que estes conheçam os materiais necessários para o exercício do ofício, bem como os riscos gerados pelos agentes nocivos na sua saúde.

Dessa forma, perderá espaço a aposentadoria especial, benefício concedido de forma precoce, sem a incidência do fator previdenciário, responsável por gerar gastos significativos da Previdência Social.

Ainda nessa esteira, diminuirão os casos de auxílio-doença, aposentadoria por invalidez e pensão por morte decorrente de acidente de trabalho, compatibilizando o mecanismo com os objetivos da República Federativa do Brasil.

REFERÊNCIAS

ALVES, Sérgio. A Atualidade da Epistemologia Weberiana: uma aplicação dos seus tipos ideais. In: Marcelo Milano Falcão Vieira; Deborah Moraes Zouain. (Org.). **Pesquisa Qualitativa em Administração**. Rio de Janeiro: Fundação Getúlio Vargas, 2004, v. 1, p. 51-70.

COASE, Ronald. The Problem of the Social Costs. **Journal of Law and Economics**. October, 1960.

FLORIANI NETO, Antonio Bazilio. **Seguro de acidentes do trabalho**: voracidade fiscal, empresas e economia. São Paulo: LTr, 2015.

FLORIANI NETO, Antonio Bazilio; FOLLONI, André. Extrafiscalidade e indução das decisões empresariais via seguro de acidente de trabalho. **Revista Direito Empresarial (Curitiba)**, v. 1, p. 255-269, 2014.

FLORIANI NETO, Antonio Bazilio; GONÇALVES, Oksandro Osdival. Os novos contornos conferidos à aposentadoria especial pelo Supremo Tribunal Federal: o julgamento do ARE n. 664.335 sob a perspectiva da análise econômica do direito. **Espaço Jurídico**, v. 16, p. 579-600, 2015.

FOLLONI, André Parmo. **Ciência do direito tributário no Brasil**: crítica e perspectivas a partir de José Souto Maior Borges. São Paulo: Saraiva, 2013.

GONCALVES, Helena de Toledo Coelho; GONÇALVES, Oksandro. Tributação, concorrência e desenvolvimento econômico sustentável. In: GONÇALVES, Oksandro; FOLMANN, Melissa (Org.). **Tributação, concorrência e desenvolvimento**. Curitiba: Juruá, 2013, p. 15-47.

IBRAHIM, Fábio Zambitte. O financiamento do seguro de acidentes do trabalho como instrumento de aprimoramento do meio ambiente do trabalho. **Revista de finanças públicas, tributação e desenvolvimento**, v. 3, p. 1-20, 2015.

KOETZ, Carin Maribel; KOETZ, Clara Isabel; MARCON, Rosilene. A influência do incentivo no comportamento oportunista de risco moral: uma análise experimental. RGO. **Revista Gestão Organizacional (On-line)**, v. 9, p. 615-639, 2011.

MENDONÇA, José Vicente Santos de. **Direito constitucional econômico**: a intervenção do Estado na economia à luz da razão pública e do pragmatismo. Belo Horizonte: Fórum, 2014.

MEZZAROBA, Orides; MONTEIRO, Cláudia Servilha. **Manual de metodologia da pesquisa do Direito**. 5. ed. São Paulo: Saraiva, 2009.

MORAES, Lúcio Flávio Renault de; MAESTRO FILHO, Antonio Del; DIAS, Devanir Vieira. O paradigma weberiano da ação social: um ensaio sobre a compreensão do sentido, a criação de tipos ideais e suas aplicações na teoria organizacional. **Revista de Administração Contemporânea**, Curitiba, v. 7, n. 2, p. 57-71, jun. 2003. Disponível em: <http://www.scielo.br/scielo.php?script=sci_arttext&pid=S1415-65552003000200004&lng=en&nrm=iso>.

MORIN, Edgar. **Ciência com consciência**. Tradução de Maria D. Alexandre e Maria Alice Sampaio Dória. 8. ed. Rio de Janeiro: Betrand Brasil, 2005.

PAVIANI, Jayme. **Interdisciplinaridade ou uma nova disciplina**. Caxias do Sul: [s. n.], 1993, p. 6. Disponível em: <http://cursos.unipampa.edu.br/cursos/ppge/files/2010/11/Interdisciplinaridade-Paviani.pdf>. Acesso em: 5 jul. 2016.

SALANIÉ, Bernard. **The economics of contracts**: primer. 2. ed. Cambridge: The MIT Press, 2005.

SCAFF, Fernando Facury. Substituição Tributária e o resgate do princípio da estrita legalidade. **Interesse Público – IP**, São Paulo, v. 2, n. 8, p. 53-63, out./dez. 2000.

SCHOUERI, Luís Eduardo. **Normas tributárias indutoras e intervenção econômica**. Rio de Janeiro: Forense, 2005.

TAVARES NETO, José Querino; MEZZAROBA, Orides. O método enquanto pressuposto de pesquisa para o Direito: a contribuição de Pierre Bourdieu. In: **Revista de Direito Brasileira**. São Paulo, v. 15. n. 6, p. 116-132 , set./dez. 2016.

TOMAZETTE, Marlon. A contribuição metodológica de Max Weber para a pesquisa em ciências sociais. **Universitas. Jus (UNICEUB)**, v. 17, p. 1-30, 2008.

VIEIRA, Adriane; CARRIERI, Alexandre de Paula. Max Weber e a questão do método nas ciências sociais. **Economia & Gestão**, Belo Horizonte, v. 1, n. 2, jul./dez. 2001.

WEBER, Max. A objetividade do conhecimento nas ciências sociais. In: COHN, Gabriel (Org.). **Max Weber**: Sociologia. 7. ed. São Paulo: Ática, 2003.

CAPÍTULO X

A SOLIDARIEDADE SOCIAL E CIDADANIA SOLIDÁRIA COMO VETOR PARA A PRESERVAÇÃO AMBIENTAL

Fábia Ribeiro Carvalho de Carvalho[77]
José Querino Tavares Neto[78]

1. Introdução

O presente artigo trata das questões ambientais relacionadas à conservação da natureza destacando a solidariedade social no estado fiscal como ensejadora do afastamento entre o universo dos cidadãos e o Estado, destacando que a cidadania solidaria implica na realização do Estado-nação, bem como no vinculo da nacionalidade.

Há necessidade de se imaginar um estatuto jurídico do meio que esteja à altura do paradigma ecológico marcado pelas ideias de globalidade e complexidade, um regime jurídico que seja apropriado ao caráter dialético da relação homem-natureza, que não reduza o movimento ao domínio unilateral de um sobre o outro (OST, 1995). As normas destinadas à proteção do meio ambiente natural e das variadas relações que se desenvolvem no seu âmbito apresentam conteúdo que se destaca por excessiva teorização, constantemente passível de alterações no intuito de tornarem-se plenamente adequadas às especificidades da proteção ambiental.

A adoção pelo ordenamento jurídico brasileiro de um sistema de proteção do meio ambiente por meio de direitos e competências públicos ou, ainda, mediante farta produção legislativa que busca provisionar de modo preventivo e sanativo os elementos naturais como o ar, o solo, a água, os recursos ambientais, a fauna, a flora e os espaços territoriais especiais, é marcada pela priorização da qualidade do meio ambiente.

É de grande importância verificar que a tutela legal ao meio ambiente no Brasil se alterou ao longo do tempo, evoluindo a partir da compreensão das consequências advindas dos danos ambientais sobre as relações humanas, de

---

[77] Doutoranda em Direito e Mestre pela PUCPR. Bolsista do Projeto Pró-Integração 055/2013 da CAPES. E-mail: fabiacarvalhodecarvalho.adv@hotmail.com
[78] Professor Associado da Faculdade de Direito e do Programa de Pós-graduação em Direito e Políticas Públicas da UFG. Professor da Pontifícia Universidade Católica de Goiás. Pós-doutor em Direito Constitucional pela Universidade de Coimbra com bolsa da Capes. Doutor em Direito pela Pontifícia Universidade Católica do Paraná, Doutor em Sociologia pela UNESP/Araraquara e Mestre em Sociologia pela UNICAMP. E-mail: josequerinotavares@gmail.com

modo que o amparo e a regulação do uso de elementos da natureza surgem mediante parâmetros objetificados e da funcionalização dos recursos naturais.

2. A preservação do ambiente: controversias emergentes

De acordo com Silva (2002), superar ou não a ideia de que o homem é a medida e o fim de todas as coisas é um dilema que se renova, consistindo no paradigma antropocêntrico. Nesse contexto, explica que a perspectiva dicotômica que se estratifica em dois postulados, a saber, os direitos do homem e os direitos da natureza, parece cindir aquilo que deve ser compreendido na totalidade, sobretudo quando a razão técnica procura retirar do ambiente todo potencial de uso. Instala-se, então, uma meta ilusória de um caminho para um progresso universal.

Indica Silva (2010) que a desproteção total do meio ambiente perdurou por muito tempo, iniciando-se os trabalhos legislativos motivados por uma concepção privativista do direito de propriedade, que constituía uma forte barreira à atuação do Poder Público na proteção do meio ambiente, que necessariamente haveria e haverá de importar em limitar aquele direito e a iniciativa privada.

O trajeto da regulamentação acerca da proteção ao meio ambiente foi inaugurado primando-se pela delimitação de modos de gestão do patrimônio no que tange aos conflitos de vizinhança, descritos no art. 554 do Código Civil, que proíbe o mau uso da propriedade vizinha, seguidos da proteção à saúde pública, por meio do Decreto n. 16.300, de 31 de dezembro de 1923, e da promulgação do Código Florestal (Decreto n. 23.793, de 23 e janeiro de 1934) (SILVA, 2010).

Há uma imbricação necessária entre a proteção da terra como local de onde emanam os recursos naturais, temática essencialmente ambiental, e a regulação da propriedade, temática inerente ao universo das relações jurídicas cíveis que, no entanto, é ausente, ignorando que as relações humanas se desenvolvem no meio ambiente natural. Ost (1999), ao tratar da insegurança e do risco jurídico, informa que a urgência irradia seus efeitos em todo o campo jurídico, de modo que se legisla aos bocadinhos. Sob a pressão da urgência, sem visão de conjunto, sem filosofia, sem perspectiva, sacudido entre os interesses opostos dos grupos de pressão em conflito, o Estado esforça-se por satisfazer uns e outros, empenhando-se em um incessante trabalho de remendar textos.

Oportuno ressaltar que a perspectiva relacional é necessária porque inclusiva e mais afeta ao cenário das relações jurídicas que sempre parte de uma razão que abarca um lastro de flexibilização, permitindo que a tônica resida na avaliação das questões socialmente concretizadas, nem por isso desabonando a ordenação jurídica.

No âmbito jurídico, a visão relacional é identificada por Wolkmer (2001), que dispõe acerca da edificação da nova instância de normatividade social, que será capaz de abrir um horizonte que realmente transcenda as formas de dominação da modernidade burguês-capitalista e de sua racionalidade formal impeditiva do "mundo da vida", porquanto a racionalidade deve ser pensada não mais como projeto de totalidade acabada e uniforme, mas como constelação que vai se refazendo e engloba a proliferação dos espaços públicos caracterizados pela coexistência das diferenças.

No âmbito da positivação, tem-se que a legislação protetiva anterior à Constituição Federal de 1988 se intensifica de forma esparsa e pontual, não se identificando propriamente a tutela jurídica do meio ambiente. A preocupação metodológica residia em perscrutar se a defesa do meio ambiente deveria ser objeto de leis setoriais ou de leis que dessem tratamento unitário à matéria (SILVA, 2010).

Os problemas relacionados ao meio ambiente com relação à suscitada escassez gradativa de recursos são inquestionavelmente universais e, possivelmente avaliando os problemas ambientais, é perceptível a identificação de semelhanças tanto na origem quanto no estabelecimento de catástrofes ambientais, existindo algum grau de variação apenas com relação à amplitude de tais calamidades, que estão em maior ou menor proporção ligadas à industrialização dos países.

A Lei n. 6.938, de 31 de agosto de 1981, que dispõe sobre a Política Nacional do Meio Ambiente, denota a preocupação em instituir a qualidade ambiental como paradigma intrinsecamente ligado ao desenvolvimento socioeconômico e à dignidade da vida humana, assim como estabelece atribuições que, juntas, definem de modo eficaz a atuação do homem sobre o meio, quais sejam, a preservação, a recuperação e a melhoria. A Política Nacional do Meio Ambiente cuida de definir o que seja meio ambiente e o faz, caracterizando-o como o conjunto de condições, leis, influências e interações de ordem física, química e biológica que permitem, abrigam e regem a vida em todas as suas formas. Elenca, ainda, objetivos a ser perseguidos, que vão da definição de condutas de fomento a tecnologias de manejo do meio ambiente até a definição de áreas prioritárias de ação governamental relativa ao equilíbrio ecológico, estabelecendo responsabilidades públicas nas diversas esferas de competência.

3. A "solidariedade social" em Jose Casalta Nabais

José Casalta Nabais qualifica a solidariedade como um elemento intrínseco a cidadania, que parece nesse contexto identificado como um gênero, apresentando o direito fiscal como um componente que poderia agregar elementos benéficos para a cidadania.

Nesse contexto de solidariedade social identifica-se como sendo uma ideia da modernidade embora a relação entre essas categorias seja antiga.

A ideia da solidariedade traz um conjunto de significações, embora apenas um de seus sentidos tenha se afirmado.

Destaca que outrora se buscou encontrar uma resposta para a questão social, o que os levou a identificar a solidariedade, como solidarismo, como uma categoria que se pretendia essencial a um movimento amplo e abrangente. A solidariedade enquanto fenômeno estável e duradouro se manifesta como relação de pertença a um grupo definido. O autor identifica o Estado como uma comunidade paradigma dos tempos modernos.

Casalta destaca alguns pressupostos no contexto da solidariedade: sentimento de ajuda reciproca, sustento nas dificuldades, características que aproximam tal ideia da ideia de fraternidade, destacando a relação entre os termos solidariedade e fraternidade, porem destaca ainda não haver sinonímia entre ambas, porquanto a solidariedade seria uma espécie da fraternidade, uma forma desta.

Destaca que a solidariedade moderna se molda como um princípio jurídico e político cuja relação passa pela comunidade estadual, quer como comunidade política quer como comunidade social, tanto quanto perpassa a comunidade cívica. Afirma ainda que há o deslocamento da solidariedade nos espaços, indo do espaço privado ao público, da comunidade primaria à comunidade estadual por um lado e por outro a comunidade cívica.

Apresenta a ideia do assistencialismo, ou solidariedade mutualista, levaria à ideia de uma repartição sustentada pela ideia de criar riqueza em comum em matéria de infraestrutura de bens e serviços considerados necessários ao funcionamento da sociedade.

Destaca o autor que essa ideia não se mostrou suficiente partindo os teóricos para a ideia da solidariedade altruísta, esta compreendida como uma ação solidaria comum e gratuita desprendida de qualquer contrapartida dos beneficiários. A vertical implica em que o Estado se responsabilize pela realização dos direitos sociais, e pelos direitos de quarta geração como sendo os direitos ecológicos ou coletivos e os direitos intergeracionais que são basicamente deveres.

O Estado social não pode deixar de prover os mínimos existenciais dos seus cidadãos definidos em função do seu grau de desenvolvimento econômico e social ai inclusos os direitos à saúde, educação, segurança dentre outros.

Assevera que se tais níveis de direitos sociais não forem alcançados pelos indivíduos, tornando-os aptos a atuarem por meio do exercício de suas liberdades na economia de mercado, o Estado deverá realizar prestações sociais em espécie ou em dinheiro. A pobreza deixou de ser um problema individual e se tornou um problema social, situados num contexto evolutivo desde o estado social de Bismarck, a Grande Guerra e demais constituições e legislação social.

A solidariedade horizontal, diz respeito a deveres perante os quais estão obrigados o próprio Estado e os entes da comunidade cívica, indivíduos, grupos e classes, fora das relações de poder mantidas com o Estado.

O autor menciona o Estado social contemporâneo, sob duas vertentes: 1 – atuação espontânea dos indivíduos e dos grupos sociais, mesmo quando o Estado se julgou capaz de, por seu progresso, atender a todas as demandas 2 – solicitação e empenho do Estado, mesmo sob os ditames do Estado do bem-estar social em contrair parceria com a sociedade civil. Há nesse último contexto, segundo o autor um sentido de fracasso do Estado, que se mostra pela escassez de meios, quanto do seu abrandamento do desenvolvimento econômico e o egoísmo pós-moderno. Exemplifica-se quando o Estado convoca os indivíduos a colaborarem economicamente mobilizando-a para a realização dos direitos sociais.

O autor afirma que mesmo possuindo o Estado capacidade técnica, econômica ou humana, não realiza os direitos sociais, por lhe faltar elementos de humanidade. Tais elementos são identificados pelo autor, como: calor humanos, e contato que promovam a recuperação do sentido útil da vida, não podem ser fornecidos pelo Estado, mas somente pela sociedade civil.

O autor trabalha a ideia de reconvocação pública: o Estado convocando os indivíduos e grupos e nesse arranjo residiria a ideia de solidariedade social, além disso apresenta a solidariedade como uma preocupação da ciência. Menciona o autor que se trata de ideia tão antiga quanto a cultura ocidental, e apresenta um conceito de cidadania focado na titularidade de direitos exercida pelos indivíduos enquanto membros ativos e passivos de um Estado-nação, e detentores de um nível de igualdade.

Apresenta três elementos constitutivos da noção de cidadania: titularidade de direitos, sentimento de pertença a comunidade política vinculada a ideia de nacionalidade, a possibilidade de contribuir e participar da vida política dessa comunidade estadual.

Salienta que a ideia conceitual não se realiza na pratica, e indica categorias de cidadania as quais denomina cidadania padrão, ou cidadania base, sobrecidadania, cidadania múltipla, múltiplos de cidadania, e subcidadania, cidadania mínima, ou submúltiplos da cidadania.

O autor fala em graus de níveis de cidadania que acontecem acima ou abaixo da cidadania padrão, bem como dimensões de cidadania (cidadania pessoal, política e social). Destaca ainda a cidadania ativa e passiva, tomando como parâmetro o Estado liberal e exemplifica citando Paulo no texto da bíblia sagrada, em que este reivindicou o exercício da cidadania ativa, desejando se fazer sujeito da proteção conferida pela organização judiciaria imperial correspondente a sua condição de cidadão romano.

Identifica como sobrecidadania a cidadania da União-europeia integrada por oito direitos, sendo três essenciais ao Estado-membro (liberdade de circulação, residência e voto), quatro no âmbito da União (os direitos de petição ao parlamento e de recurso ao judiciário e transparência de atuação dos órgãos comunitários) e um na esfera internacional (o direito de proteção diplomática).

Nesse contexto as pessoas seriam cidadãos de determinados países e cidadãos do mundo, contudo, ressalta o autor que tais conteúdos universais de cidadania nem sempre resultam em cidadania real. Destaca que os direitos à cidadania da União consistem em subcidadania, ao passo que os direitos em sede de comunidade internacional acrescentam a cidadania estadual. No contexto da cidadania da União, na esfera dos Estados-membros, se identificam com a subcidadania porque não traduzem um aumento real de cidadania.

A subcidadania se refere a situações em que se tenham indivíduos estranhos a respectiva comunidade estadual, pessoas que não estejam na titularidade da cidadania correspondente. Tem-se aí uma dupla perspectiva: a situação dos estrangeiros ou apátridas e do papel desempenhado pelos Estados acolhedores (extensão parcial da cidadania aos não nacionais).

O autor destaca três espécies de cidadania: pessoal (direitos e liberdades pessoais), cidadania política (direitos de participação política) e cidadania social (deveres econômicos e culturais. A cidadania pessoal seria identificável em vários países, variando apenas no grau e níveis, ao passo que a cidadania social e política seria mais nacional ou estadual. A primeira se pautaria pelo princípio da equiparação (equiparar os nacionais aos estrangeiros) e a segunda pelo princípio da exclusividade (atribuição exclusiva aos nacionais de determinado status), e mais a cidadania política do que propriamente a cidadania social.

Existem relações entre cidadania e solidariedade social, consistindo a solidariedade um aspecto ou dimensão nova da cidadania ativa, que é uma terceira etapa de afirmação da cidadania que emerge contra a força dominadora do mercado.

O autor identifica etapas evolutivas desta cidadania, no primeiro momento tem-se a cidadania passiva, definida por uma liberdade comum, orientada pela proteção da vida, liberdade e propriedade, ao passo que a vida política se definia como uma atividade externa, alheia a vida comum, restando a criação do direito ao alvedrio de políticos profissionais.

Com a afirmação do Estado democrático consubstanciou-se a ideia da cidadania ativa ou participativa concretizada no sufrágio universal de caráter representativo ou direto em que o cidadão participa com seu voto na vida política. Num terceiro momento a cidadania solidaria, ou responsavelmente solidaria, que não se traduz apenas pelo controle dos poderes, mas se manifesta a partir da assunção de encargos e responsabilidades por meio das quais os cidadãos realizam atividades de tipo econômico.

Críticas a essa cidadania solidaria: 1- solidariedade deve ser espontâneo e não produto de coação, ao invés disso deveria o Estado incentivar 2- afirma que a solidariedade possui paradoxos, que são contrapostos de grupos distintos em que ambos avocam solidariedade, demandando a existência de um critério superior.

4. Ampliando os canais de participação

Na ideia de democracia, encontram-se dois postulados da razão prática, exigindo satisfação de três institutos do ser social, quais sejam, a reação contra a coerção resultante do estado de sociedade, o protesto contra a vontade alheia diante da qual é preciso inclinar-se e o protesto contra o tormento da heteronomia. Trata-se de ideia absolutamente negativa de igualdade, que trabalha em favor de uma exigência igualmente negativa de liberdade. A síntese desses dois princípios é justamente a característica da democracia (KELSEN, 2000).

A análise pontual da democracia, que por ora se fará revisitando seus elementos essenciais, bem como uma de suas facetas, a saber, a democracia participativa, não se dirige à verificação dos vários modelos normativos de democracia, mas tão somente a precisar o quanto seja possível a característica democrática que se mostre apta à criação de espaços de discussão entre o público e o privado.

O pensamento político grego transmite uma tipologia das formas de governo, qual seja, a democracia definida como governo de muitos, da maioria ou dos pobres. Nesse passo, a democracia poderá conter dois significados históricos diferentes em sua origem: um significado mais procedimental, calcado na ideia de um conjunto de regras cuja observância é necessária para que o poder político seja efetivamente distribuído entre a maior parte dos cidadãos, e outro mais substancial, cunhado no ideal de que um governo democrático deveria se inspirar no ideal de igualdade (BOBBIO, 2006).

A inclusão de grupos sociais tais como as catadoras de mangaba no processo democrático se liga à discussão acerca da possibilidade de comunicação entre pessoas em um mesmo espaço, onde os participantes estão mutuamente presentes. No contexto atual, são muito frequentes as queixas que apontam o caráter excludente das normas de representação, posto que se impõe adequar a comunicação democrática a uma sociedade complexa e com muitos milhões de pessoas, consistindo tal comunicação em discussões e decisões fluidas, sobrepostas e divergentes, dispersas no espaço e no tempo (YOUNG, 2006).

Habermas (2003), por sua vez, assevera acerca de uma sociedade de sistemas parciais autônomos, estruturada corporativamente, considerando que a integração de uma sociedade altamente complexa não se efetua por meio de um sistema paternalista que ignora o poder comunicativo do público de cidadãos, uma vez que sistemas semanticamente fechados não conseguem encontrar por si mesmos a linguagem comum necessária para a percepção e a articulação de medidas e aspectos relevantes para a sociedade.

As tarefas de integração social, compreendidas como tarefas novas do Estado, ao lado das tarefas tradicionais, difusamente exemplificadas no sentido específico como a manutenção da ordem, distribuição e garantia social, proteção de identidades coletivas e tradições culturais comuns, devem ter lugar de destaque na agenda política. Arendt (2001) pontua a ação humana como sendo a única atividade que se exerce diretamente entre os homens, consistindo em uma condição humana de pluralidade, porquanto os homens vivem na terra e habitam o mundo, destacando que a pluralidade é condição essencial da política.

Ao tratar das esferas pública e privada, tem-se em Arendt (2001) a ideia do surgimento da sociedade que perpassa a concepção de transição de uma esfera a outra, que altera sobremaneira ambas as esferas, na medida em que se forma a partir de elementos de uma e outra. A ideia de sociedade comporta em si exigências niveladoras e certo conformismo, pelo que pouco importa se uma nação se compõe de homens iguais ou desiguais, pois a sociedade exige sempre que os seus membros ajam como se fossem membros de uma enorme família, dotada apenas de uma opinião e de um único interesse. Desse modo, a passagem da sociedade deve ser apta a reproduzir parte de um contexto que é privativo e que, nessa condição, adquire importância relativa em um contexto público em que as questões privativas se somem e reproduzam. As privações são próprias da vida privada, daí a necessária adequação de demandas cunhadas no âmbito particular ao espaço público, de modo a transpor com a devida coerência as experiências e vicissitudes próprias de determinados grupos.

Segundo Arendt (2001), embora seja o mundo o terreno comum a todos, os que estão presentes ocupam nele diferentes lugares e o lugar de um não pode coincidir com o de outro. Ser visto e ouvido por outros é importante pelo fato de que todos veem e ouvem de ângulos diferentes, consistindo tal lógica de inter-relação na significação da vida pública. Somente quando as coisas podem ser vistas por muitas pessoas, numa variedade de aspectos sem mudar de identidade, é que os que estão à sua volta sabem que veem o mesmo, porém em sua diversidade.

O exercício da democracia e a vida pública se confundem na medida em que aquela seja, de modo irrestrito, condição fundamental para esta, visto que se toma a democracia como princípio norteador das relações que se desenvolvem na vida pública. A liberdade concebida como autodeterminação política do cidadão, como participação do próprio cidadão na formação da vontade diretiva do Estado, contrapõe-se à ideia de liberdade como ausência de qualquer domínio, de qualquer Estado (KELSEN, 2000). Em Rousseau (2002), o Poder Legislativo pertence ao povo, poder que significa a vontade propulsora de toda ação a ser executada, e para que o Estado se mantenha em perfeito equilíbrio necessita-se que haja igualdade entre o poder governamental tomado em si mesmo e o poder dos cidadãos. A par da concepção democrática predita e identificada como democracia direta, ideal em um governo de deuses, a índole coletiva se afigura em Rousseau (2002) mais digna de reconhecimento na vida política democrática que a mera persecução de interesses individuais e, por conseguinte, a defesa de direitos que expressem demandas coletivas de toda a sociedade moderna ou de grupos existentes em seu interior.

No Ocidente, a própria identidade da democracia está em jogo, visto que ela dependia em larga escala da existência de um elemento externo constitutivo, a saber, o outro, que se oponha ao referencial democrático, qual seja, os elementos do bloco comunista. O político não pode ser limitado a certo tipo de instituição ou nível de sociedade, antes tem que ser concebido como uma dimensão inerente a todas as sociedades humanas e que determina a nossa própria condição ontológica (MOUFFE, 1996).

Os elementos democráticos instituídos no Brasil constam na Constituição Federal de 1988 e perpassam a conformação dos partidos políticos e Poder Legislativo. A Carta Constitucional enuncia em seu preâmbulo, bem como em seu art. 1º, o sistema de representação do povo para instituir um Estado democrático. Complementando a previsão constitucional que adjetiva o Estado, identificam-se no art. 14 o sufrágio universal e as regras atinentes aos procedimentos eleitorais, domicílio eleitoral, filiação partidária e funcionamento parlamentar, deixando em evidência a estreita ligação entre a conduta democrática e os mecanismos de representatividade.

Ao ponderar apenas sobre alguns dos vários modelos de democracia e muito embora não se trate de instituto que se esgota no texto legal, posto que dele se separa, assumindo feição própria, ora condizente com o documento que lhe enuncia, ora apropriando-se de elementos externos que o tornam o mais palatável possível, deve-se ressaltar acerca da flexibilidade natural que propicia as várias definições desse modo de operar o sistema político denominada democracia.

Dispõe Benevides (1998) que a representação corrige a democracia não apenas por imperativo da razão, mas por razões de ordem prática, porque a democracia em estado puro se torna revolucionária. Uma vez admitida como único modo possível de expressão da soberania do povo, a representação é utilizada para conter a força da democracia, conciliando o ideal da liberdade política com as condições de ordem e de estabilidade.

Nesse passo, tem-se ainda a democracia cunhada como participativa, que padece da ausência de uma teoria constitucional, mas que se confunde com a teoria material da Constituição definida por meio da autoridade da judicatura e da cidadania popular. Identifica-se que a democracia participativa transcende a noção obscura, abstrata e irreal de povo nos sistemas representativos, partindo desse prisma da distinção funcional e orgânica de poderes, mas assentada na unidade normativa da Constituição. Ela se junge à legitimidade do ordenamento constitucional, cujo fim não é apenas a segurança formal, mas antes a justiça substantiva, material que se distribui na sociedade em dimensão igualitária, resvalando na concretização dos direitos sociais (BONAVIDES, 2001).

A consideração do indivíduo como nacional é, segundo o Texto Constitucional, pressuposto da cidadania, pois aos nacionais devidamente identificados como tais asseguram-se direitos exercíveis em território nacional, de modo que, no art. 12 do Texto Constitucional, define-se a nacionalidade como uma relação de pertença do indivíduo a determinado país no qual se compreende, segundo os critérios legais. Prossegue a Carta Magna de 1988, exemplificando componentes da cidadania em seu art. 14, que nesse passo se traduz pelo exercício do direito ao sufrágio universal e pelo voto direto e secreto, com igual valor para todos e nos termos da lei, mediante plebiscito, referendo e iniciativa popular. Sem adentrar no mérito de cada um desses elementos, identifica a Constituição por meio desses mecanismos a participação popular direta dos indivíduos nos processos decisórios. Inclui-se, ainda, como expressão da cidadania a legitimação para o ajuizamento da ação popular como tal, definida no art. 5º, inciso LXXIII.

Marshall (1967) identifica na cidadania três elementos: civil, político e social. O elemento civil é composto de direitos necessários à liberdade individual, político, por sua vez, se materializa por meio da participação no processo político como um membro investido de autoridade política, ao passo que o social se refere a um mínimo de bem-estar econômico ao acesso aos bens assistenciais e instrumentos inerentes à civilização e aos padrões sociais. Como espectro do exercício da cidadania, tem-se a participação da sociedade civil no SISNAMA, que foi instituído a partir do advento da Lei n. 6.938, de 31 de agosto de 1981, por meio do CONAMA, que tem a finalidade de assessorar, estudar e propor ao Conselho de Governo diretrizes de políticas governamentais para o meio ambiente e os recursos naturais e deliberar no âmbito de sua competência sobre normas e padrões compatíveis com o meio ambiente ecologicamente equilibrado, constituindo órgão consultivo e deliberativo (LEFF, 2010).

5. Considerações finais

Assim que a dimensão solidaria da cidadania, implica no empenho simultâneo social e estadual da inclusão de todos os membros da respectiva comunidade de modo que todos partilhem de um mesmo denominador comum que os tornem cidadãos do corpo inteiro, consistindo esse exercício no caminho propício ao alcance da preservação do ambiente.

Ressalta que a solidariedade não pode consistir numa alternativa ao desmantelamento do Estado, a solidariedade há de assumir uma função complementar. Por outro lado, assevera que o Estado do bem-estar social está em crise, e não é onipotente, e deve-se aceitar que o Estado recorra aos cidadãos sob pena de retorno ao Estado pré social.

Destaca que a ideia de solidariedade social, tem se manifestado durante todo o Estado fiscal e não apenas ao Estado fiscal social, posto que a cidadania é apregoada na Constituição Federal de 1988 como um dos fundamentos sobre o qual se assenta a República Federativa do Brasil, portanto, na esteira de ideias fundamentais. Apresenta-se no plano teórico como elemento capaz de dar azo a princípios outros norteadores da conformação do Estado Democrático de Direito, sendo trajetória de exercício inverso ao da soberania, posto que parte da conduta do indivíduo que se dirige ao ente estatal, manifestando-se com relação à vida política, cívica e social.

REFERÊNCIAS

ARENDT, H. **A condição humana**. 10. ed. Rio de Janeiro: Forense Universitária, 2001.

BENEVIDES, M. V. M. **A cidadania ativa**: referendo, plebiscito e iniciativa popular. 3. ed. São Paulo: Ática, 1998.

BENJAMIN, A. H. Direito constitucional ambiental brasileiro. In: CANOTILHO, J. J. G.; LEITE, J. R. M. **Direito constitucional ambiental brasileiro**. 3. ed. São Paulo: Saraiva, 2010.

BOBBIO, N. **Liberalismo e democracia**. São Paulo: Brasiliense, 2006.

BONAVIDES, P. **Teoria constitucional da democracia participativa**: por um direito constitucional de luta e resistência, por uma nova hermenêutica, por uma repolitização da legitimidade. São Paulo: Malheiros, 2001.

_____. Lei n. 6.938, de 31 de agosto de 1981. Dispõe sobre a Política Nacional do Meio Ambiente, seus fins e mecanismos de formulação e aplicação, e dá outras providências. **Diário Oficial da União**, Brasília, DF, 2 set. 1981.

HABERMAS, J. **Direito e democracia**: entre facticidade e validade. 2. ed. Rio de Janeiro: Tempo Brasileiro, 2003.

KELSEN, H. **A democracia**. 2. ed. São Paulo: Martins Fontes, 2000.

LEFF, E. Pensar a complexidade ambiental. In: _____ (Coord.). **A complexidade ambiental**. Tradução de Eliete Wolf. 2. ed. São Paulo: Cortez, 2010.

MARSHAL, T. H. **Cidadania, classe social e status**. Tradução de Meton Porto Gadelha. Rio de Janeiro: Zahar, 1967.

MOUFFE, C. **O regresso do político**. Lisboa: Gradiva, 1996.

NABAIS, José Casalta. Solidariedade social, cidadania e direito fiscal. In: GRECO, Marco Aurélio; GODOI, Marciano Seabra de (Coords.). **Solidariedade social e tributação**. São Paulo: Dialética, 2005, p. 110-140.

OST, F. **A natureza à margem da lei**: a ecologia à prova do direito. São Paulo: Piaget, 1995.

ROUSSEAU, J. J. **O contrato social**. Tradução de Rolando Roque da Silva. [S.l.]: Ridendo Castigat Mores, 2002.

SANTOS, B. S. **A gramática do tempo**: para uma nova cultura política. 3. ed. São Paulo: Cortez, 2010.

SILVA, J. A. **Direito ambiental constitucional**. 8. ed. São Paulo: Malheiros, 2010.

SILVA, J. R. **Paradigma biocêntrico**: do patrimônio privado ao patrimônio ambiental. Rio de Janeiro: Renovar, 2002.

WOLKMER, A. C. **Pluralismo jurídico**: fundamentos de uma nova cultura no direito. 3. ed. rev. atual. São Paulo: Alfa Ômega, 2001.

YOUNG, I. M. Representação política, identidade e minorias. **Lua Nova**, São Paulo, n. 67, p. 139-190, 2006. Disponível em: <http://www.scielo.br/pdf/ln/n67/a06n67.pdf>. Acesso em: 15 abr. 2014.

CAPÍTULO XI
DISCURSO DE ÓDIO E AS RELAÇÕES DE PODER EM PIERRE BOURDIEU

Danielle Anne Pamplona[79]
Anna Luisa Walter de Santana Daniele[80]

1. Introdução

O presente artigo procura analisar os discursos de ódio, suas causas e consequências através das categorias preconizadas pelo sociólogo francês Pierre Bourdieu. O estruturalismo de Bourdieu permite de maneira singular a compreensão de fenômenos sociais que estão em permanente construção.

O discurso de ódio representa a contramão de sociedades tolerantes e inclusivas, causa sérios prejuízos à vítima ou as vítimas, reproduz preconceito, discriminação e enfraquece o espaço democrático. A metódica de Bourdieu permite lançar luzes a essa importante realidade social, presente de maneira profunda nas mais variadas estruturas sociais, especialmente para a superação de suas nefastas consequências.

Bourdieu, em sua vasta produção científica, analisou a política, a arte, o direito, a cultura, a mídia, a partir de suas categorias de referência. A primeira grande dificuldade de análise de seu método está justamente na ampla produção bibliográfica, na medida em que seus conceitos se encontram espalhados em obras das mais variadas temáticas. Além do mais, o autor não escreveu uma obra específica para tratar das categorias que utiliza, a compreensão delas se dá pela análise do conjunto de obras do autor.

Sem a pretensão de esgotamento das discussões e ciente das amplas possibilidades de percepção que a produção de Bourdieu provoca, pautou-se a discussão dos discursos de ódio especialmente nas categorias de campos, *habitus*, violência simbólica e poder simbólico.

O presente artigo está divido em três partes. Em um primeiro momento, é trabalhado o conceito de discurso de ódio. Esse primeiro passo revela-se importante para a própria delimitação do objeto que será analisado a seguir. Em um segundo momento explora-se os conceitos e categorias trabalhados por Bourdieu, para a compreensão de seu método. Por fim, pretende-se a compreensão do fenômeno social dos discursos de ódio pelas lentes do autor francês.

---

[79] Professora do Programa de Pós-Graduação em Direito da Pontifícia Universidade Católica do Paraná; Visiting Scholar na American University, Washington, DC (2015/16); Coordenadora da Clínica de Direitos Humanos do PPGD/PUC-PR.
[80] Doutoranda em Direito pela PUC-PR. Mestre em Direito do Estado pela PUC-SP. Professora na graduação em Direito na Universidade da Região de Joinville (UNIVILLE) e Faculdade Cenecista de Joinville (FCJ). E-mail: annaluisasantana@hotmail.com

Pierre Bourdieu é, sem dúvida, um dos mais importantes pensadores do século 20 e construiu um importante referencial no campo das ciências sociais. Conhecido pelo seu estruturalismo construtivista Bourdieu tem uma concepção de estrutura dinâmica, que é condicionada e condicionante (THIRY-CHERQUES, 2006). Ao reinserir o sujeito nas estruturais sociais, Bourdieu permite que o sujeito passe a ser um "agente", vivendo no campo dos possíveis (LAGO, 2015).

É pensando no sujeito e como os sujeitos agem que se pretende analisar os discursos de ódio, enfrentando a violência simbólica que acompanham esses discursos e procurando identificar os mecanismos sociais que permitem sua ocorrência, para uma possível superação dessa complexa dinâmica social.

2. Discursos de ódio

O termo discurso de ódio ainda não encontra na doutrina pátria concordância e tratamento uniforme e a legislação brasileira também não normatiza a esse respeito. Assim, para que a compreensão dos discursos de ódio pelo método de Bourdieu seja possível, se faz necessário, previamente, um alinhamento conceitual. Para tanto, busca-se as orientações do Sistema Interamericano de Proteção aos Direito Humanos.

Justifica-se a escolha na medida em que o Brasil vincula-se a esse sistema de proteção e diante da vigência em território nacional desde 1992 da Convenção Interamericana de Direitos Humanos, o país assumiu o compromisso de acatar as recomendações dos órgãos que integram o sistema e de adotar as medidas necessárias ao fiel cumprimento das obrigações assumidas na proteção e promoção aos direitos humanos.

O discurso de ódio é uma das possibilidades internacionalmente aceitas de restrição ao direito da liberdade de expressão. Diante disso, importante perceber que a liberdade de expressão encontra amplo tratamento no âmbito do Sistema Interamericano, tanto que em 1997 passa a funcionar junto a Comissão Interamericana, uma Relatoria Especial para a liberdade de expressão. A Relatoria, em 2015, dedicou capítulo especial em seu relatório anual para tratar do tema do discurso de ódio e recomendou aos Estados membros da OEA, entre outras iniciativas, que adotassem medidas jurídicas que combatessem o discurso de ódio e assegurassem que a legislação sancionadora se adequasse de maneira expressa ao artigo 13.5 da Convenção e os princípios estabelecidos pela Comissão, pela Corte e o direito internacional de direitos humanos.

Conhecidos pela expressão em inglês *hate speech*, os discursos do ódio referem-se a palavras que "tendem a insultar, intimidar ou assediar pessoas em virtude de sua raça, cor, etnicidade, nacionalidade, sexo ou religião, ou que têm a capacidade de instigar violência, ódio ou discriminação contra tais pessoas" (BRUGGER, 2007, p. 118).

Os discursos de ódio devem ser entendidos não como manifestações legítimas da liberdade de expressão, mas práticas que não encontram guarida nem na legislação nacional, nem nos tratados internacionais. Grande parte dos países ocidentais reconhece a liberdade de expressão como pedra angular de seus sistemas constitucionais e só admite restrições pontuais ao exercício do direito a liberdade de expressão e pensamento[81].

Apresentam-se, nos diversos sistemas, duas dimensões da liberdade de expressão: uma individual e outra social. Em sua dimensão individual, a liberdade de expressão não se esgota no direito a falar e escrever, mas compreende o direito de utilizar qualquer meio apropriado para fazer difundir seu pensamento e chegar ao maior número de destinatários.

Em sua dimensão social, a liberdade de expressão é um meio de intercâmbio de ideias e compreende o direito de cada um de comunicar seus pontos de vista e conhecer a opinião alheia (BRASIL, 2014).

Tal proteção à liberdade de expressão decorre da sua importância para a proteção da autonomia individual e a promoção da democracia. Apesar do debate intenso sobre qual seria o objetivo mais importante da liberdade de pensamento e expressão, entende-se que esses dois objetivos são igualmente importantes e reforçam-se mutuamente (SARMENTO, 2007).

Sem liberdades civis, como a liberdade de imprensa, de expressão, de reunião, a participação do povo no poder político é uma farsa, na mesma medida em que sem a participação popular no poder as liberdades civis têm pouca probabilidade de durar (BOBBIO, 1993).

Por certo, a liberdade de expressão está intimamente ligada ao desenvolvimento da autonomia do sujeito, na medida em que expressando suas opiniões, sentimentos e ideias e na troca com os demais, o sujeito toma consciência de si mesmo, de suas motivações e torna-se, portanto, mais autônomo.

Mas a liberdade de expressão é também essencial à própria existência de uma sociedade democrática na medida em que cada um possa participar da vontade do Estado. Assim, "[...] os direitos de liberdade foram desde o início a condição necessária para a direta aplicação das regras do jogo democrático [...]" (BOBBIO, 2000. p. 44).

> Dada a sua relevância para a democracia e o pluralismo político, a liberdade de expressão – pelo menos de acordo com significativa doutrina – assume uma espécie de posição preferencial (preferred position), quando da resolução de conflitos com outros princípios constitucionais e direitos fundamentais [...] (SARLET, 2014. p. 446).

---

81 Diversos tratados internacionais, em que o Brasil é signatário, reconhecem expressamente a liberdade de expressão, como a Declaração Universal dos Direitos Humanos (art. 19), a Convenção Americana sobre Direitos Humanos (art. 13) e o Pacto Internacional sobre Direitos Civis e Políticos (art. 19) e na Constituição Federal de 1988 o direito de expressão consta de diversos dispositivos (art. 5º, IV, V e IX, art. 220).

Portanto, os Estados democráticos valorizam a liberdade de expressão como forma de manutenção de um espaço plural, mas proíbem, em maior ou menor medida formas de discurso que incitam a violência, discriminação ou preconceito.

Tais práticas contrariam a própria ideia de democracia, pois discursos de ódio comumente de baseiam em estereótipos de grupos minoritários, a fim de influenciar um comportamento hostil em relação a eles. As declarações de supremacia negam a estes grupos o legítimo direito a igualdade e impedem sua participação na democracia (TSESIS, 2009).

Para o Sistema Interamericano, embora não exista uma definição universalmente aceita de discurso de ódio, seu conceito com frequência se refere a expressões a favor da incitação que produz dano (discriminação, hostilidade ou violência) com base na identificação da vítima como pertencente a determinado grupo social ou demográfico (Informe Anual de la relatoria especial para la libertad de expresión 2015).

O discurso de ódio não pode abarcar ideias amplas e abstratas, como visões e ideologias políticas, a fé ou crenças pessoais, nem se refere simplesmente a um insulto ou expressões injuriosas. Mas, deve constituir incitação à violência ou qualquer outra ação ilegal similar contra qualquer pessoa ou grupo de pessoas, por motivos que incluem raça, cor, religião, idioma, origem nacional, entre outros.

Embora não exista necessidade de um vínculo direto entre o discurso e a violência, isto porque, os efeitos danosos das expressões de ódio podem se projetar no tempo ou serem indiretos, a caracterização do discurso de ódio depende da existência de violência. Deve ser determinada uma probabilidade razoável de o discurso ter sucesso no incitamento à violência ao grupo alvo.

O sistema interamericano faz, portanto, uma interpretação mais restrita para a caracterização desses delitos na medida em que exige uma probabilidade razoável de incitação a violência. As expressões ou comentários intolerantes que não constituem estritamente incitação à violência estarão sujeitos a responsabilidades posteriores nos moldes no art. 13.2[82] da Convenção, pois se reconhece que representações negativas e outras expressões que estigmatizam as pessoas e determinados grupos, são ofensivas dolorosas e aumentam sua marginalização, o que se pondera é que a proibição a esse tipo de discurso não eliminará o estigma e o ódio profundamente arraigados nas sociedades na América.

---

82 "Artigo 13. Liberdade de pensamento e de expressão 1. Toda pessoa tem direito à liberdade de pensamento e de expressão. Esse direito compreende a liberdade de buscar, receber e difundir informações e ideias de toda natureza, sem consideração de fronteiras, verbalmente ou por escrito, ou em forma impressa ou artística, ou por qualquer outro processo de sua escolha. 2. O exercício do direito previsto no inciso precedente não pode estar sujeito a censura prévia, mas a responsabilidades ulteriores, que devem ser expressamente fixadas pela lei e ser necessárias para assegurar: a. o respeito aos direitos ou à reputação das demais pessoas; ou b. a proteção da segurança nacional, da ordem pública, ou da saúde ou da moral públicas" (Convenção Americana sobre Direitos Humanos, 1969).

Entende-se que pessoas que promovem esse tipo de discurso precisam ser refutadas e precisam ser persuadidos de seu erro no debate público, silenciá-los não diminui as desigualdades sociais estruturais e as visões discriminatórias. Nesse sentido é necessário garantir maior e melhor diversidade e pluralismo no acesso aos meios de comunicação (Informe Anual de la relatoria especial para la libertad de expresión 2015).

Para que as sanções sejam possíveis nos discursos de ódio é preciso prova atual e objetiva de que a pessoa não estava simplesmente manifestando uma opinião, que tinha clara intenção de promover a violência ilegal ou qualquer outra ação similar, bem como a capacidade de atingir esse objetivo e que esse discurso signifique verdadeiro risco contra as pessoas que foram alvo do discurso.

O objetivo é traçar clara distinção entre o que será penalmente sancionado e os discursos que devem ser objeto de processo administrativo ou civil. A Relatoria para liberdade de expressão aduz ainda que todo limite a liberdade de expressão deve cumprir três garantias básicas: deve ser aplicada por um Poder Judiciário autônomo e independente; deve respeitar os princípios do devido processo legal e deve estar acompanhado de sanções proporcionais.

Observa-se assim, que o conceito de discursos de ódio, na perspectiva do Sistema Interamericano é mais estreito do que o usado comumente, mas a violência e a autoridade daquele que fala, em razão da sua maior capacidade de atingir o objetivo, são pressupostos fundamentais para a caracterização do *hate speech*.

Feitas essas considerações iniciais é possível passar a análise do método de Pierre Bourdieu.

3. Método de Pierre Bourdieu

Entendido método enquanto referencial teórico e forma de compreensão da realidade, a aplicação da teoria de Pierre Bourdieu enquanto método é possível ao perceber que o próprio autor aplicou suas principais categorias em diversas áreas do saber, numa tentativa de explicação da realidade social (TAVARES NETO; MEZZAROBA, 2016).

O presente estudo pretende compreender as causas sociais que possibilitam ou reforçam discursos de ódio partindo do método de Bourdieu. Não se trata, ao certo, da afirmação de que esse é o único e correto caminho, mas do entendimento que a teoria de Bourdieu possui importante contribuição para lançar luzes ao objeto de estudo apresentado.

> Na teoria bourdieusiana encontra-se uma profunda crítica ao saber enquanto fonte de validade e legitimidade do conhecimento, sobretudo, para que serve e, em que medida se aparelha e se traveste como instrumento da dominação em suas mais variadas dimensões, estratégias,

engrenagens, estruturas, seja em uma dimensão macro, como é o caso da economia, seja numa micro dimensão, como os gestos, a linguagem, dentre outros aspectos (TAVARES NETO; MEZZAROBA, 2016, p. 123).

O método de Bourdieu se presta a análise dos mecanismos de dominação para o desvelamento da articulação social (THIRY-CHERQUES, 2006). Enquanto crítico dos mecanismos de reprodução das desigualdades sociais, Bourdieu analisa a estrutura social como um sistema hierarquizado e a diferente localização das pessoas ou grupos na sociedade deriva da desigual distribuição de recurso e poder (SETTON, 2010).

> O espaço social é construído de tal modo que os agentes ou os grupos são aí distribuídos em função de sua posição nas distribuições estatísticas de acordo com os *dois princípios de diferenciação* que, em sociedades mais desenvolvidas, como os Estados Unidos, o Japão ou a Franca, são, sem dúvida, os mais eficientes – o capital econômico e o capital cultural (BOURDIEU, 2008, p. 19).

As espécies do capital, que pode ou não ser representando por bens materiais, são como trunfos em um jogo, pois são poderes que definem as probabilidades de ganho nos mais variados campos (BOURDIEU, 1989).

Para realizar a análise desse sistema hierarquizado, fundado no capital, Bourdieu usa de duas categorias fundamentais: a ortodoxia e a heterodoxia. A ortodoxia representa os dominantes, detentores do capital, a heterodoxia os dominados, que dispõe de pouco capital (TAVARES NETO; MEZZAROBA, 2016).

Dois conceitos primários de Bourdieu merecem, ainda, nossa atenção para a compreensão de seu método. São os conceitos de *habitus* e campos. Os *habitus* das pessoas, assim como o lugar que ocupam na sociedade, são diferenciados e diferenciadores, na medida que identificam a posição de cada um no campo. *Habitus* ou gostos, "é esse principio gerador e unificador que retraduz as características intrínsecas e relacionais de uma posição em um estilo de vida unívoco, isto e, em um conjunto unívoco de escolhas de pessoas, de bens, de práticas" (BOURDIEU, 2008, p. 21 e 22).

É um sistema de disposições, modos de perceber, pensar e fazer, que nos levam a agir de determinada forma. É composto pelo *ethos*, que são os valores em estado prático, não consciente, que regem a moral cotidiana e pelo *héxis*, os princípios interiorizados pelo corpo, como posturas e expressões corporais (THIRY-CHERQUES, 2006).

> Ele contém em si o conhecimento e o reconhecimento das /regras do jogo/ em um campo determinado. O *habitus* funciona como esquema de ação, de percepção, de reflexão. Presente no corpo (gestos, posturas) e na mente (formas de ver, de classificar) da coletividade inscrita

em um campo, automatiza as escolhas e as ações em um campo dado, "economiza" o cálculo e a reflexão. O *habitus* é o produto da experiência biográfica individual, da experiência histórica coletiva e da interação entre essas experiências. Uma espécie de programa, no sentido da informática, que todos nós carregamos (THIRY-CHERQUES, 2006. p. 34).

Essas diferenças na forma de expressar suas opiniões, nos bens, nas práticas, tornam-se diferenças simbólicas e constituem uma verdadeira linguagem (BOURDIEU, 1989). "O *habitus* é o lugar do sujeito em seus mais diversos modos de ações condicionados e orientados a determinados fins" (TAVARES NETO; MEZZAROBA, 2016, p. 125).

Assim, a cada classe de posições sociais corresponde um *habitus*, e sua função é dar conta de diferenciar o estilo único que vincula as práticas e os bens do agente ou de sua classe (BOURDIEU, 2008). Trata-se, portanto, daquilo que diferencia o agente perante os demais campos, que o identifica e o individualiza ao mesmo tempo em que lhe garante a afinidade com os agentes de seu campo e lhe dá a sensação de pertencimento.

Passa-se a definição de campo. "O campo seria o espaço estruturado por posições em que os dominantes e dominados lutam pela obtenção e manutenção de postos específicos, e onde as posições dos agentes estão fixadas a priori [...]" (TAVARES NETO; MEZZAROBA, 2016, p. 125). Segundo Bourdieu os mais variados campos sociais são suas relações de força e monopólios, suas lutas e estratégias, seus interesses e lucros, cada um com formas especificas (BOURDIEU, 1994).

Suas obras procuram compreender a dinâmica de funcionamento dos mais diversos campos sociais (cientifico, jurídico, literário, escolar, político etc.) e compreender a forma como os agentes se comportam dentro desses espaços de disputa. "Há, portanto, uma relação de mão dupla entre as estruturas objetivas (campo) e as estruturas subjetivas (habitus)" (SCARTEZINI, 2010, 2011. p. 36).

Para Bourdieu a noção de campos serviu inicialmente para a pesquisa, para se pensar os espaços sociais como estruturas de relações objetivas, numa tentativa de explicar de forma concreta as interações que surgem nesses espaços. O conceito permite um nível de generalidade e formalização mais elevado para o estudo empírico de universos diferentes (BOURDIEU, 1989).

Compreender a gênese social do campo, o uso da linguagem, as coisas materiais e simbólicas em jogo garantem a compreensão dos atos dos produtores e das obras por ele produzidas. É possível compreender a realidade social que se pretende analisar sem julgamento, redução ou destruição das suas variáveis.

> Os campos têm uma autonomia, que é sempre relativa, pois, como são espaços relacionais, estão sempre em confronto/contato com outros espaços que ameaçam esta autonomia – especialmente, o campo econômico, com a capacidade de influir diretamente na autonomia dos demais espaços (LAGO, 2015, p. 736).

Nesse sentido, "O conceito de campo passa a ser um instrumento heurístico, capaz de iluminar a análise das "posições" dos agentes envolvidos em uma determinada arena social, suas "disposições" e a partir daí suas "tomadas de posição" dentro do campo" (MONTAGNER; MONTAGNER, 2011).

Para Bourdieu mesmo os campos mais distintos tem leis gerais universais e leis específicas. Trata-se da ideia de homologia. A existência de estruturas objetivas comuns aos mais diversos campos e que permitem a observação dos campos pelas mesmas categorias, sem a destruição de sua relativa autonomia no interior do campo social. (TAVARES NETO; MEZZAROBA, 2016).

Em todos os campos têm lutas, mas a forma como elas acontecem podem variar, pois o que está em jogo também vai variar. Ao falar do campo científico Bourdieu afirma ser esse espaço de uma luta concorrencial e o que está em jogo é monopólio da autoridade científica (BOURDIEU, 1994). No campo jurídico o que se disputa é a autoridade de dizer o direito, na tentativa de consagrar uma visão legítima e justa do mundo social (BOURDIEU, 1989).

> As propriedades de um campo, além do *habitus* específico, são a estrutura, a *doxa*, ou a opinião consensual, as leis que o regem e que regulam a luta pela dominação do campo. Aos interesses postos em jogo Bourdieu denomina "capital" — no sentido dos bens econômicos, mas também do conjunto de bens culturais, sociais, simbólicos etc. (THIRY-CHERQUES, 2006. p. 36).

Ao tratar das propriedades do campo (BOURDIEU, 1989. p. 119-126) Bourdieu afirma que a estrutura do campo é um estado da relação de forças entre os agentes e as instituições envolvidas na luta, da forma como o capital acumulado anteriormente, orienta as estratégias posteriores. O que está em jogo constantemente é a própria estrutura do campo e o capital que será distribuído.

O capital acumulado em um campo é sempre específico, sua valorização ocorre especialmente naquele campo em que foi conquistado. Assim, a transposição de uma posição de sucesso dentro de um campo para outro é sempre difícil, pois o capital valorizado e acumulado em um campo pode não ter valor em outro campo.

Além do mais, aqueles que detêm maior quantidade de capital lutam pela conservação do campo (defesa da *ortodoxia*), enquanto os que possuem menos capital inclinam-se para as estratégias de *heresia*.

As pessoas num mesmo campo possuem interesses fundamentais que estão ligados à própria existência do campo, o que cria uma cumplicidade entre os agentes de campos comuns. A luta pressupõe entre os antagonistas sobre aquilo que pode ser objeto de disputa e aquilo que deve ser mantido (*doxa*). Os que participam da luta contribuem para a reprodução do jogo, e os que acessam ao jogo só o fazem na medida em que reconhecem o valor do jogo.

"Todo campo desenvolve uma *doxa*, um senso comum, e *nomos*, leis gerais que o governam.[...] A *doxa* é aquilo sobre o que todos os agentes estão de acordo. Já o *nomos* congrega as leis gerais, invariantes, de funcionamento do campo. A evolução das sociedades faz com que surjam novos campos, em um processo de diferenciação continuado". (THIRY-CHERQUES, 2006. p. 37).

Apenas as revoluções parciais não colocam em risco a estrutura do jogo, isto porque, os que acessam ao jogo reconhecem as duras provas que precisam passar para adentrá-lo e seria impensável depois de tanto esforço destruir o próprio campo. Assim, pequenas mudanças acontecem, mas com a manutenção da estrutura principal.

A manutenção da estrutura se dá através da violência simbólica, outro conceito caro a Bourdieu e que permeia toda sua teoria. A violência simbólica se institui por intermédio da adesão que o dominado concebe ao dominante, através de esquemas de percepção, avaliação e ação que são constitutivos dos *habitus* (BOURDIEU, 2002).

> A dominação é, em geral, não-evidente, não-explícita, mas sutil e violenta. Uma violência simbólica que é julgada legítima dentro de cada campo; que é inerente ao sistema, cujas instituições e práticas revertem, inexoravelmente, os ganhos de todos os tipos de capital para os agentes dominantes (THIRY-CHERQUES, 2006. p. 37).

O termo simbólico não pretende minimizar o papel da violência física, mas no sentido de que os dominados aplicam categorias, nas relações de dominações, criadas pelos dominantes, fazendo-as parecer natural. "O poder simbólico não pode se exercer sem a colaboração dos que lhe são subordinados e só se subordinam a ele porque o *constroem* com poder" (BOURDIEU, 2002, p. 26).

Bourdieu pretende deixar claro que não se pretende culpar a vítima mas deixar claro que se trata de um poder inscrito nos dominados sob a forma de percepções e disposições que os tornam sensíveis a certas manifestações simbólicas de poder.

> Enquanto integrantes de um campo, inscritos no seu *habitus*, não podemos ver com clareza as suas determinações. Não somos capazes de discuti-lo. A *illusio* é o encantamento do microcosmo vivido como evidente, o produto não-consciente da adesão à *doxa* do campo, das disposições primárias e secundárias, o *habitus* específico do campo, da cristalização dos seus valores, do ajustamento das esperanças às possibilidades limitadas que o campo nos oferece (THIRY-CHERQUES, 2006. p. 38).

Isto porque, as ideologias e a cultura dominantes apresentam uma integração fictícia da sociedade, apresentando como interesses universais, interesses que são na verdade particulares. A cultura que une, é a cultura que separa e que legitima as distinções, orientando o modo de ser com base na cultura dominante (BOURDIEU, 1989).

Assim, as relações de comunicação são sempre, relações de poder, que dependem do poder material ou simbólico acumulado pelos agentes ou instituições, as diferentes classes pretendem impor uma definição mais conforme seus interesses do mundo social (BOURDIEU, 1989). O poder das palavras e daquilo que se diz, para manter ou subverter a ordem, depende da legitimidade das palavras e de quem as pronuncia.

Tais categorias de percepção da realidade, brevemente apresentadas, já nos permitem uma incursão às estrelinhas dos discursos de ódio, numa tentativa de identificar seus objetivos (ainda que velados) e suas consequências.

4. Discursos de ódio enquanto discursos de poder

É preciso refletir que o contexto político e social do início do século XX é marcado pelo encurtamento das fronteiras e dos limites entre os Estados, o que acarreta maior proximidade entre os povos de diferentes culturas, que ao se chocarem precisam aprender a estabelecer uma convivência pacífica.

Esta nova forma de configuração mundial certamente contribui para o incremento de discursos intolerantes, mas Bourdieu deixa claro que muitas diferenças que se associam ao espaço geográfico, na verdade são efeitos da distancia no espaço social, em razão da diferente distribuição do capital (BOURDIEU, 1989).

Os discursos de ódio são manifestações que aparecem em qualquer campo, pois seja em que campo for, a luta entre dominados e dominantes se faz presente, porque o poder e a disputa pelo poder aparece em todas as relações sociais. Portanto, as análises aqui propostas não farão referência a um único campo, como os tantos já destacados por Bourdieu, mas se dará na análise das relações de poder e no campo do poder.

Ao falar do campo do poder Bourdieu refere-se a uma espécie de meta campo que regula as lutas em todos os campos e sua configuração determina em cada momento a estrutura de posições, alianças e oposições, tanto internamente, como na relação entre agentes e instituições de campos diversos (THIRY-CHERQUES, 2006).

Nesse sentido, "[...] Campo do poder, lugar geométrico no qual se daria o embate entre diversos poderes como o econômico, o político e o simbólico, sobretudo um espaço social no qual se estabelecem as dominações entre os campos" (MONTAGNER;MONTAGNER, 2011, p. 264).

As discussões de poder são essenciais para a compreensão dos discursos de ódio tendo em vista que tais discursos representam na verdade uma intensa disputa de poder e de manutenção dos espaços já conquistados. Impede-se a fala, especialmente de grupos minoritários, que habitualmente se encontram fora dos espaços de poder e assim devem permanecer. Discursos de ódio são, em última análise, uma luta para a manutenção da estrutura tradicional do campo. "Entre as censuras mais radicais, mais seguras e melhor escondidas, estão aquelas que excluem certos indivíduos da comunicação". (BOURDIEU, 2008, p. 7).

A defesa da *ortodoxia*, como já pontuado, se dá por meio da violência, violência simbólica exercida por um poder também simbólico. Afinal, nos campos há poder por toda parte, é necessário descobri-lo onde ele não se deixar perceber ou é ignorado. Para Bourdieu o poder simbólico é um poder invisível, de fazer crer ou de confirmar uma visão de mundo. O poder simbólico é um poder quase mágico de se obter aquilo que seria obtido, apenas pela força (BOURDIEU, 1989).

Assim são os discursos de ódio. Para a própria caracterização do discurso de ódio a violência se faz requisito necessário, mas são se espera aqui uma violência exclusivamente física. Na maior parte das vezes é a violência simbólica que se fará presente e o que se pretende é justamente a confirmação de uma visão de mundo já consagrada naquele campo social.

Em seu livro Sobre a Violência, Hanna Arendt afirma que para os que partilham do entendimento de que o corpo político e as leis são superestruturas coercitivas, a violência é a mais flagrante manifestação do poder. Nesse sentido, refere-se a Marx e Weber. Para Weber, as relações entre Estado e Poder são profundamente íntimas, já que o Estado é uma relação de homens dominando homens, relação mantida por meio da violência legítima (WEBER, 1982).

Para Arendt, que discorda desse posicionamento, o poder não precisa de justificação, mas de legitimidade, já a violência nunca será legitima. Arendt afirma, porém, que poder e violência, embora sejam fenômenos distintos, usualmente aparecem combinados e o poder é o fato primário e predominante. "A violência aparece onde o poder está em risco, mas se deixada a seu próprio curso, conduz à desaparição do poder" (AREDNT, 2009, p. 73).

Ainda que se pretenda aceitar a tese de clara distinção entre os fenômenos não há como negar que uma combinação constante entre violência e poder aparece nas relações sociais e nos mais diversos campos.

Outro importante fato para a caraterização do discurso de ódio, como visto, é a capacidade daquele que fala em gerar violência. Nesse sentido, a perspectiva de Pierre Bourdieu explica muito as consequências danosas dessas falas. Afinal, quanto mais legitimidade tiver aquele que fala, mais será possível implantar sua visão de mundo contrária à participação e acesso daqueles à quem seu ódio se dirige.

Para Bourdieu, "o que fala nunca é a palavra, o discurso, mas toda a *pessoa social* (é o que esquecem aqueles que procuram a "força locutória" do discurso no próprio discurso)" (BOURDIEU, 2008, p. 13). De tal maneira que quanto mais poder ou mais capital acumulado dentro do campo a pessoa ou grupo que profere discursos de ódio tiver, maior serão as chances de sua fala encontrar eco social e provocar a exclusão pretendida.

As Nações Unidas[83] também reconhecem que a legitimidade de quem fala é fator essencial à caracterização dos discursos de ódio, em razão do poder simbólico que exerce. Tanto assim que propõe um teste de seis partes para que seja possível penalizar os discursos de ódio, destacando a importância do autor do discurso.

As seis partes são o contexto, ou seja, a análise do contexto deve identificar o contexto social e político em que o discurso foi feito e disseminado; a intenção, eis que a negligencia e imprudência não são suficientes para caracterizar discurso de ódio, é preciso existir triangulação entre o objeto, o sujeito que fala e o público que recebe; o conteúdo – a análise do discurso pode incluir o grau de provocação do discurso, o estilo, a natureza dos argumentos desenvolvidos, entre outros; a extensão do discurso, ou seja, sua natureza pública, magnitude e tamanho da audiência e os seus elementos, como seu canal de transmissão – se um único folheto ou internet -, a frequência, ou se o ambiente de divulgação era restrito ou aberto ao público em geral. O teste ainda exige exame da probabilidade, incluindo a iminência, assim, a incitação, por definição, é um crime incipiente, a ação que se defende através do discurso de incitação não precisa ter sido cometida para que esse discurso se constitua crime. No entanto, algum grau ou probabilidade deve ser identificado. Os tribunais devem determinar que existe uma probabilidade razoável do discurso ter sucesso no incitamento ao grupo alvo.

E por fim, o autor do discurso, a posição ou status de quem profere o discurso de ódio deve ser considerada, especialmente a posição dos organismos ou das pessoas dentro do contexto de quem o discurso é dirigido. (Rabat Plan, 2012). É exatamente aqui que o método de análise de Bourdieu pode ser utilizado com sucesso. No campo do poder identifica-se a posição do autor do discurso de ódio, ao representar seu *habitus* na defesa da ortodoxia.

No mesmo sentido a Relatoria para a liberdade de expressão alerta que quando as manifestações de ódio partem de representantes do Estado mais graves suas consequências serão. Afinal, são pessoas que possuem um importante capital disponível e tem ampla capacidade de influência.

O Relatório anual de 2015 da Relatoria para liberdade de expressão inclusive demonstrou sua preocupação nesse sentido, citando o Brasil e as expressões estigmatizantes e intolerantes advindas do Presidente da Comissão de Direitos Humanos da Câmara dos Deputados[84]. Para o relatório são

---
83   Parágrafo 22 do Rabat Plan of Action. Tradução livre.
84   O relatório refere-se ao Deputado e pastor do PCS de São Paulo Marco Feliciano. Sob sua presidência foi aprovado na comissão o projeto conhecido como "Cura Gay", arquivado em julho de 2013 pela Mesa da Câmara.

justamente as autoridades que devem contribuir de maneira contundente a construção de um clima de tolerância e respeito, em que todos podem defender seus direitos, expressar seus pensamentos e opiniões.

No mesmo sentido, Bourdieu também destaca a questão do funcionamento da representação na política, já que ao poder agir e falar em nome de um grupo os políticos substituem o próprio grupo (BOURDIEU, 1989)[85]. Quando falam em nome do Estado os políticos, usam sua legitimidade e reforçam suas ideias. "A estrutura da relação de produção linguística depende da relação de força simbólica entre os dois locutores, isto é, da importância de seu capital de autoridade [...]" (BOURDIEU, 2008, p. 5). A alienação política começa pelo fato que os indivíduos precisarem se constituir em grupo para se fazer ouvir (BOURDIEU, 1989), o que justamente demonstra ainda mais a força da fala daqueles que representam o Estado.

Todos os documentos e orientações tanto do sistema regional como global de proteção aos direitos humanos reforçam que o poder acumulado no campo proporciona ao indivíduo um lugar de fala e capacidade de repercussão privilegiada.

Em sua obra Economia das trocas linguísticas Bourdieu afirma que a língua precisa ser compreendida antes de tudo como instrumento de poder, a função da fala não é ser só compreendido, mas, obedecido, aceito e respeitado (BOURDIEU, 2008).

> A lingüística reduz uma *relação de força simbólica* baseada numa *relação autoridade-crença,* a uma operação intelectual cifração-decifração. Escutar é crer. Como vemos claramente no caso das ordens (no sentido de comando) ou, melhor ainda, das *palavras de ordem,* o poder das palavras nunca é somente o poder de mobilizar a autoridade acumulada num campo (poder que supõe, evidentemente, a competência propriamente lingüística – ver domínio da liturgia) (BOURDIEU, 2008, p. 7).

Bourdieu afirma que para explicar o discurso é preciso conhecer a constituição do grupo em que ele funciona, levando em conta as forças simbólicas, que determinam os que não têm direito de fala, como as mulheres, e as próprias leis de produção do grupo que fazem com que certas categorias estejam ausentes. Essas condições são fundamentais para descobrir aquilo que pode ou não ser tido em um grupo (BOURDIEU, 2008).

Nesta perspectiva, podemos explicar porque determinados discursos discriminantes e ofensivos encontram maior espaço de propagação e aceitação em alguns lugares que em outros. Afinal, a admissibilidade dos discursos depende não só da conformidade das palavras a uma regra

---

85 Para Bourdieu a alienação política começa pelo fato que os indivíduos precisarem se constituir em grupo para se fazer ouvir (BOURDIEU, 1989), o que demonstra ainda mais a força da fala daqueles que representam o Estado.

gramatical, mas da adequação da fala a um certo mercado linguístico. Afinal, a língua vale o que vale aqueles que a falam.

Determinados discursos de ódio encontram espaço social de propagação pois, "a definição de aceitabilidade não está na situação, mas na relação entre uma situação e um *habitus*, ele próprio produto da história da relação com um sistema particular de reforços seletivos" (BOURDIEU, 2008, p. 16).

A linguagem para Bourdieu deve parte das suas propriedades à antecipação prática das reações que ela pode suscitar, a reação depende do próprio discurso e de quem o pronuncia. Volta-se mais uma vez as seis etapas para caracterização dos discursos de ódio, especialmente a necessidade exigida de que o discurso tenha uma probabilidade real de sucesso no incitamento ao grupo alvo. As reações ao mesmo discurso serão diferentes a depender de quem fala, o que fala e para quem fala.

> A forma e o conteúdo do que pode ser dito e do que é dito dependem da relação entre um *habitus* linguístico[86] que se constitui na relação com um campo de um determinado nível de aceitabilidade (isto é, um sistema de chances objetivas de sanções positivas ou negativas para as performances linguísticas) e um mercado linguístico definido por um nível de aceitabilidade mais ou menos elevado (BOURDIEU, 2008, p. 17).

Importante observar que o que pode ser dito e a forma de dizer depende das posições que o emissor e o receptor ocupam na estrutura de distribuição do capital linguístico e do capital de outras espécies (BOURDIEU, 2008). Quanto menor o acesso ao capital distribuído em seu campo de atuação mais vulnerável será o sujeito aos discursos de ódio e mais chances de sucesso em seu projeto de discriminação e exclusão esses discursos terão.

Nesse sentido os riscos associados aos discursos de ódio são particularmente mais agudos em tempos de crise econômica, já que é comum as pessoas procurarem um responsável pela perda de empregos ou instabilidade financeira (TSESIS, 2009).

Por isso, "A intolerância é mais virulenta quando diferenças de cultura, etnia ou raça coincidem com diferenças de classe – quando membros de grupos minoritários também são subordinados economicamente" (WALZER, 1999, p. 74). Redução de desigualdade entre os países e dentro deles passa, necessariamente, como uma medida para o combate a intolerância e manifestações de ódio.

Desse modo, o próprio combate aos discursos de ódio deve-se voltar a uma distribuição mais razoável de capital, sob pena de determinadas falas sempre encontrarem aceitação no campo do poder, na medida em que advém dos dominantes, e sempre encontrarem terreno fértil para produzir resultados danosos.

---

86 O *habitus* linguístico é uma dimensão do *habitus* de classe, isto é, o *habitus* linguístico é uma expressão da posição na estrutura social. Trata-se da capacidade de utilizar as possibilidades oferecidas pela língua e de avaliar praticamente as ocasiões de utiliza-las (BOURDIEU, 2008).

Além do mais, é preciso lembrar que os que participam da luta, em qualquer campo, contribuem para a reprodução e manutenção do jogo, que se opera por meio da violência simbólica. Para Bourdieu é ilusório acreditar que a violência simbólica pode ser vencida pela consciência e pela vontade, já que os efeitos e condições da sua eficácia estão inscritos sob a forma de predisposição. A alteração de uma relação de dominação necessita da transformação das estruturas das relações. Os *habitus* são inseparáveis das estruturas que os produzem e reproduzem (BOURDIEU, 2002).

Na medida em que discursos de ódio claramente propõem uma ideia de supremacia de um grupo e de inferioridade de outro, o que se pretende é a própria manutenção do estado de coisas já em funcionamento no campo, ou seja, a defesa da ortodoxia. A dominação, objetivo final dos discursos de ódio, ao precisar de consentimento, mantém as regras do jogo em pleno funcionamento. Por outro lado, as regras inalteradas entre dominantes e dominados continuam permitindo discursos de ódio, pautando-se na ideia de que são os dominantes que decidem o que pode ser tido dentro do campo.

5. Considerações finais

Enquanto crítico dos mecanismos de reprodução das desigualdades sociais, através do método de Bourdieu é possível analisar a estrutura social e os mais diversos fenômenos sociais que ela apresenta. As pessoas ou grupos ocupam lugares na sociedade em razão da desigual distribuição de recursos e poder nos diversos campos. A manutenção dessa estrutura se dá através da violência simbólica.

Os chamados discursos de ódio caracterizam-se por palavras que insultam, intimidam ou assediam pessoas ou grupos em virtude de sua raça, cor, etnicidade, nacionalidade, sexo ou religião e que têm a capacidade de incitar à discriminação, à hostilidade, ao crime ou à violência.

Para sua caracterização discurso de ódio não pode abarcar ideias amplas e abstratas, nem se refere simplesmente a um insulto ou expressões injuriosas, mas deve constituir incitação à violência ou qualquer outra ação ilegal similar contra qualquer pessoa ou grupo de pessoas, por motivos que incluem raça, cor, religião, idioma, origem nacional, entre outros.

Embora não exista necessidade de um vínculo direto entre o discurso e a violência, isto porque, os efeitos danosos das expressões de ódio podem se projetar no tempo ou serem indiretos, a caracterização do discurso de ódio depende da existência de violência. Deve ser determinada uma probabilidade razoável de o discurso ter sucesso no incitamento à violência ao grupo alvo.

Existe uma combinação constante entre violência, simbólica ou não, e poder que aparece nos chamados discursos de ódio. Isto porque, discursos de ódio comumente se baseiam em estereótipos de grupos minoritário, a fim de influenciar um comportamento hostil em relação a eles. As declarações de supremacia negam a estes grupos o legítimo direito a igualdade e impedem sua participação na democracia. Excluir determinadas pessoas dos processos de comunicação é a prática mais escondida e eficaz de censura que existe.

No que diz respeito, as relações de comunicação, para Bourdieu, elas são sempre relações de poder, que dependem do poder material ou simbólico acumulado pelos agentes ou instituições. O poder das palavras e daquilo que se diz, para manter ou subverter a ordem, depende da legitimidade das palavras e de quem as pronuncia.

O poder do discurso de ódio explica-se, pois, quanto mais legitimidade tiver aquele que fala, mais será possível implantar sua visão de mundo contrária à participação e acesso daqueles a quem seu ódio se dirige.

O que pode ser dito e a forma de dizer depende das posições que os envolvidos nos discursos de ódio ocupam na estrutura de distribuição do capital linguístico e do capital de outras espécies, assim quanto menor o acesso ao capital distribuído em seu campo de atuação mais vulnerável será o sujeito aos discursos de ódio e mais chances de sucesso em seu projeto de discriminação e exclusão esses discursos terão.

Desse modo, o próprio combate aos discursos de ódio deve-se voltar a uma distribuição mais razoável de capital, sob pena de determinadas falas sempre encontrarem aceitação no campo do poder, na medida em que advém dos dominantes.

Por fim, os que participam da luta, em qualquer campo, contribuem para a reprodução e manutenção do jogo, que se opera por meio da violência simbólica. A dominação, objetivo final dos discursos de ódio, ao precisar de consentimento, mantêm as regras do jogo em pleno funcionamento. Por outro lado, as regras inalteradas entre dominantes e dominados continuam permitindo discursos de ódio, pautando-se na ideia de que são os dominantes que decidem o que pode ser tido dentro do campo.

Os discursos de ódio, claramente falas de poder, propagam a violência simbólica e pretendem manter a estrutura social sem alteração.

REFERÊNCIAS

ARENDT, Hannah. **Sobre a violência**. Trad. André Duarte. Rio de Janeiro: Civilização Brasileira, 2009.

BRASIL, Ministério da Justiça. **Jurisprudência da Corte Interamericana de Direitos Humanos**. Brasília: Ministério da Justiça, 2014.

BOBBIO, Norberto. **Igualdad y libertad**. Barcelona: Ediciones Paidós, 1993.

_____. **Liberalismo e Democracia**. São Paulo: Brasiliense, 2000.

BOURDIEU, Pierre. O campo científico. In: ORTIZ, Renato (Org.) **Pierre Bourdieu. Sociologia**. São Paulo: Editora Ática, 1994.

_____. **Razões práticas**: Sobre a teoria da ação. Tradução de Mariza Correa. 9ª ed. Campinas: Papirus, 2008.

_____. **Poder simbólico**. Trad. de Fernando Tomaz. Lisboa: Difel, 1989.

_____. **Questões de Sociologia**. Trad. Miguel Serras Pereira. Lisboa: Fim de século, 2003.

_____. **A dominação masculina**. Trad. Maria Helena Kühner. 2. ed. Rio de Janeiro: Bertrand Brasil, 2002.

_____. **A economia das trocas linguísticas**. São Paulo: Edusp, 2008.

BRUGGER, Winfried. Proibição ou proteção do discurso do ódio? Algumas observações sobre o direito alemão e o americano. **Revista Direito Público**, Brasília, n. 15, jan./fev./mar. 2007.

LAGO, Cláudia. Pierre Bourdieu e algumas lições para o campo da comunicação. **Revista Intexto**. Porto Alegre, n. 34, set./dez. 2015.

MONTAGNER, Miguel Ângelo; MONTAGNER, Maria Inês. A teoria geral dos campos de Pierre Bourdieu: uma leitura. **Revista Tempus Actas de Saúde Coletiva**, Brasília, v. 5, n. 2, 2011.

ORGANIZACIÓN DE LOS ESTADOS AMERICANOS. Comisión Interamericana de Derechos Humanos. Relatoría Especial para la Libertad de Expresión. **Informe Anual de la relatoria especial para la libertad de expresión 2015**. Disponível em: <http://www.oas.org/es/cidh/expresion/docs/informes/anuales/InformeAnual2015RELE.pdf>. Acesso em: 21 set. 2016.

SARLET, Ingo Wolfgang. Direitos Fundamentais em espécie. In: SARLET, Ingo Wolfgang; MARINONI, Luiz Guilherme; MITIDIERO, Daniel. **Curso de Direito Constitucional**. 3. ed. São Paulo: Revista dos Tribunais, 2014.

SARMENTO, Daniel. Liberdade de expressão, pluralismo e o papel promocional do Estado. **Revista Diálogo Jurídico**, Salvador, n. 16, agosto de 2007,

SCARTEZINI, Natalia. Introdução ao método de Pierre Bourdieu. **Cadernos de Campo**: Revista de Ciências Sociais. Araraquara, n. 14/15, 2010/2011.

SETTON, Maria da Graça Jacintho. Uma introdução a Pierre Bourdieu. **Revista Cult**, ed. 128. Disponível em: <http://revistacult.uol.com.br/home/2010/03/uma-introducao-a-pierre-bourdieu/>. Acesso em: 10 de junho de 2016.

SILVA, Rosane Leal da, et al. Discurso de ódio em redes sociais: jurisprudência brasileira. **Revista Direito GV**, São Paulo, p. 444 -468, jul./dez. 2011.

TAVARES NETO, José Querino; MEZZAROBA, Orides. O método enquanto pressuposto de pesquisa para o Direito: a contribuição de Pierre Bourdieu. **Revista de Direito Brasileira**. São Paulo, v. 15, n. 6, p. 116-132, set./dez. 2016.

THIRY-CHERQUES, Hermano Roberto. Pierre Bourdieu: a teoria na prática. **Revista de Administração Pública**, Rio de Janeiro, n. 1, v. 40, jan./fev. 2006.

TSESIS, Alexander. Dignity and Speech: the relulation of hate speech in a democracy. **Wake Forest Law Review**, Chicago, v. 44, 2009. Disponível em: <http://papers.ssrn.com/sol3/papers.cfm?abstract_id=1402908>. Acesso em: 17 jun. 2016.

UNITED NATION, **Rabat Plan of Action on the prohibition of advocacy of national, racial or religious hatred that constitutes incitement to discrimination, hostility or violence.** 5 out. 2012. Disponível em: <http://www.ohchr.org/Documents/Issues/Opinion/SeminarRabat/Rabat_draft_outcome.pdf>. Acesso em: 28 jul. 2016.

WALZER, Michael. **Da tolerância**. Trad. Almiro Pisetta. São Paulo: Martins Fontes, 1999.

WEBER, Max. **Ensaios de Sociologia**. Organização e introdução: H. H Gerth e C. Mills. Trad. Waltensir Dutra. 5. ed. Rio de Janeiro: LTC, 1982.

CAPÍTULO XII

DEMARCAÇÃO DE TERRAS INDÍGENAS NO BRASIL: uma análise crítica da administração pública a partir da categoria weberiana de burocracia

Carla Vladiane Alves Leite[87]
José Querino Tavares Neto[88]

1. Introdução

A demarcação de terras para os índios é algo necessário para se garantir que sua vida tradicional e suas culturas sejam preservadas. Por isso, a CF/88 se fez presente ao trazer essa garantia de proteção e para efetivar os direitos dos povos indígenas.

Porém, a burocracia impregnada na administração pública no Brasil gera óbice à garantia desses direitos e compromete a eficácia e eficiência da proteção à demarcação de terras indígenas no Brasil.

Para essa análise se faz necessário entender a burocracia, através de conceitos a partir do conceito weberiano de burocracia, resultante da concepção weberiana de autoridade legal. As raízes dessa concepção se dá a partir da problemática do poder, sua origem e legitimidade, sua estrutura organizacional e funcionamento, sua eficácia e destinação e, por fim, suas consequências, as quais em relação aos povos indígenas, geram a demora na demarcação de suas terras e os danos pela falta de demarcação.

Portanto, as terras de povos indígenas, apesar de estarem previstas na norma jurídica, estão longe de ser alvo de respeito quanto às disputas, ainda mais quando os direitos do agronegócio avançam as fronteiras brasileiras, já que as características das terras indígenas são de áreas geográficas e étnicas de grandes riquezas.

---

[87] Doutoranda em Direito Econômico e Socioambiental pela PUC/PR. Bolsista pela FAPEAM. Mestre em Direito Ambiental pela Universidade do Estado do Amazonas – UEA. Especialista em Direito Penal e Processual Penal pelo Centro de Ensino Superior do Amazonas – CIESA. Especialista em Direito do Trabalho e Previdenciário pelo Centro de Ensino Superior do Amazonas – CIESA. Advogada. Graduada em Direito pela Universidade Luterana do Brasil–ULBRA/AM. E-mail: carla_vladiane@hotmail.com

[88] Professor Associado da Faculdade de Direito e do Programa de Pós-graduação em Direito e Políticas Públicas da UFG. Professor da Pontifícia Universidade Católica de Goiás. Pós-doutor em Direito Constitucional pela Universidade de Coimbra com bolsa da Capes. Doutor em Direito pela Pontifícia Universidade Católica do Paraná, Doutor em Sociologia pela UNESP/Araraquara e Mestre em Sociologia pela UNICAMP. E-mail: josequerinotavares@gmail.com.

Por isso, os conflitos, bem como os povos indígenas envolvidos, possuem uma peculiaridade histórica, onde vivem e revigoram no espaço e no tempo sob as distintas políticas públicas e a burocracia estatal no âmbito nacional, as quais são ineficazes quando se tratam de assegurar direitos constitucionais aos índios, direitos esses também preconizados por convenções internacionais, ratificados pelo Brasil.

Baseado nisso, o presente artigo, pretende fazer uma análise da burocracia estatal na demarcação de terras indígenas e como essa demora traz prejuízos aos índios diante de seus direitos territoriais garantidos constitucionalmente.

2. A burocracia weberiana na administração pública brasileira

Max Weber (1966, p. 16) descreve a burocracia a partir de um quadro de funcionários que, organizados dentro de uma forma específica e submetidos a normas de conduta também específicas e determinadas, exercem autoridade legal.

A burocracia, visualizada e descrita por Weber é um tipo ideal de organização que, não se reproduz na realidade, mas funciona como importante modelo de análise nas organizações.

Portanto, ao descrever e analisar os fundamentos da organização burocrática, como um tipo ideal, Weber (1966, p. 16) desenvolve seu trabalho sobre três aspectos fundamentais: a) aceitação da validade das ideias em que repousa a autoridade racional-legal; b) a organização fundamental necessária para o exercício da autoridade racional-legal; e c) o exercício da autoridade racional--legal no quarto administrativo do tipo ideal que Weber chamou de burocracia.

Weber (1966, p. 17) continua a descrição e trata das características inerentes à organização incumbida de exercer a autoridade racional-legal.

Weber (1966, p. 18) enumera os caracteres típicos da organização burocrática, do ponto de vista das estruturas de posição e de autoridade, das qualificações exigidas das pessoas que integram essas estruturas e das normas que orientam sua conduta e finalmente, da forma e dos instrumentos de funcionamento da organização.

Diz Weber (1999, p. 141) que há espécies de autoridade suprema apropriadas aos diferentes tipos de dominação legítima. A vigência de sua legitimação pode ser, primordialmente:

> 1) De caráter racional: baseada na crença na legitimidade das ordens estatuídas e do direito de mando daqueles que, em virtude dessas ordens, estão nomeados para exercer a dominação (dominação legal)
> 2) De caráter tradicional: baseada na cresça cotidiana na santidade das tradições vigentes desde sempre e na legitimidade daqueles que, em virtude dessas tradições, representam a autoridade (dominação tradicional).

3) De caráter carismático: baseada na veneração extra cotidiana da santidade, do poder heroico ou do caráter exemplar de uma pessoa e das ordens por esta reveladas ou criadas (dominação carismática).

Para Weber (1966, p. 19) toda vez, entretanto, que a dominação envolve elementos racionais a autoridade exercida através de "quadro administrativo racional-legal é susceptível de aplicação", porquanto este tipo de quadro "é o mais importante mecanismo para a administração de assuntos cotidianos", área em que o exercício da autoridade, num sentido restrito, e da dominação, num sentido amplo, consiste, precisamente, em administrar".

Diz Weber que a burocracia se aplica a qualquer tipo de atividade (econômica, política, religiosa, militar, prestação de serviços etc.), no domínio público ou particular, e que sua existência pode ser assinalada ao longo da história. Embora sempre revestindo formas que apresentam variado grau de burocratização em relação ao modelo ideal.

Com isso, o conceito de burocracia, na forma proposta por Max Weber, através de suas características – racionalidade, normatização, hierarquia, especialização e impessoalidade – é possível considerar como categorias essenciais das organizações complexas na busca de eficiência administrativa. De uma perspectiva funcionalista, pode-se entender que são categorias funcionais da burocracia.

No entanto, afirma Alvin Gouldner (1966, p. 59) que Weber tratou tão somente das funções manifestas da administração burocrática, que explicam algumas, porém não todas as suas consequências.

Com isso, a crítica ao tipo legal de weber vem no sentido de que tais organizações (burocracias) são criadas geralmente por uma elite (governamental, empresarial etc.) não só para tratar dos problemas mencionados como para assegurar a essa elite a provisão dos serviços necessários e as posições estratégicas do poder na sociedade. Historicamente elas apareceram quando o poder dos reis se sobrepôs às forças feudais e aristocráticas, através de uma organização administrativa que tornava essas forças dependentes do governo real, econômica e politicamente (burocracias patrimoniais). Na época contemporânea as organizações burocráticas são criadas quando detentores do poder político ou econômico necessitam mobilizar diferentes recursos, provenientes de diferentes setores sociais, para solucionar problemas oriundos de fatores externos, como a guerra por exemplo, ou originados de fatores ou pressões internas, como desenvolvimento econômico, reivindicações políticas etc. (EISENSTADT, 1966, p. 73).

Michel Crozier (1981), no mesmo sentido, aborda a relação do sistema racional burocrático proposto por Weber com os fenômenos socioculturais a partir do modelo francês por meio de três eixos fundamentais:

a) O problema das relações interpessoais e intergrupos: Crozier verifica que o isolamento do indivíduo, a predominância das atividades formais sobre as informais, o isolamento de cada estrato, e a luta entre eles pelos seus privilégios, desempenha um papel muito importante dentro do modelo de sistema francês burocrático de organização.
b) O problema da autoridade e o medo das relações frente a frente
c) O problema da mudança e o paradoxo da debilidade do poder central onipotente como aspecto das disfunções e rigidez burocrática.

Ao fazer sua análise, Crozier evidencia que, na realidade, estes fenômenos acabam por permear os tipos ideais weberianos.

Portanto, partindo de elementos culturais no caso brasileiro, baseado historicamente numa dominação tradicional, José Murilo de Carvalho (1997) revisa conceitualmente noções mais específicas dos modelos de Weber, com ênfase nos seguintes conceitos específicos: coronelismo, mandonismo e clientelismo.

De acordo com José Murilo de Carvalho (1997, p. 230), "[...] o coronelismo é um sistema político, uma complexa rede de relações que vai desde o coronel até o presidente da República, envolvendo compromissos recíprocos" e "[...] baseado em barganhas entre o governo e os coronéis" (1997, p. 231), que tem por características:

1. Mandonismo: segundo José Murilo de Carvalho, "Refere-se à existência local de estruturas oligárquicas e personalizadas de poder. O mandão, o potentado, o chefe, ou mesmo o coronel como indivíduo, é aquele que, em função do controle de algum recurso estratégico, em geral a posse da terra, exerce sobre a população um domínio pessoal e arbitrário que a impede de ter livre acesso ao mercado e à sociedade política" (1997, p. 231)

2. Clientelismo: ainda de acordo com José Murilo de Carvalho, "[...] indica um tipo de relação entre atores políticos que envolve concessão de benefícios públicos, na forma de empregos, benefícios fiscais, isenções, em troca de apoio político, sobretudo na forma de voto" (1997, p. 233).

Mandonismo e clientelismo não seriam sistemas, no pensamento de Carvalho, mas características da política tradicional, aplicáveis, por exemplo, ao próprio sistema coronelista.

Portanto, ao olhar para a realidade do Brasil, a economia nasceu e cresceu sob o signo do latifúndio agrário e de um comércio estéril, voltado para o mercado externo europeu, consumidor de matéria-prima.

Do prisma cultural, formam-se duas orientações de comportamento: de um lado, nas camadas populares, a de alheamento e de desinteresse pela vida política; de outro, nas camadas dominantes, a de que o exercício do poder político fazia parte dos privilégios inalienáveis dos setores "esclarecidos" ou "responsáveis" da nação.

Baseado nisso, se pode verificar que culturalmente continuamos sendo um povo com fundas raízes na mentalidade rural, que se projeta principalmente no sistema político.

O subsistema político reflete as modificações que se processam nos dois subsistemas – econômico e cultural.

Há uma mobilização crescente de indivíduos para a participação política, mas sua participação efetiva está limitada por vários fatores de ordem estrutural e institucional.

Por conta disso, é inegável que a administração pública necessita de uma organização burocrática constituída de funcionários especializados, escolhidos por suas qualificações e profissionalizados para administrar a coisa pública eficiente e eficazmente.

Não há como uma organização complexa possa fugir a tais requisitos, para conseguir eficiência, dentro dos padrões conhecidos de organizar as atividades administrativas.

Porém, é também inquestionável a necessidade de mecanismos, dentro do sistema social global, que impeçam a cristalização da burocracia e evitem sua transformação em fator de resistência às mudanças requeridas pelo próprio sistema, em sua trajetória para o desenvolvimento.

Portanto, para se mudar a realidade do Brasil, há de sair da ideia de burocracia já sedimentada na cultura do Brasil e avançar para se reformar o tipo de gestão pública da administração brasileira.

3. O processo burocrático de demarcação de terras indígenas no Brasil

A Constituição Brasileira de 1988 traz a proteção aos índios de suas culturas e a demarcação das terras que habitam tradicionalmente, independentemente de onde se localizem, onde não há espaço para contestações sobre a viabilidade ou conveniência da demarcação em seu artigo 231, *in verbis*:

> Art. 231. São reconhecidos aos índios sua organização social, costumes, línguas, crenças e tradições, e os direitos originários sobre as terras que tradicionalmente ocupam, competindo à União demarcá-las, proteger e fazer respeitar todos os seus bens.
> § 1º São terras tradicionalmente ocupadas pelos índios as por eles habitadas em caráter permanente, as utilizadas para suas atividades produtivas, as imprescindíveis à preservação dos recursos ambientais necessários a seu bem-estar e as necessárias a sua reprodução física e cultural, segundo seus usos, costumes e tradições.
> § 2º As terras tradicionalmente ocupadas pelos índios destinam-se a sua posse permanente, cabendo-lhes o usufruto exclusivo das riquezas do solo, dos rios e dos lagos nelas existentes.

§ 3º O aproveitamento dos recursos hídricos, incluídos os potenciais energéticos, a pesquisa e a lavra das riquezas minerais em terras indígenas só podem ser efetivados com autorização do Congresso Nacional, ouvidas as comunidades afetadas, ficando-lhes assegurada participação nos resultados da lavra, na forma da lei.

§ 4º As terras de que trata este artigo são inalienáveis e indisponíveis, e os direitos sobre elas, imprescritíveis.

§ 5º É vedada a remoção dos grupos indígenas de suas terras, salvo, "ad referendum" do Congresso Nacional, em caso de catástrofe ou epidemia que ponha em risco sua população, ou no interesse da soberania do País, após deliberação do Congresso Nacional, garantido, em qualquer hipótese, o retorno imediato logo que cesse o risco.

§ 6º São nulos e extintos, não produzindo efeitos jurídicos, os atos que tenham por objeto a ocupação, o domínio e a posse das terras a que se refere este artigo, ou a exploração das riquezas naturais do solo, dos rios e dos lagos nelas existentes, ressalvado relevante interesse público da União, segundo o que dispuser lei complementar, não gerando a nulidade e a extinção direito a indenização ou a ações contra a União, salvo, na forma da lei, quanto às benfeitorias derivadas da ocupação de boa-fé.

§ 7º Não se aplica às terras indígenas o disposto no art. 174, § 3º e § 4º.

Em decorrência disso, foi determinado no artigo 67 do Ato das Disposições Constitucionais Transitórias o prazo de 5 (cinco) anos para que a União concluísse a demarcação de terras indígenas, a contar da promulgação da Constituição Federal de 88 (CF/88), *in verbs*: "Art. 67. A União concluirá a demarcação das terras indígenas no prazo de cinco anos a partir da promulgação da Constituição".

Acontece que, os 5 (cinco) anos se passaram e a demarcação de terras indígenas não saiu do papel, ignorando as violações que os índios sofriam em suas terras.

Com o Decreto n. 1.775 de 1996, a situação sobre a demarcação de terras indígenas começa a mudar, pois esse decreto passou a impor um regime próprio de proteção, por ser o ato administrativo que identifica e sinaliza os limites do território tradicional que povos indígenas tradicionalmente ocupam.

De acordo com o decreto citado, o processo de demarcação de terras indígenas acontece sob a orientação do órgão federal de assistência ao índio, o qual atualmente é desempenhado pela Fundação Nacional do índio (FUNAI), autarquia criada pela Lei n. 5.371 de 1967.

O início do processo de demarcação de terras indígenas se dá por reinvindicação da comunidade ou por iniciativa da própria FUNAI, onde a primeira etapa consiste nos estudos de identificação.

Importante salientar que, o ato de demarcação da terra indígena tem natureza meramente declaratória e não constitutiva, já que a CF/88 reconhece os direitos originários dos povos indígenas sobre os territórios que ocupam tradicionalmente.

Quanto ao ato de demarcação de terra indígena como ato meramente declaratório, Dallari (2000, p. 39) faz sua observação:

> O direito dos índios sobre as terras que tradicionalmente ocupam não depende da demarcação, pois resulta direta e imediatamente da Constituição e tem por fundamento a ocupação tradicional, único requisito para o reconhecimento desse direito. Assim, a demarcação não gera o direito nem é indispensável para que ele seja reconhecido, mas, como a prática tem demonstrado sobejamente, a falta de demarcação torna incertos os limites da ocupação indígena ou, o que acontece com frequência, facilita o uso do pretexto da ignorância de se tratar de terra indígena.

A Convenção nº 169, adotada na 76ª Conferência Internacional do Trabalho e ratificada pelo Congresso em 20 de junho de 2002, garantiu aos índios direitos mais específicos em relação à proteção de suas culturas, defendendo o multiculturalismo.

A Declaração das Nações Unidas sobre Direitos dos Povos Indígenas, de 2007, é outro marco internacional de grande importância, reiterando os direitos dos índios a uma vida autônoma, segura e plena, enfatizando a necessidade de "consentimento prévio, livre e informado" em caso de uso de suas terras por outrem, além de reconhecer a validade de instituições indígenas não formais que regem internamente a vida das comunidades, bem como o direito à propriedade intelectual.

A UNESCO, por seu turno, entre outras medidas, aprovou em 2005 a Convenção sobre a Proteção e Promoção da Diversidade das Expressões Culturais, incluindo em seu rol de interesses as culturas indígenas, e instituiu o Dia Internacional dos Povos Indígenas do Mundo, buscando chamar a atenção de todos para o assunto.

Com isso, pode-se perceber que a problemática e a burocracia que gira em torno dos direitos e da demarcação de terras indígenas é de caráter procedimental e com processo longo e exaustivo, o que faz a ausência de demarcação gerar injustiças e a natureza declaratória do ato, diante de sua falta, serve como argumento para os não índios justificarem a ocupação indevida de terras indígenas.

4. Danos sofridos pelos índios na demora da demarcação de terras indígenas

A previsão constitucional dos direitos indígenas não foi à toa, pois a proteção dos povos indígenas se faz necessária, inclusive quanto às suas terras, pois para esses povos, o território é algo inerente à sua sobrevivência.

O território se confunde com a sua essência. Com a terra, o índio cultiva uma relação que vai além da mera habitação, constrói laços que regem o modo de ser, de viver e de relacionar com o mundo. Trata-se de verdadeiro "território de pertencimento" (ALMEIDA, 2008, p. 118).

Por isso, a forma de vida diferenciada dos povos indígenas, os fazem serem diferentes da sociedade, já que vivem de modo tradicional. Baseado nisso, a CF/88 garante a proteção dessa diferença para proteger os índios e sua manutenção de território e modos peculiares de vida.

Porém, ao se falar em tradicionalidade não podemos confundir com forma inerte de vida, em outras palavras, os índios não vivem de modo isolado em um ambiente, pois interagem com o meio e com outros grupos.

Barth (1997) entende que os grupos se distinguem pelos seus traços distintivos, os quais surgem a partir da interação com outros grupos, pois a noção de alteridade com outros grupos se criam através da consciência coletiva, as quais definem valores coletivos.

Por conta disso, ao não saber os limites da ocupação tradicional com os pontos geográficos, o índio interage com todo o ambiente de maneira que sua interação faz parte de sua própria identidade e forma de vida.

Portanto, a demora na demarcação de terras indígenas gera toda uma mudança trágica na forma tradicional dos índios que já mantêm os aspectos culturais e tradicionais com aquela terra que a partir da demarcação não faz mais parte de suas vidas.

Portanto, não só o processo de demarcação, seus tramites e suas formalidades devem fazer parte dessa conjuntura, mas o valor constitucional que pretendesse proteger e resguardar em relação aos índios, seus territórios e suas culturas.

Além disso, a demora na demarcação de terras indígenas, além de deixar desprotegido o bem que a proteção constitucional pretende resguardar, gera injustiças quanto à ocupação de pessoas não índios, violências contra os índios, além impossibilitar a segurança e políticas públicas aos índios daquele território em conflito.

O Estado brasileiro, segundo o próprio, desenvolve uma série de projetos que têm o objetivo de assegurar aos índios os seus direitos previstos em lei, mas que por conta da falta de demarcação, impedem a efetividade desses projetos, pois os índios por não terem seu espaço definido, são constantemente obrigados a sair de seus territórios.

Vários ministérios são envolvidos diretamente com a questão, como o da Justiça e o do Meio Ambiente, tendo a FUNAI como órgão supervisor da aplicação das políticas públicas para o índio, assessorada por vários outros e com a participação da sociedade (FUNAI, 2011).

O orçamento para as questões indígenas passou de 100 milhões de reais em 2006 para 423,1 milhões em 2010. Foram designados muitos novos servidores, seus salários aumentaram, foi reconhecido o cargo de indigenista, e em anos recentes a instituição vem se desdobrando em inúmeras atividades. Podem ser destacadas, por exemplo, a criação da Comissão Nacional de Política Indigenista, a elaboração da Agenda dos Povos Indígenas e dos Territórios da Cidadania Indígena e o projeto para o novo Estatuto dos Povos Indígenas, além de serem criadas dezenas de novas reservas (FUNAI, 2011).

Há também a criação da Política Nacional de Gestão Ambiental e Territorial de Terras Indígenas, que procura criar "estratégias integradas e participativas com vistas ao desenvolvimento sustentável e à autonomia dos povos indígenas" (FUNAI, 2011).

Estão incluídos na Política a formação de gestores indígenas e não indígenas para que trabalhem cooperativamente, planos de manejo sustentável das terras, e assessoria aos povos durante as demarcações e nos processos de licenciamento ambiental em caso de explorações de recursos (FUNAI, 2011).

Em 2013 foi criado o seu Comitê Gestor, com a participação de representantes do governo e das comunidades (PORTAL BRASIL, 2013).

O governo tem buscado parcerias com a sociedade e a comunidade internacional para uma melhor administração da complexa questão territorial indigenista, implementando muitos outros programas que lhe são interligados, entre eles de proteção contra a violência, cooperação internacional, regularização fundiária, pesquisa científica, divulgação, promoção da qualidade de vida, assistência médica, fomento de atividades produtivas, proteção do patrimônio histórico, arqueológico e imaterial, combate à miséria, educação geral e capacitação técnica (PORTAL BRASIL, 2013).

Apesar dos esforços significativos das últimas décadas, que resultaram entre outros benefícios no notado crescimento da população nativa e da área de suas terras (SERVIÇO FLORESTAL BRASILEIRO, 2009), os programas governamentais mais recentes vêm gerando vasta controvérsia, assim como a legislação que tem aparecido procurando alegadamente regulamentar às normas constitucionais referentes ao índio e complementar suas lacunas.

Além disso, o agronegócio é o setor que mais recebe acusações dos indigenistas, e é um dos mais influentes na direção dos rumos políticos e econômicos do país.

De acordo com Lourenço (2013), em 2013, produtores rurais do Mato Grosso do Sul, uma das grandes regiões agroprodutoras do Brasil, pediram à Presidência a suspensão da demarcação de terras em seu estado, que já vigora no Paraná e no Rio Grande do Sul. Segundo o presidente da Frente Nacional Agropecuária, Francisco Maia, "os produtores rurais do sul do estado estão dispostos a parar o país para cobrar uma decisão do governo federal em relação aos conflitos fundiários em Mato Grosso do Sul". Movimentações semelhantes ocorrem em muitas outras regiões do Brasil.

Na visão do presidente da Federação da Agricultura e Pecuária de Mato Grosso do Sul, Eduardo Riedel (AGENCIA BRASIL, 2013),

> [...] o direito ao usufruto exclusivo da terra não vai solucionar os problemas dos índios. A situação das comunidades indígenas é precária e os produtores rurais não questionam isso. Só que a origem do conflito é a fragilidade social, representada pela fome e pela falta de assistência à saúde e à educação em que vivem as comunidades indígenas.

Para a senadora Kátia Abreu, uma das mais ativas promotoras do agronegócio, presidente da Confederação da Agricultura e Pecuária do Brasil, e temida pelas lideranças indígenas e camponesas pela sua enorme influência política, a demarcação de terras indígenas e reservas ecológicas no ritmo em que vinha acontecendo nos governos de Fernando Henrique Cardoso e Lula representa uma séria ameaça à segurança alimentar e à economia do país pela redução das áreas agricultáveis disponíveis. (AGENCIA BRASIL, 2013).

Mas o estudo onde a senadora se baseou, realizado por Evaristo Eduardo de Miranda, chefe do serviço de monitoramento por satélite da Embrapa, foi contestado por ambientalistas e até por outros técnicos da mesma instituição, que apontaram diversos erros, dizendo ser infundado o temor de que possa faltar terra no Brasil, e que as demarcações de áreas indígenas não ameaçam o grande estoque de terras disponíveis para a agropecuária (PORTAL ECODEBATE, 2009).

De acordo com Alves Neto (2016), um estudo realizado pela Sociedade Brasileira para o Progresso da Ciência, em conjunto com a Academia Brasileira da Ciência, confirmou que não falta terra no Brasil, o que falta é o seu melhor aproveitamento. Calcula-se que haja no país 340 milhões de hectares de terras agriculturáveis, sendo a metade de pastagens. Mas pelo menos 100 milhões de hectares de pastagens estão subaproveitados.

Segundo Mello (2013), a mineração é uma causa de intensas disputas no Brasil, o que ocorre em sua maioria em terras indígenas.

Segundo a Constituição (1988), "a pesquisa e a lavra das riquezas minerais em terras indígenas só podem ser efetivados com autorização do Congresso Nacional, ouvidas as comunidades afetadas, ficando-lhes assegurada participação nos resultados da lavra, na forma da lei". Mas a matéria ainda não foi regulamentada.

Em terras indígenas toda mineração na forma de garimpo é vedada aos não indígenas, mas garimpeiros clandestinos são comuns. As terras dos Cinta Larga, por exemplo, foram invadidas por 5 (cinco) mil garimpeiros, especuladores, contrabandistas e grupos organizados depois que se descobriu serem ricas em diamantes, cassiterita e outros minérios (INSTITUTO SOCIOAMBIENTAL – ISA, 2007).

Um estudo do Instituto Socioambiental (2007) publicado em abril de 2013 mostrou a pressão que a mineração impõe: "Existem 152 terras indígenas na Amazônia potencialmente ameaçadas por projetos de mineração. Todos os processos minerários em terras indígenas estão suspensos, mas, se fossem liberados, cobririam 37,6% das áreas".

Tramita no Congresso o polêmico Projeto de Lei 1.610 almejando exatamente essa liberação. Segundo o advogado Raul Silva Telles do Vale, do Instituto Socioambiental, as terras indígenas são muito mais valiosas como usinas de geração de serviços ambientais do que como campos de mineração de recursos naturais finitos (INSTITUTO SOCIOAMBIENTAL – ISA, 2007).

Impactos ambientais da mineração incluem a poluição e assoreamento de rios, transformação do terreno e desmatamento, e surgem também vários impactos sociais pelo contato dos índios com populações estranhas (INSTITUTO SOCIOAMBIENTAL – ISA, 2007).

Na avaliação de Melissa Curi (2007), professora da Universidade de Brasília e funcionária da Funai, sobre a exploração minérios em terras indígenas:

> O contato próximo de pessoas que exploram minérios com comunidades indígenas resulta sempre em prejuízo fatal para os índios, devido, principalmente, ao estilo de vida agressivo e imediatista dos primeiros. Além da violência, ocorre a transmissão de doenças altamente contagiosas e perigosas, como as venéreas, a tuberculose, a malária etc. [...] e a introdução de valores típicos da sociedade dominante, como o fascínio pelo dinheiro e o que se pode adquirir com ele. Com a introdução desses novos hábitos, o que se constata, depois de certo tempo, é a deterioração da vida tribal, seguida da perda da identidade social e completada pelo enquadramento cultural e social à sociedade dominante, ou seja, a passagem de uma sociedade autônoma para uma minoria dependente.

Projetos hidrelétricos que se multiplicam nos últimos anos são outra das grandes fontes de conflitos (LOURENÇO, 2013).

A Coordenação das Organizações Indígenas da Amazônia Brasileira declarou em carta aberta seu repúdio à política do governo de investir em megaprojetos de energia que revertem em danos para povos indígenas, comunidades tradicionais e o meio ambiente, além de terem eficiência técnica duvidosa (INSTITUTO SOCIOAMBIENTAL – ISA, 2015).

A construção da Usina de Belo Monte se tornou o exemplo mais notório, cercada de grande violência e polêmica, até hoje não resolvida. As denúncias de violações de direitos humanos chegaram à Organização dos Estados Americanos, que solicitou explicações à Presidência da República e a paralisação das obras (INSTITUTO SOCIOAMBIENTAL – ISA, 2015).

O pedido foi ignorado, e em represália o embaixador do Brasil junto à organização foi chamado de volta e o governo ameaçou retirar fundos de apoio (INSTITUTO SOCIOAMBIENTAL – ISA, 2015).

Portanto, muitos são os conflitos que devem ser resolvidos, onde o Estado deve ter o seu papel garantidor e efetivador de políticas públicas constitucionais e atuações que tentem solucionar os problemas e conflitos enfrentados pelos povos indígenas, porém o discurso é sempre o mesmo: não há como impedir nada em terras indígenas que ainda não foram demarcadas.

Portanto, com a falta de demarcação de terras indígenas, os recursos naturais, assim como a comunidade, ficam sem proteção, sendo alvos fáceis de exploradores e invasores.

Da mesma forma, a burocracia e a demora na demarcação de terras indígenas, é um empasse para a aplicação de políticas públicas aos povos indígenas nessas terras, prejudicando inclusive o acesso à saúde e educação de toda a comunidade já que para ter eficiência na aplicação dessas políticas, deve-se primeiro saber onde encontrá-los, situação prejudicada, já que há intrusos e projetos em suas terras, fazendo assim os índios terem que sair de seus territórios tradicionais.

5. Considerações finais

A CF/88 acertadamente trouxe a proteção à ocupação tradicional e esse direito territorial aos povos indígenas, porém a demora para essa demarcação traz inúmeros prejuízos aos povos indígenas, ferindo inclusive à constituição e correndo o risco de se perder o bem que pretende proteger a CF/88, qual seja, o modo tradicional de vida e seus costumes, o que para isso, é necessário o seu território.

Acontece que, a administração pública é muitas vezes burocrática e com procedimentos ineficazes e ineficiente, fazendo o processo de demarcação se tornar longo e exaustivo.

Portanto, não basta formalizar a constituição, deve-se levar o processo de demarcação de maneira eficiente e eficaz, para que a proteção dos territórios tradicionais e os próprios índios sejam resguardados em seus direitos à luz de suas relações íntimas com a terra em que habitam de forma que a norma jurídica se faça presente para a garantia de seus destinatários e o bem constitucional que pretende a constituição proteger, qual seja, os índios.

REFERÊNCIAS

AB'SÁBER, Aziz. A região da Reserva Indígena Raposa Serra do Sol: prévias para seu entendimento. **Estudos avançados [on-line]**, v. 23, n. 65, p. 165, 2009.

ALMEIDA, Alfredo W. B. de. **Terras Tradicionalmente Ocupadas. Processos de territorialização e movimentos sociais**. Revista Brasileira de Estudos Urbanos e Regionais, v. 6, n. 1, p. 9-32, maio 2014.

_____. **Terra de quilombo, teras indígenas, "babaçuais livre", "castanhais do povo", faixinais e fundos de pasto**: terras tradicionalmente ocupadas. 2. ed, Manaus: PPGSCA-UFAM, 2008. p. 118.

ALVES NETO, José Luiz. Mercado agropecuário e incentivos fiscais para a recuperação de pastagens. **Rural Centro**, 3 ago. 2012. Disponível em: <http://ruralcentro.uol.com.br/>. Acesso em: 14 ago. 2016.

BARTH, Fredrik. Grupos étnicos e suas fronteiras. In: **Teorias da etnicidade**. Tradução: Élcio Fernandes. UNESP, 1997.

BRASIL. **Fundação Nacional do Índio – FUNAI**. 2011. Disponível em: <http://www.funai.gov.br/>. Acesso em: 14 ago. 2016.

_____. **Constituição da República Federativa do Brasil de 1988**. Disponível em <http://www.planalto.gov.br/ccivil_03/constituicao/constituicaocompilado.htm>. Acesso em: 13 ago. 2016.

_____. **Atos das Disposições Constitucionais Transitórias**. Disponível em: <http://www.planalto.gov.br/ccivil_03/Constituicao/Constituicao.htm>. Acesso em: 13 ago. 2016.

_____. **Decreto nº 1.775, de 8 de janeiro de 1996. Dispõe sobre o procedimento administrativo de demarcação das terras indígenas e dá outras providências**. Disponível em: <http://www.planalto.gov.br/ccivil_03/decreto/D1775.htm> Acesso em: 14 de agosto de 2016.

_____. Lei nº 5.371, de 5 de dezembro de 1967. **Autoriza a instituição da "Fundação Nacional do Índio" e dá outras providências**. Disponível em: <http://www.planalto.gov.br/ccivil_03/leis/1950-1969/L5371.htm>. Acesso em: 14 ago. 2016.

BRASIL. **Lei nº 10.406, de 10 de janeiro de 2002. Institui o Código Civil.** Disponível em: <http://www.planalto.gov.br/ccivil_03/leis/2002/L10406.htm>. Acesso em: 14 ago. 2016.

_____. **Decreto nº 5.051, de 19 de abril de 2004. Promulga a Convenção nº 169 da Organização Internacional do Trabalho – OIT sobre Povos Indígenas e Tribais.** Disponível em: <http://www.planalto.gov.br/ccivil_03/_ato2004-2006/2004/decreto/d5051.htm>. Acesso em: 14 ago. 2016.

_____. Portaria nº 303, de 16 de julho de 2012. **Dispõe sobre as salvaguardas institucionais às terras indígenas conforme entendimento fixado pelo Supremo Tribunal Federal na Petição 3.388 RR.** Disponível em <http://www.agu.gov.br/atos/detalhe/596939>. Acesso em: 14 ago. 2016.

_____. Portaria nº 415, de 17 de setembro de 2012. **Altera o disposto no art. 6º da Portaria nº 303, de 16 de julho de 2012 e revoga a Portaria nº 308 de 25 de julho de 2012.** Disponível em: <http://www.agu.gov.br/atos/detalhe/657974>. Acesso em: 14 ago. 2016.

_____. **Portal Brasil**. 2013. Disponível em: <http://www.portalbrasil.net/>. Acesso em: 14 ago. 2016.

_____. **Serviço Florestal Brasileiro**. 2009. Disponível em: <http://www.florestal.gov.br/>. Acesso em: 14 ago. 2016.

_____. **Agência Brasil**. 2013. Disponível em: <http://agenciabrasil.ebc.com.br/>. Acesso em: 14 ago. 2016.

_____. Portal EcoDebate – Cidadania e Meio Ambiente. 2009. Disponível em: <https://www.ecodebate.com.br/>. Acesso em: 14 ago. 2016.

_____. **Instituto Socioambiental – ISA**. 2007. Disponível em: <https://www.socioambiental.org/pt-br>. Acesso em: 14 ago. 2016.

_____. **Instituto Socioambiental – ISA**. 2015. Disponível em: <https://www.socioambiental.org/pt-br>. Acesso em: 14 ago. 2016.

CARVALHO, José Murilo de. Mandonismo, corolismo, clientelismo: discussão conceitual. **Dados – Revista de Ciências Sociais**. Rio de Janeiro, v. 40, n. 02, 1997.

CROZIER, Michel. **O fenômeno burocrático**. Tradução de Juan A. Gili Sobrino. Brasília: Ed. UnB, 1981.

CURI, Vanessa. **Instituto Socioambiental – ISA**. 2007. Disponível em: <https://www.socioambiental.org/pt-br>. Acesso em: 14 ago. 2016.

DALLARI, Dalmo de Abreu. Terras Indígenas: a luta judicial pelo direito. In: **Conflito de direitos sobre as terras Guarani Kaiowá no Estado do Mato Grosso do Sul, Comissão Pró Índio de São Paulo**. Procuradoria Regional da República da 3ª. Região (Orgs.). São Paulo: Palas Athena, 2000.

EISENSTADT, S. N. Burocracia, Burocratização e Desburocratização. In: **Sociologia da Burocracia**. Rio de Janeiro, Zahar, 1966.

GOULDNER, Alvin W. Conflitos na Teoria de Weber. In: **Sociologia da Burocracia**. Rio de Janeiro, Zahar, 1966.

LOUREÇO, Luana. **Produtores rurais pedem suspensão de demarcação de terras indígenas e ameaçam parar o país**. Agência Brasil. 28/05/2013. Disponível em: <http://agenciabrasil.ebc.com.br/>. Acesso em: 14 ago. 2016.

MELLO, Daniel. **Mineração está entre as principais ameaças a terras indígenas em São Paulo**. Agência Brasil, 17/04/2013. Disponível em: <http://agenciabrasil.ebc.com.br/>. Acesso em: 14 ago. 2016.

RESENDE, Lívia Mara de. **A conceituação jurídica dos diferentes espaços territoriais ocupados por povos indígenas**. Virtua Jus, Belo Horizonte, v. 1, p. 1-17, 2009.

SANTOS, Anderson Marcos dos. Demarcação da Terra Indígena Raposa Serra do Sol. In: GEDIEL, José Antônio Peres et al. (Orgs.). **Direitos em Conflitos**: Movimentos Sociais, Resistência e casos judicializados: artigos e ensaios. Curitiba: Kairós Edições, 2015. v. 2, p. 13.

WEBER, Max. Os Fundamentos da Organização Burocrática: uma Construção do Tipo Ideal. In: CAMPOS, Edmundo (organização e tradução). **Sociologia da Burocracia**. Rio de Janeiro, Zahar Editores, 1966.

_____. **Economia e sociedade**: fundamentos de uma sociologia compreensiva. Tradução de Regis Barbosa e Kren Elsabe Barbosa. Brasília: UnB, 1999.

SOBRE O LIVRO
Tiragem: 1000
Formato: 16 x 23 cm
Mancha: 12,3 x 19,3 cm
Tipografia: Times New Roman 10,5 | 11,5 | 16 | 18 pt
Arial 8 | 8,5 | 9 pt
Papel: Pólen 80 g/m² (miolo)
Royal Supremo 250 g/m² (capa)